oekom
verlag

Dieses Buch wurde ermöglicht
durch die Unterstützung des Goethe-Instituts,
der BMW Group und der GLS-Bank.

GOETHE-INSTITUT

BMW Group

Anders mit Geld umgehen
GLS Gemeinschaftsbank eG
mit Ökobank

Bibliografische Information Der Deutschen Bibliothek

Die Deutsche Bibliothek verzeichnet diese Publikation in der Deutschen Nationalbibliografie; detaillierte bibliografische Daten sind im Internet über http://dnb.ddb.de abrufbar.

---

oekom verlag, Gesellschaft für ökologische Kommunikation mbH
Waltherstraße 29, 80337 München
Lektorat: Torsten Mertz
Satz: Ines Swoboda
Umschlaggestaltung: Torge Stoffers
Titelfoto: Peter Dittmar, »Toroid« 2001 aus der Aida Serie, www.dittmart.com

Druck: Kessler Druck + Medien, Bobingen
Gedruckt auf FSC-zertifiziertem Papier

ISBN 3-86581-006-3
Printed in Germany

Geseko von Lüpke, Peter Erlenwein (Hrsg.)

Projekte der Hoffnung

Der Alternative Nobelpreis:
Ausblicke auf eine andere Globalisierung

Dieses Buch ist Jakob von Uexküll,
dem Gründer der Right Livelihood-Stiftung
und seinem Engagement für die
kommenden Generationen gewidmet.

Inhalt

DIE SICHERUNG DER GRUNDBEDÜRFNISSE

FORMEN DES WIDERSTANDS

ZUKUNFTSWEISENDE PROJEKTE

POLITIK, WIDERSTAND & NEUE SPIRITUALITÄT

WIE WEITER?

ANHANG

Peter Erlenwein

Vorwort

»Das Herz der Revolution ist die Revolution des Herzens!« Dieses Diktum stammt von Nicanor Perlas, einem philippinischen Soziologen, Philosophen und Umweltaktivisten, der 2003 den »alternativen Nobelpreis« für seine politische Arbeit erhielt. Perlas ist einer von zwölf Preisträgern und Globalisierungskritikern, die in diesem Buch über ihre Arbeit, ihre Erfahrungen und Visionen berichten. Angesichts der aktuellen ökologischen, sozialen und wirtschaftlichen Katastrophen und Verwerfungen gehen sie neue Wege des Miteinanders von Mensch und Natur: Projekte der Hoffnung auf eine »andere Globalisierung«.

Die Projekte der hier versammelten Preisträger sind grundlegende, offene und zumeist aus der Logik der jeweiligen Situation entwickelte alternative Entwürfe eines »guten Lebens«. Sie stehen für eine humane Entfaltung menschlicher Produktivkräfte, erprobt in jahrzehntelanger Empirie – oftmals unter lebensgefährlichen Umständen. Es ist aufallend, dass all diese Pioniere des Wandels politische Aktion mit philosophischer Reflexion verbinden – ganz im Sinne des Diktums Albert Schweitzers »Ich bin Leben, das leben will, inmitten von Leben, das leben will«.

»Die Globalisierung«, schreibt Nicanor Perlas, »konfrontiert uns mit den tiefsten Fragen: Was ist die Natur unserer Gesellschaften, die Natur des Menschen, die Natur der Natur? Wenn wir keine Antworten auf sie haben, können wir auch keine Visionen einer anderen Welt entwickeln, denn dann greifen die Alternativen nicht tief genug«. Dies sei, so Perlas, die »spirituelle Dimension« der Globalisierungsdebatte.

Man könnte es auch die »kulturelle« Dimension nennen. Kultur – verstanden im Goetheschen Sinne als Wahrnehmung eines lebendigen, geistig-materiellen Geflechtes, das von der Ökologie als der Wissenschaft des Erdhaushaltes bis zur sublimsten Poetik, ja Mystik reicht. Von diesem ganzheitlichen Verständnis, von diesem erweiterten Kulturbegriff lassen sich auch die Träger des alternativen Nobelpreises leiten.

Insofern war es naheliegend (wenn auch alles andere als selbstverständlich), dass die Konferenz zum Thema »Die Alternative – Ausblicke auf eine andere Globalisierung« in der Münchner Zentrale eines weltweit agierenden Instituts stattfand, das den Namen Goethes trägt. Wir danken dem Goethe-Institut, mit dieser Veranstaltung den Mut für einen kulturellen Brückenschlag aufgebracht zu haben. Die Konferenz hat den Dialog zwischen den Kulturen gefördert und den Austausch über neue Formen des Lebens und Wirtschaftens im Einklang und im Frieden mit der Natur ermöglicht. Möge die vorliegende »Nachlese« dazu beitragen, jene »Revolution des Herzens« gedanklich vorzubereiten, die am Anfang allen Tuns stehen sollte.

Geleitwort von Wolfgang Bader
stellvertretender Generalsekretär des Goethe-Instituts

Die Alternative – Ausblicke auf eine andere Globalisierung

Der Right Livelihood Award, bekannter als Alternativer Nobelpreis, wurde bereits 1980 von Jakob von Uexküll aus der Taufe gehoben. So blicken wir bereits auf eine äußerst fruchtbare Geschichte zurück. Mit diesem Preis werden Personen, Projekte und Initiativen geehrt, die einen herausragenden Beitrag im Sinne des Nachhaltigkeitsgedankens geleistet haben. Der Preis hat mit den Jahren stetig an internationalem Renommee gewonnen, und gilt daher heute zu Recht als der Bedeutendste auf den Gebieten Umwelt- und Artenschutz, Friedenspolitik, Menschenrechte und nachhaltige Entwicklung. Er leistet einen fundamentalen Beitrag zur Reflexion und Umsetzung ethischer Grundhaltungen in einer zusammenwachsenden Welt.

Für die Länder der so genannten Dritten Welt hat dieser Preis einen besonderen Stellenwert, da er deren Perspektiven, Probleme und Lösungsansätze dezidiert unterstützt und würdigt: In Zeiten globaler Verunsicherungen auf vielen Ebenen angesichts der Risiken und Folgen ungebremster Globalisierungsstrategien gilt es mehr denn je, jenseits rein ökonomischer Kontexte neue Zielvorstellungen und Visionen einer dialogorientierten, menschlichen Gesellschaft zu entwickeln.

Im Jahr 2004 hat das Goethe-Institut mit der Gesellschaft für Technische Zusammenarbeit (GTZ) in einer groß angelegten Initiative in verschiedenen Ländern und Kulturen den Begriff des Fortschritts untersucht. Indien, Bolivien, Ägypten, Namibia und Russland waren die ausgesuchten Spielfelder, um Gemeinsamkeiten und Unterschiede in Bezug auf unseren westlichen Fortschrittsbegriff herauszuarbeiten. Die mit diesem zentralen Begriff des Abendlandes einhergehenden Werte- und Moralvorstellungen prägen in vielerlei Hinsicht die heutige Globalisierungsdebatte.

Das Goethe-Institut versteht den interkulturellen Dialog als eine seiner fundamentalen Aufgaben, das heißt, Vermittler zwischen unterschiedlichen Wertvorstellungen zu sein, Erfahrungsräume zu schaffen und weltweit Plattformen zu gestalten, die das Lernen von einander ermöglichen. Wir tun dies auch, um unseren Beitrag zur Prävention möglicher Konflikte zu leisten.

Die Konferenz »Die Alternative. Ausblicke auf eine andere Globalisierung« und das vorliegende Buch schließen fast nahtlos an das Thema »Fortschritt« an: Im Zentrum der Aufmerksamkeit steht neben den Chancen und Risiken ungebremster technischer und ökonomischer Entwicklung das umfassende Thema der Kultur. Der dualistische Gedanke – hier Kultur, dort Ökonomie, Ökologie und technische Entwicklung – geht heutzutage weit am Ziel vorbei. Vernetzung heißt das Gebot der Stunde, Kultur steht in ihrem Zentrum. Kultur ist mehr als der Austausch von Know-how oder künstlerischen Produkten. Mit dem Begriff Kultur beschreiben wir vielmehr Denk- und Handlungsmodelle, die das individuelle und gesellschaftliche Dasein bestimmen und daher unmittelbaren Einfluss auch auf Technik, Wirtschaft und Ökologie haben.

Wir freuen uns sehr, dass es uns mit der Konferenz und diesem Buch gelungen ist, das Wissen und die Erfahrung der Alternativen Nobelpreisträger so umfassend zu versammeln. Sie alle werden aus ihrem Blickwinkel Initiativen und Projekte vorstellen, die zeigen, dass Alternativen zu gängigen Denkmodellen nicht nur notwendig, sondern auch möglich sind. Um die Vielfalt der geistigen und materiellen Ressourcen der Kulturen in lebendiger Interaktion zu halten, brauchen wir sie als Mahner, Anreger und Querdenker, brauchen wir praktikable Ansätze. Vor allem aber brauchen wir auch den Austausch über ihre Ideen und Projekte.

Dahinter steht die Einsicht, dass eine ungebremste ökonomische Globalisierung mit Kultur- und Identitätsverlust, Sozialabbau oder Massenarbeitslosigkeit in Verbindung gebracht werden kann. Die Projekte der alternativen Nobelpreisträger setzen im Gegensatz dazu auf eine »menschliche Entwicklung«. Sie beziehen sich auf die Förderung der persönlichen Potenziale jedes Einzelnen, aber auch auf eine wirtschaftliche »Entwicklung im menschlichen Maß«. Auch die kulturelle Arbeit des Goethe-Instituts muss sich immer wieder die fundamentalen Fragen stellen:

- Welche Konsequenzen hat die Globalisierung für die menschliche Entwicklung?
- Welche alternativen Positionen und Modelle können Bestand haben?
- Welche Visionen lassen sich lokal, welche global realisieren?
- Unter welchen Bedingungen können kulturelle Identität und Vielfalt überleben?
- Welche Rolle spielt der interkulturelle Dialog bei der Bildung von Zivilgesellschaften?

Das Goethe-Institut verfolgt eine ganzheitliche, sich stetig neu vernetzende und initiierende Arbeitsweise. Vielleicht sind wir dem Alternativen Nobelpreis hier ja ein wenig ähnlich. Die grundlegenden demokratischen Prinzipien des Dialogs, der Solidarität, der aktiven Toleranz und des offenen Umgangs mit anderen Wertecodices sind auch unsere Richtlinien.

Ich hoffe, dass die Konferenz und das vorliegende Buch nicht nur das Ende einer langen und umfassenden Vorbereitung sind, sondern vielmehr der Startpunkt für eine vertiefte und weltweite Diskussion über diese Fragen.

Es ist daher mein ausgesprochener Wunsch, dass die hier vorgestellten Initiativen über diesen Konferenzraum hinauswirken und als Gedanke, als Projekt und auch als Antwort auf die uns bedrängenden Fragen bald noch größere Beachtung finden. Wir werden uns bemühen, die 144 Goethe-Institute weltweit an diesem Dialog teilhaben zu lassen und ihn mit Ihnen auch weiterzuentwickeln.

Unser Namenspatron Goethe schreibt in Dichtung und Wahrheit: »Unsere Wünsche sind die Vorgefühle der Fähigkeiten, die in uns liegen. Vorboten desjenigen, was wir zu leisten imstande sein werden.« Voilà, die Wünsche sind vorhanden, entwickeln wir also gemeinsam die Fähigkeiten, sie auch umzusetzen.

Diese Konferenz, die im März 2005 in München stattfand, war Ergebnis einer langen und umfassenden Vorbereitung, für die wir einen herzlichen Dank aussprechen möchten an die Kuratoren Dr. Peter Erlenwein und Dr. Geseko von Lüpke.

Wir danken auch dem Referat Gesundheit und Umwelt der Stadt München, der Bürgerstiftung »Zukunftsfähiges München«, der Ertomis Stiftung, der Stiftung Interkultur, dem Global Challenges Network und der BMW Group.

EINFÜHRUNG

Geseko von Lüpke

Projekte der Hoffnung

Geschichte und Bedeutung des Alternativen Nobelpreises

Am heutigen Tage werden Menschen über 74.000 Hektar Regenwald abholzen. Am heutigen Tage werden 250.000 Menschen zur menschlichen Weltbevölkerung hinzukommen. Am heutigen Tage dehnen sich die Wüsten weltweit um 20.000 Hektar aus. Am heutigen Tage werden weltweit 100 Millionen Tonnen Treibhausgase in die Luft geblasen. Am heutigen Tag werden 70.000 chemische Substanzen in die Natur gelangen, miteinander reagieren und das Leben schädigen. Am heutigen Tage …

Die Liste der Schreckensmeldungen könnte beliebig fortgesetzt werden. Nachrichten, die wir gerne verdrängen! Nachrichten, die uns zu bedrohlich erscheinen, um mit ihnen umgehen zu können. Nachrichten, die uns darauf verweisen könnten, dass sich unsere Kultur, Wissenschaft und Ökonomie in einer Sackgasse befinden. Fraglos ist: Ob bei den Bodenschätzen oder den fossilen Brennstoffen, ob beim Verbrauch nutzbarer Landschaften oder der Belastung von Wasser, Luft und Boden – wir plündern die Konten zukünftiger Generationen. »Haben wir dabei Erfolg, nennen wir es Wirtschaftswachstum«, sagte sarkastisch der kürzlich verstorbene ehemalige brasilianische Umweltminister José Lutzenberger, der den Alternativen Nobelpreis als Vater der südamerikanischen Umweltbewegung erhielt: »Wenn eine Boeing 747 abstürzt, dann wächst das Bruttosozialprodukt zweimal 200 Millionen Dollar. Einmal wenn die Versicherung der Luftlinie die Entschädigung zahlt und zum anderen Mal wenn die ein neues Flugzeug kaufen. Also je mehr Flugzeuge abstürzen, desto besser, nach dieser Rechnung. Das ist doch eine absurde Rechnung. Wir müssen total umdenken.«

Total umdenken?! Albert Einstein hat einmal gesagt, dass wir die Probleme der Welt nicht mit den Methoden lösen können, durch welche eben diese Probleme in die Welt gekommen sind. Es scheint ganz neue Ansätze zu brauchen, um das Ruder herumzureißen. Visionäre Lösungen, die weit hinausgehen über das bislang erdachte. Und mutige Pioniere, die das Unmögliche wagen, um die Welt für künftige Generationen zu erhalten.

An wen werden sich unsere Nachfahren wohl erinnern, wenn sie in ein paar Hundert Jahren zurückblicken auf die Zeit des Jahrtausendwechsels? Welche Geschichten werden Eltern ihren Kindern von den Helden der Vergangenheit erzählen, um ihnen Vorbilder zu geben und sie zu motivieren, für den Schutz der Biosphäre, für Menschenrechte, Frieden und soziale Gerechtigkeit einzutreten? Wer werden sie sein, die Robin Hoods und Jeanne d'Arcs, die Dietrich Bonhoeffers und Sophie Scholls der Zukunft? Wohl kaum George Bush, Tony Blair oder Angela Merkel.

Wahrscheinlich werden es eher Menschen sein, die heute – weitgehend unbekannt – unter uns leben! Menschen, wie die englische Töpferin Angie Zelter, die sich eines Tages entschloss, sich nicht länger von den gigantischen Atom-U-Booten im Hafen ihrer schottischen Heimat einschüchtern zu lassen und kurzerhand begann, die atomare Abrüstung in die eigenen Hände zu nehmen, indem sie mit Schraubenzieher und Drahtschere in das Sperrgebiet eindrang und militärisches Gerät einfach ins Meer warf?

Oder werden es moderne Märtyrer sein wie der Nukleartechniker Mordechai Vanunu, der nicht länger schweigen wollte, das Staatsgeheimnis des israelischen Atomwaffenprogramms an die Öffentlichkeit brachte, vom israelischen Geheimdienst verschleppt wurde und 16 Jahre in Einzelhaft saß? Oder vielleicht – viel weniger dramatisch – Künstler, wie der Mexikaner Francisco Toledo, der den Menschen seiner Heimatstadt Oaxaca mit Bildern und Texten, Bibliotheken und Galerien, Verlagen und Werkstätten das Wissen um die Kunst, Kultur und Mythologie ihrer Region zurückgab und sie – über die Stärkung ihrer eigenen Identität – befähigte, selbstbewusst und stolz der globalen Einfalt den Kampf anzusagen, für ihre Rechte einzustehen und ihre Heimat vor Übergriffen des globalisierten Marktes zu schützen?

Solche Menschen werden in diesem Buch zu Wort kommen. Männer und Frauen, die angesichts der Zerstörungen und Ungerechtigkeiten, der Fehlentwicklungen und Bedrohungen nicht den Kopf in den Sand steckten, sondern genau hinschauten und aktiv wurden. Sie suchten neue Wege der wirtschaftlichen Entwicklung, des Schutzes der Natur, der Menschenrechte, der Ermutigung, des guten Lebens. Die vielversprechendsten dieser Spuren in eine andere Zukunft werden seit 26 Jahren mit dem »Right Livelihood Award« ausgezeichnet. Dass man ihn heute den »Alternativen Nobelpreis« nennt, ist nicht die Idee des Stifters, sondern ein indirektes Lob der Öffentlichkeit, die ihn längst mit dem wichtigsten Wissenschaftspreis vergleicht.

Alles begann mit dem Traum eines Philatelisten. Ein gutes Vierteljahrhundert ist es her, dass der deutsch-schwedische Briefmarkenhändler Jakob von Uexküll sich eines Tages fragte, ob man guten Gewissens sein Leben mit dem Sammeln kleiner bunter Papierchen verbringen dürfte, während zeitgleich die Welt immer mehr in Stücke fiel. Er entschloss sich, seinen Lagerbestand zu verkaufen und den Erlös der schwedischen Nobel-Stiftung für einen Umwelt- und Menschenrechtspreis anzubieten. Als man dort hochmütig abwinkte, entschloss er sich – gemäß dem indianischen Slogan »Walk your talk!« – mit dem Geld eine Stiftung zu gründen und schrieb den »Preis für die richtige Lebensführung« aus. Als 1980 die erste Preisverleihung in einer kaum geheizten, angemieteten Turnhalle stattfand, ahnte niemand, dass diese Initiative bald schon eine Beachtung finden sollte, die dem »richtigen« Nobelpreis nur wenig nachsteht. Und tatsächlich umfasst der Right Livelihood Award heute ein so breites Spektrum, dass man ihn getrost mit seinem großen Bruder vergleichen kann: Mit dem Alternativen Nobelpreis werden Friedens-, Umwelt- und soziale Projekte ausgezeichnet, Konzepte alternativer und nachhaltiger Entwicklung in der so genannten Ersten und der Dritten Welt, mit ihm wird die Nutzung regenerative Energien unterstützt und die Entwicklung entsprechender Technologien, die biologische Landwirtschaft und ganzheitliche Gesundheitsversorgung. Der Preis belohnt den Schutz biologischer und kultureller Vielfalt, den Ausbau der Demokratie, den Schutz der Menschenrechte. Er belohnt all das, was in der Welt der Gegenwart nach neuen Lösungen ruft und der Förderung bedarf. »Der Preis soll natürlich die Preisträger ehren und unterstützen und bekannter machen, damit ihre Arbeit auch verbreitet wird«, sagt der Stifter des Preises Jakob von Uexküll: »Aber gleichzeitig soll der Preis anderen Menschen, auf ganz anderen Gebieten, Hoffnungen machen.«

Visionen vorstellen, Vorbilder benennen, Neues ermöglichen lautet der Dreisprung in eine andere Zukunft, den der Right Livelihood Award immer wieder versucht. Und tatsächlich war der Preis seiner Zeit immer etwas voraus. Er stellte Menschen in das Licht der Weltöffentlichkeit, die schon Anfang der 1980er-Jahre erfolgreich mit nachhaltigen Lebensformen experimentierten – zehn Jahre bevor in Rio das Leitbild Nachhaltigkeit als Zukunftsslogan propagiert wurde. Er zeichnete schon 1984 die kenianische Ökologin Wangari Maathai (S. 130) aus, geschlagene 20 Jahre, bevor das Nobelkomitee 2004 mit dem Friedenspreis hinterherhinkte. Während das offizielle Nobelkomitee meist den Blick zurück auf die großen Erfindungen des 20. Jahrhunderts wirft, gilt der kleine alternative Bruder als der Zukunftspreis des neuen Jahrtausends: Er zeichnete 2003 den australischen Solartüftler Martin Green aus, ein paar Jahre zuvor den griechischen Homöopathen George Vithoulkas – während der Physik-Nobelpreis weiter an Mammutprojekte und der Medizin-Nobelpreis regelmäßig an hoch dotierte Technokraten des konventionellen Gesundheitsbetriebs vergeben wurden.

Dreizehn solcherart geehrte Menschen hatten sich im Frühsommer 2005 in der Münchner Zentrale des deutschen Goethe-Instituts versammelt, um sich – erstmals in dieser Form – den interessierten Fragen einer kritischen Öffentlichkeit zu stellen. Einer Öffentlichkeit, die längst nicht mehr an die Versprechungen der Politiker glaubt, dass sie alles schon wieder hinbekämen, wenn man sie nur wählen würde. Eine wachsende Menge, die auch den Behauptungen der Technokraten, dass es für jedes Problem eine technisch-wissenschaftliche Lösung gäbe, keinen Glauben mehr schenken. Einer Öffentlichkeit, die längst fragt, welche Kultur wir brauchen, um die Welt für künftige Generationen zu erhalten. Und Goethes Erben trauten sich, mit der Konferenz »Die Alternative« ein deutliches Zeichen zu setzen. Es gehörte fraglos eine gute Portion Mut bei den Verantwortlichen dazu, den Kulturbegriff so zu weiten, dass Aktivisten und Reformer, Menschenrechtler und Ökologen, Friedensaktivisten, kritische Wissenschaftler und nachhaltige Ökonomen und Unternehmer unter diesem Schirm Platz hatten. Ihnen soll in diesem Buch die Öffentlichkeit gegeben werden, die sie verdienen.

Zwar hat der Alternative Nobelpreis auch nach einem Vierteljahrhundert der Auszeichnungen die große kulturelle Wende nicht geschafft. Aber er hat aufzeigen können, dass für die drängenden Probleme, an denen die konventionelle Politik, Wirtschaft und Wissenschaft scheitert, Lösungen längst vorhanden sind. Häufig – aber nicht immer – war der Preis auch eine Art Lebensversicherung gegen Attentate und Verfolgung. Die rund 100 Pioniere, die den Right Livelihood Award bislang erhielten, konnten nicht mehr ignoriert werden. Scheiterten sie vorher mit ihren Vorschlägen schon am Pförtner der Ministerien, stand nach der Auszeichnung der Minister selbst an der Tür. Über 25 Jahre setzte sich aus den bunten Mosaiksteinen preisgekrönter Ideen und Projekte nach und nach das kohärente Bild einer anderen Zukunft zusammen, die aus den Krisen der Gegenwart entsteht. Der Alternative Nobelpreis wurde so zum Spiegel einer Bewegung, die längst nicht mehr aus Nörglern, Freaks und Träumern besteht, sondern an der nachhaltigen Zukunft schon lange erfolgreich selber bastelt.

Am Anfang jeder neuen Vision steht aber meist der ehrliche Blick auf die Wunden der Welt, eine schonungslose Konfrontation mit dem ganz alltäglichen Wahnsinn: »Eigentlich sind wir in der Position eines Bankräubers, der bei seiner Investition darauf achtet, dass er ein Schweißgerät entwickelt, mit dem er einen Tresor nach dem anderen aufbricht«, sagt der deutsche Quantenphysiker und Preisträger Hans-Peter Dürr (S. 44). »Und wir sagen: ›Toll!‹ und ›Alle sollen das nachmachen!‹ Aber diese Lebensweise ist abhängig von diesen Tresoren. Eines Tages werden sie leer sein.« Statt sich resigniert abzuwenden und fatalistisch so weiter zu machen wie bisher, ließen sich die preisgekrönten Pioniere tief berühren von dem Schmerz der Menschen, der Not von Ökosystemen, dem Horror der Kriege. So tief, dass es für sie einfacher, besser und gesünder war, etwas für die Veränderung des Unerträglichen zu tun, als weiterhin nur zuzuschauen. Die oft unterdrückten Emotionen Wut und Verzweiflung wurden so zum machtvollen Treibstoff der Veränderung: Die Bereitschaft, den Schmerz über den Zustand der Erde zu fühlen, öffnete die Tür des Mitgefühls. Gehandelt wurde dann aus Liebe zur Welt, nicht aus Hass gegen die Mächtigen. »Das Herz dieser Revolution«, sagt deshalb der Preisträger Nicanor Perlas (S. 194), Umwelt- und Sozialaktivist von den Philippinen, »ist die Revolution des Herzens.« Und Liebe kann bekanntermaßen Berge versetzen.

Zahlreiche der Preisträger können Erfolgsgeschichten erzählen, die ans Märchenhafte grenzen. Dafür ist gerade die Greenbelt-Initiative der kenianischen Biologin Wangari Maathai (S. 130), die schon vor 20 Jahren den alternativen Nobelpreis erhielt, ein klassisches Beispiel. Vor 30 Jahren kam die junge Dozentin der Universität von Nairobi und aktives Mitglied im kenianischen Frauenverband zu der Einsicht, dass die zunehmende Versteppung des ostafrikanischen Landes durch die kenianischen Frauen gestoppt werden könnte, wenn jede ein paar Bäume pflanzt. Sie pflanzte einen ersten Baum, überzeugte das zuständige Ministerium, tonnenweise Saatgut bereitzustellen und wandte sich mit ihren Helferinnen besonders an jene Frauen, die ohne jede Hoffnung in den Slums am Rand der Metropolen oder in den armen Dörfern inmitten des ausgetrockneten Landes lebten. »Am Anfang haben wir ihnen nur gezeigt, wie man pflanzt und Baumschulen pflegt« erzählt sie rückblickend. »Es ging darum, etwas für ihre Grundbedürfnisse zu tun. Aber natürlich wussten wir um die Vorteile: Die Vögel würden wieder ein Zuhause finden, das Land würde schöner werden, die Staubstürme nachlassen, die Erosion zurückgehen.« Frauen gründeten überall im Land Baumschulen und wurden Kleinunternehmerinnen, Arbeitsstellen wurden neu geschaffen, Zukunft wurde erahnbar. Ein Vierteljahrhundert später hat die daraus entstandene »Grüngürtelbewegung« die Erosion bremsen können, drei Millionen Bäume gepflanzt und eine Diktatur gestürzt. Und die visionäre Biologin ist heute nicht nur stellvertretende Umweltministerin ihres Landes, sondern auch Friedensnobelpreis-Trägerin.

Unter den bislang rund hundert preisgekrönten Projekten gibt es manche solcher kleinen Wunder. Zum Beispiel die Biofarm Sekem, die zum internationalen Modell für nachhaltiges Wirtschaften wurde. Der ägyptische Unternehmer Ibrahim Abouleish (S. 142), der 2003 den Alternativen Nobelpreis erhielt, hatte in der Wüste seines Landes strikt ökologisch wirtschaftende Firmen gegründet, die sich um die Gesundheit und persönliche Entwicklung der Mitarbeiter, Arbeitnehmerrechte und fairen Handel kümmerten und gerade deshalb Jahr für Jahr mehr als dreißigprozentige

Wachstumsraten verzeichnen. Alle Gewinne, die das Unternehmen einfährt, werden nicht nur in neue Produkte, sondern vor allem in kulturelle und soziale Einrichtungen für die wachsende Zahl der Mitarbeiter reinvestiert. Das Projekt gilt auch als islamisches Modell für Demokratie, Ökologie, Menschenrechte und ganzheitliche Bildung – ein wichtiges Signal, seit die Fundamentalisten in Nord und Süd sich mit wachsender Gewalt in einen »Krieg der Kulturen« verrannt haben.

Manchmal geht es im Kampf um eine nachhaltige Zukunft auch nur darum, im richtigen Moment mit dem Mut zu unkonventionellen Methoden eine unerwartete Chance zu ergreifen. Wie damals, Anfang der 1990er, als mitten in den Wirren des Zusammenbruchs des zweiten deutschen Staates der Dissident und Umweltschützer Michael Succow (S. 156) den Posten des Umweltministers der untergehenden DDR angeboten bekam und handstreichartig innerhalb von Wochen Tausende von Hektar Land zu Naturparks machte. »Da gab es keine Dienstberatung und Dienstaufträge und keine Gehälter« erinnert sich der alternative Nobelpreisträger aus Greifswald. »Und so lief das innerhalb weniger Wochen!« Heute stellt Succow seine Erfahrungen den jungen Republiken am Rand der ehemaligen Sowjetunion zur Verfügung, wo er in den letzten zehn Jahren ein Dutzend Naturschutzgebiete realisieren konnte, die zusammengenommen größer sind als die Fläche Frankreichs.

Man kann fast hundert solcher Geschichten erzählen, die alle etwas gemeinsam haben: Sie machen Hoffnung in einer Zeit, in der alles in Stücke zu fallen scheint. Schlaglichter auf Pioniere des Wandels verdeutlichen das: Menschenrechtsaktivisten kämpfen gegen Unterdrückung und für Demokratie, Wissenschaftler gegen die schleichende atomare Verseuchung und für alternative Energien, Sozialreformer für die Erneuerung sozialer Gemeinschaften und kooperative Lebensformen. Friedensinitiativen bereiten den Boden für Verhandlungen zwischen Erzfeinden, helfen Kriegswunden zu heilen und treiben Abrüstung voran. Dritte-Welt-Initiativen kämpfen für die Rechte der Ureinwohner und die Bewahrung kultureller Vielfalt. Betroffene ›Davids‹ nehmen den Kampf gegen internationale ›Goliaths‹ auf und engagieren sich gegen chemische Vergiftung, sinnlose Mammutprojekte, Zerstörung biologischer Vielfalt. Kritische Sozialwissenschaftler erdenken nachhaltige Gesellschaftsmodelle, alternative Wirtschaftsformen, ganzheitliche Bildungsprogramme. Selbsthilfegruppen in aller Welt erproben eigene Wege zur Entwicklung.

Im Mittelpunkt all dieser Spuren in eine andere Zukunft steht seit Anbeginn eine Vision von Wachstum, die statt Profiten die Lebensqualität und die Entfaltung menschlicher Potenziale in den Mittelpunkt stellt. Kein Wunder deshalb, dass die gegenwärtige globalisierungskritische Bewegung sich zu einem guten Teil aus Alternativen Nobelpreisträgerinnen und -trägern rekrutiert. Statt den Mensch als Krone der Schöpfung zu verstehen, dessen Aufgabe es sei, die unvollkommene Natur zu verbessern, sich untertan zu machen und gnadenlos auszubeuten, lautet das Schlagwort der Preisträger: »Von der Natur lernen.« Besteht sie doch aus Systemen, die sich selbst erhalten, weil sie nicht mehr verbrauchen, als sie investieren. Sich an den natürlichen Regeln und Begrenzungen zu orientieren, verlangt in der politischen Praxis nicht nur kleine Korrekturen, sondern einen grundlegenden Umbau der Gesellschaft. Um menschengeschaffene Systeme so nachhaltig zu gestalten wie die Natur, sagt der Preisträger Hans-Peter Dürr (S. 44), müssen sie in Kreisläufen und Netzwerken organisiert sein – offen für konstante Veränderung. Der Physiker und Grundlagenforscher plädiert dafür, die moderne Wissenschaft ernstzunehmen und anzuerkennen, dass das komplexe Regelwerk der lebendigen Welt einen vorsichtigen Umgang mit ihr fordert. Die Wirtschaft und Technologie muss übersichtlich und fehlerfreundlich strukturiert sein, statt riesengroß, kaum steuerbar und damit gefährlich. Die Stabilität des Systems darf nicht auf Konkurrenz und Isolation beruhen, sondern muss auf der Vielfalt ihrer Teile, auf Kooperation und wechselseitige Abhängigkeit bauen. Dann können sich Systeme selbst organisieren, sich selbst erhalten und auf Krisen kreativ reagieren. Und statt auf allgegenwärtige Konkurrenz zu setzen, rückt das Primat der Kooperation in den Mittelpunkt.

Kein Wunder also, dass der Alternative Nobelpreis zum Symbol wurde. Zum Symbol einer Forschung, die rücksichtsvoll die Natur belauscht, statt sie zu beherrschen, die eher auf Selbstheilung setzt, als auf die Pharmaindustrie. Zum Symbol einer Politik und Wirtschaft, die auf lokale Lösungen und Vielfalt setzt statt auf globalisierte Einfalt, die traditionelles Wissen aus der Dritten Welt ebenso hoch bewertet wie wissenschaftliche Erkenntnisse aus der Ersten. »Der Alternative Nobelpreis will dem Norden helfen, die Weisheit zu finden, die zu seiner Wissenschaft passt«, sagt der Stifter des Alternativen Nobelpreises Jakob von Uexküll, »und dem Süden, die Wissenschaft zu finden, die seine althergebrachte Weisheit ergänzt.«

So unterschiedlich die Ansätze im Einzelnen sind, basieren sie doch auf einem kleinsten gemeinsamen Nenner: Ob Friedensinitiativen, Umweltprojekte, Menschenrechtsgruppen, Dritte-Welt-Initiativen, Pioniere alternativer Wirtschaftsformen, erneuerbarer Energiegewinnung, biologischer Landwirtschaft oder ganzheitlicher Medizin – im Mittelpunkt steht die Überwindung der Trennung von Mensch und Natur. Der Homo sapiens wird nicht mehr als Herrscher gesehen, sondern als Faden im Netz des Lebens. Dabei geht es immer darum, dass er in verantwortungsvoller Rücksicht gegenüber der Mitwelt seine Grundbedürfnisse erfüllen kann. »Und die kann man nur im lokalen oder regionalen Maßstab befriedigen, sonst geht es nicht«, sagt der chilenische Ökonom und alternative Nobelpreisträger Manfred

Max-Neef (S. 78), der seinen hoch dotierten Professurenstuhl verließ, um sich in den Armengebieten Südamerikas zeigen zu lassen, welches Wirtschaftssystem kreative Habenichtse entwickelt haben.

Umweltschutz, Ökonomie, Friedenspolitik, Menschenrechte, Demokratie, Gleichberechtigung, Entwicklungspolitik, Gesundheitspolitik, kulturelle Vielfalt, Bildung, gesunde Gemeinschaften: der ganze eng verknüpfte Teppich der menschlichen Gesellschaft erhält ein neues Muster, wenn das Prinzip Nachhaltigkeit das Webschiffchen führt. Die Lösung für globale Probleme liegt aus dieser Perspektive immer vor der eigenen Haustür. Werden sie überall lokal gelöst, ist die Wirkung automatisch global.

Da wird deutlich: Der Alternative Nobelpreis folgt nicht den konventionellen Kriterien für »Leistung«, »Erfolg« und »Wachstum«. Ihm geht es nicht um das »besser, schneller, höher«. Ganz im Gegenteil! Die Maßstäbe lauten eher: kleiner, langsamer, überschaubarer. Da ist nicht mehr die reiche »Erste Welt« der Maßstab aller Dinge, sondern viel öfter die arme »Dritte Welt«, wo man sich aus purer Not kreative Lösungen erdacht oder an eigenes traditionelles Wissen erinnert hat, das schon immer nachhaltig war. Kein Wunder deshalb, dass dieser Preis gerade in der Dritten Welt große Anerkennung genießt.

Mit dem »Preis für die richtige Lebensführung«, wie der Alternative Nobelpreis wörtlich heißt, hat der Stifter auch die Werte- und Sinnfrage wieder in die Diskussion gebracht. Denn der Wandel, den die Preisträger einfordern, geht weit hinaus über klassische Parteiprogramme. Er versucht, bei den Wurzeln der Probleme anzusetzen – und die reichen oft tief hinunter zu den Welt- und Menschenbildern, den religiösen Grundüberzeugungen und Mythen der modernen Zivilisation. Kaum ein Preisträger, der deshalb nicht auch eine grundsätzlich neue spirituelle und ethische Orientierung einfordert. Das betrifft jeden Einzelnen und fordert persönliche Veränderungen, die dann in der Gesellschaft wirksam werden können: Eine Abkehr vom blinden Konsum und Wachstumswahn, eine Abkehr von gefühlloser Nüchternheit und Kontrollwahn, von Macht- und Gewinnstreben, vom reinen Effizienz- und Erfolgsdenken, das letztlich alles zu Produkt und Waren macht. Statt die Welt wie eine große Maschine zu behandeln, an der beliebig herumgeschraubt und manipuliert werden kann, plädieren die alternativen Nobelpreisträger für eine gänzlich andere Sicht: Sie sehen die Welt als lebendigen Organismus, der sich kreativ weiterentwickelt und immer wieder neu ausbalanciert. Da steht statt dem reinen Nutzenfaktor die Ehrfurcht vor dem Leben im Vordergrund. »Dann merken wir sehr schnell, dass wir Teil einer größeren Einheit sind, dass unser Selbst nicht bei uns endet, sondern dass auch die Natur dazugehört«, betont Jakob von Uexküll. »Das ist eine spirituelle Erfahrung und gleichzeitig etwas sehr Rationales.« Und wenn Ehrfurcht vor dem Leben und die Rückbindung an etwas Größeres wieder eine Rolle spielen darf, bekommen politische Fragen plötzlich eine hohe spirituelle Relevanz.

Über die Jahre hat sich gezeigt, dass der zentrale Wert, den der Alternative Nobelpreis propagiert, »Mitgefühl« heißt. Das ist etwas gänzlich anderes als Mitleid, dass den Betroffenen klein macht und allenfalls die Spendenbereitschaft erhöht. Mitfühlen heißt, die Probleme der Welt nicht länger aus einer distanzierten Position nüchterner Sachlichkeit zu betrachten, sondern ebenso emotionale und subjektive Reaktionen einzufordern.

Denn mit einer solchen Grundeinstellung lässt sich nicht bedenkenlos an Genen manipulieren oder an Maschinenwesen bastelt, nur um auf dem globalen Markt der Erste zu sein. »Wenn man sich anschaut, was da zurzeit passiert, wird deutlich, dass gerade die Globalisierung uns mit den tiefsten Fragen konfrontiert: Was ist die Natur unserer Gesellschaft, die Natur des Menschen, die Natur der Natur?«, sagt der philippinische Preisträger Nicanor Perlas (S. 194): »Wenn wir auf diese Fragen keine neuen Antworten haben, können wir auch keine Visionen einer anderen Welt entwickeln Dann greifen auch unsere Alternativen nicht weit genug.« Den Preisträgern geht es deshalb darum, mit all ihren Initiativen und Projekten auch ein anderes Menschen- und Weltbild vorzuleben: eine Politik des Herzens, friedliche Lösungen, kooperative Strukturen.

Jakob von Uexküll hat für die rund hundert Pioniere aus fünfzig Ländern ein neues Wort gefunden: »Es gibt viel zu viele gute Ansätze, um Pessimist zu sein und viel zu viele Probleme, um Optimist zu sein. Ich sage immer: Sie sind ›Possibilisten‹. Sie sehen, was geht und tun das Menschenmögliche.« Ein Held im klassischen Sinne aber will keiner von ihnen sein. Denn die Aktivisten wollen nicht bestaunt oder angehimmelt werden, sondern verstehen sich schlicht als Vorbilder und Modelle. Ein Possibilist zu sein heißt, den kritischen Zustand der Welt anzuerkennen und trotzdem das zu tun, was möglich ist. Sie warten nicht darauf, dass ein anderer die Probleme löst, sondern beginnen: irgendwie, mit viel Kreativität und Witz und ohne den Druck, die Welt sofort verändern zu müssen. Possibilisten gleichen damit jenen kleinen grünen Sprösslingen, die sich unaufhaltsam einen Weg durch die scheinbar undurchdringlichen Asphaltdecken der versiegelten Naturflächen suchen und mit ihren Wurzeln irgendwann die dicksten Mauern sprengen können.

Und das Wurzelwerk wächst. Die berühmten, mit dem Alternativen Nobelpreis ausgezeichneten Projekte, sind nur die Spitze eines Eisbergs. Die nachhaltige Welt, die trotz zunehmender Zerstörung der Lebensgrundlagen rund um den Planeten wächst, ist längst zu einem eigenen Netzwerk geworden, das aus vielen Tausend Knoten besteht. Zwölf gut geknüpfte werden zwischen diesen Buchdeckeln in Vorträgen, Texten und Interviews vorgestellt. Sie machen deutlich: Die Probleme mögen zunehmen – doch die Kreativität für den Wandel wächst auch. Die Alternativen sind da. Viele sind bereits erprobt. Und aus der Sicht der Pioniere ist jeder aufgerufen, nach Weiteren zu suchen. Die Zukunft, sagen sie, ist offen und voller Möglichkeiten.

Jakob von Uexküll

1980 stiftete Jakob von Uexküll den »Alternativen Nobelpreis« oder »Right Livelihood Award«. Der professionelle Philatelist, Journalist, Dolmetscher, Autor und zeitweilige Europa-Abgeordnete der deutschen Grünen verkaufte 1980 seinen wertvollen Briefmarkenhandel, um den Grundstein für die »Right Livelihood Foundation«, die »Stiftung für die richtige Lebensweise« zu legen. Seitdem wird der Right Livelihood Award (RLA) Jahr für Jahr an Pioniere der Nachhaltigkeit, Umwelt-, Friedens- und Menschenrechtsaktivisten aus aller Welt verliehen.

Jakob von Uexküll wurde in Uppsala geboren, besuchte Schulen in Schweden und Deutschland und studierte in Oxford Politik, Philosophie und Wirtschaft. Aufgrund der Beobachtung, dass der renommierte schwedische Nobelpreis fast nur für wissenschaftliche Leistungen aus den entwickelten Ländern vergeben wird und zudem die für die Zukunft relevanten ökologischen Fragen fast völlig ausklammert, bot er der schwedischen Nobelstiftung Ende der 1970er-Jahre an, zwei weitere Nobelpreise zu finanzieren: einen für Umweltthemen und einen zweiten für kreative Ansätze um das Leiden der in Armut lebenden Mehrheit der Weltbevölkerung zu lindern. Als die Nobelstiftung ablehnte, gründete er seine eigene Stiftung. Die mittlerweile über hundert Preisträger des RLA gelten international als die führenden zivilgesellschaftlichen Pioniere nachhaltiger, demokratischer und humaner Politik.

Jakob von Uexküll begründete zudem auch das »Other Economic Summit« (TOES), war im Vorstand von Greenpeace Deutschland und ist Mitglied der »Global Commission to Fund the United Nations«. In den letzten Jahren engagierte er sich primär für den Aufbau des »Welt-Zukunftsrates« (World Future Council), in dem planetare Älteste neben jungen Aktivisten und Pionieren der Zivilgesellschaft ethische Maßstäbe im Interesse zukünftiger Generationen formulieren, vertreten und schützen sollen.

Internet
www.rightlivelihood.org
www.worldfuturecouncil.org

Jakob von Uexküll

Menschliche Entwicklung statt wirtschaftlicher Verwahrlosung

25 Jahre Alternativer Nobelpreis

Ich habe mich immer gefragt, warum Probleme nicht gelöst werden, obwohl Lösungen bekannt sind. Wo sind die Blockaden? Warum werden viele seriöse Lösungen nicht ernst genommen? WIE wird man ernst genommen?

Ich bin in Schweden aufgewachsen und wusste: Wenn man einen Nobelpreis bekommt, dann wird man fast überall ernst genommen. Der Nobelpreis war der erste internationale Preis in einer noch sehr national denkenden Zeit und ist wohl auch daher noch immer die angesehenste Auszeichnung der Welt. Aber die Nobelstiftung hatte inzwischen einen neuen Preis – für Wirtschaftswissenschaften – eingeführt, der nicht von Nobel stammte. Ich habe dann 1979 der Nobelstiftung vorgeschlagen, auch einen Preis für Ökologie zu stiften. In der Hoffnung, dass mein Vorschlag dadurch mehr Beachtung finden würde, habe ich angeboten, zu diesem Preis nach meinen Möglichkeiten einen finanziellen Beitrag zu leisten.

Mein Vorschlag wurde vom Vorstand der Nobelstiftung diskutiert, aber man beschloss, prinzipiell keine weiteren Nobelpreise einzuführen. Ich hatte inzwischen meinen Vorschlag auf verschiedenen Konferenzen diskutiert und soviel Zustimmung bekommen, dass ich mich entschloss, es selbst zu versuchen. Ich hatte durch meine Kontakte zwei exzellente Preisträger gefunden, Hassan Fathy, den »Architekten der Armen«, sowie die Organisation Plenty International, gegründet von Stephen Gaskin. So entstand allmählich das Projekt des Alternativen Nobelpreises.

Ich war vor einiger Zeit in der arabischen Welt, und es gab, wohl als Vorbereitung auf den Besuch des damaligen deutschen Bundeskanzlers Gerhard Schröder, ein Interview mit einem hohen deutschen Beamten in einer Talkshow des saudiarabischen Fernsehens. Der junge Saudi sprach fließend Englisch, und der deutsche Beamte stotterte und meinte – das war scheinbar das Hauptziel der Kanzlerreise – dass auf saudiarabischen Straßen noch Platz wäre für mehr deutsche Autos.

Der amerikanische Soziologe Benjamin Barber schreibt hierzu: »Es ist eines der Rätsel unserer Tage, warum wir es Theokratie nennen und uns über Tyrannei beklagen, wenn die Religion jeden Bereich des Lebens bestimmen darf, und wir es Totalitarismus nennen und uns über die Zerstörung der Freiheit beklagen, wenn ein Einparteienstaat jeden Bereich des Lebens dominiert, aber wir es Freiheit nennen und den Triumph der eindimensionalen Marktgesellschaft feiern, wenn die Wirtschaft und der private Sektor jeden Bereich des Lebens dominieren.«
Die Umwandlung von menschlichen Relationen in Geldtransaktionen war eines der Hauptmerkmale der Thatcher-Revolution in Großbritannien. Am Ende dieser Ära meinten große Mehrheiten in einer Umfrage, sie seien in dieser Zeit reicher geworden. Aber alle Indikatoren von Lebensqualität hatten sich nach Meinung von ähnlich großen Mehrheiten verschlechtert: Gesundheitswesen, Erziehung, öffentliche Sicherheit, Ehrlichkeit, Arbeitsplatzsicherheit, Umweltfreundlichkeit und so weiter. Alles hatte sich zum Schlechteren gewendet.

Offensichtlich sind unsere Fortschrittsindikatoren völlig unzuverlässig geworden. Denn Wirtschaftswachstum in unserer Zeit bedeutet beispielsweise, dass frühere unentgeltliche, gegenseitige Transaktionen jetzt mit Geld bezahlt werden und daher zum ersten Mal gemessen werden. Heute wird nur noch gefragt, wie viel Kultur, Solidarität, Mitmenschlichkeit, Ehrfurcht vor dem Leben, Ökologie wir uns ökonomisch leisten können. Alte Menschen, Kinder, Umwelt, gerechte Tierhaltung und so weiter: Alles scheint zu teuer, obwohl wir die reichsten Generationen der Geschichte sind.

Die entscheidende Frage muss natürlich lauten: Welches Wirtschaftssystem können wir uns kulturell, sozial und ökologisch leisten? Von Regierungen und Ökonomen werden wir nur noch als Verbraucher gesehen. Sie klagen, weil viele Menschen mehr und mehr unzufrieden sind mit den beispiellosen Freiheiten, die uns gegeben wurden. Aber diese vielen kleinen Freiheiten als Verbraucher gehen zunehmend auf Kosten unserer großen Freiheiten als Menschen und Bürger dieser Erde.

Das Stichwort »Reform« bedeutet in Europa nicht etwa den dringend erforderlichen ökologischen Umbau unserer Industriegesellschaft, an dem viele Alternative Nobelpreisträger arbeiten, sondern weitere Amerikanisierung, Neoliberalisierung und wirtschaftliche Globalisierung, obwohl die sozialen, ökologischen und kulturellen Kosten dieses Modells immer unerträglicher werden.

Die Verschreibung von Antidepressiva an Kinder nimmt in allen Industrieländern rapide zu, aber nur in den USA werden sie schon an Zweijährige verordnet. Das derzeit propagierte Modell hat sogar nach seinen eigenen Erfolgskriterien versagt. Das Wirtschaftswachstum ist seit dem ideologischen Sieg des Neoliberalismus sowohl regional wie global kontinuierlich gesunken.

Die angeblich geringere Pro-Kopf-Produktivität in der EU, verglichen mit den USA, ist zum größten Teil ein statistisches Artefakt, durch unterschiedliche Messungsmethoden bedingt. Das gab kürzlich sogar die Deutsche Bank zu. In Frankreich zum Beispiel liegt die Pro-Kopf-Produktivität deutlich höher als in den USA.

Es kann nicht entschieden genug gesagt werden, dass es sich bei diesem globalen Siegeszug des Neoliberalismus um eine gut koordinierte, sehr erfolgreiche Gehirnwäsche im Interesse einer kleinen reichen Minderheit handelt, die besonders in den Medien sehr erfolgreich ist. Die Preisträgerin Vandana Shiva schreibt: »Globalisierung bedeutet nicht, wie man nun annehmen sollte, wenn man dieses Wort hört, ein Destillat der Interessen der Menschen der ganzen Welt, sondern im Gegenteil die Durchsetzung der Interessen einer kleinen Minderheit auf Kosten der großen Mehrheit.« Der Ökonomie-Nobelpreisträger Josef Stieglitz, wirtschaftlicher Chefberater von Präsident Clinton, bestätigt dies in seinem neusten Buch »The Roaring Nineties«. Er schreibt: »Unsere globale Strategie basiert darauf, Prinzipien wie soziale Gerechtigkeit und Fairness, die wir zu Hause betonen, beiseite zu stellen, um den bestmöglichen Deal für amerikanische Sonderinteressen zu bekommen.« In den 1990er-Jahren, so meint Stieglitz, sei der soziale Vertrag und somit das Vertrauen zwischen Völkern und ihren Regierungen zerstört worden, mit enormen, langfristigen Kosten durch permanente wirtschaftliche Verunsicherung.

Der Anteil der Löhne und Gehälter am Volkseinkommen ist in Europa in den letzten Jahrzehnten gesunken. Aber den Reformern reicht das noch lange nicht: Länger arbeiten, weniger Lohn, geringere soziale Absicherung, das sei die Realität in einem Land, welches die Zwänge der Globalisierung zu spät erkannt hat, so der so genannte Wirtschaftsweise Prof. Hans-Werner Sinn, Autor des Buches »Ist Deutschland noch zu retten?«. Dieser Unsinn ist Gratis-Werbung für die radikale Rechte und Grundstein für eine soziale Apartheid. Die so genannte Sozialquote, sämtliche Sozialleistungen in Relation zum Bruttoinlandsprodukt, ist in Deutschland seit 1995 rückläufig, trotz steigender Arbeitslosigkeit. Die Nettolöhne schrumpften seit 1990 real, die Gewinne der Kapitalgesellschaften wuchsen um 75 Prozent. Die Löhne inklusive Nebenkosten sind in Deutschland in den letzten 20 Jahren um 15 Prozent weniger stark gestiegen als die Produktivität. Das ist die Realität.

Die Behauptung, das britische Modell sei erfolgreicher als das deutsche, können nur die aufstellen, die die Menschen selbst aus den Augen verloren haben. Professor Chris Harvey, der zurzeit in Deutschland an der Universität Tübingen lehrt, wies kürzlich darauf hin, dass die Drogensucht in Großbritannien dreimal höher liegt. Fünfundzwanzig Prozent der schottischen Teenager verlassen die Schule mit 16 Jahren ohne Abschluss; in Deutschland sind es neun Prozent. Professor Peter Jüngst von der Universität Kassel schreibt, der ständige Zwang zu steigenden Kapitalrenditen intensiviere Prozesse von paranoid-schizoidem Verhalten und Denkweisen. Soviel zur Situation in Deutschland.

Weltweit ist es nicht anders, wie auch die maßgeblichen Propagandisten der gegenwärtigen Weltordnung zugeben, sobald sie pensioniert oder entlassen sind. So erklärte der ehemalige Präsident des Internationalen Währungsfonds Michel Camdessus kurz nach dem Ende seiner Amtszeit, dass die immer breitere Kluft zwischen Arm und Reich den Zusammenhalt unserer Gesellschaften durch Konfrontation, Gewalt und zivile Unordnung zerstören wird.

Als er noch Präsident des Weltwährungsfonds war, hatte ich ihn einmal gefragt, ob er nicht Angst hätte, dass die so genannten Strukturanpassungsprogramme, die er armen Ländern aufzwingt, menschlich unerträglich seien. Er bejahte dies und meinte weiter, wenn Regierungen nicht mehr tun würden, um Gerechtigkeit, Kultur und Ökologie zu schützen, würden wir auf eine große Unordnung zusteuern. Aber zum Glück sei das nicht sein Problem als Ökonom.

Kurz bevor ich mit einem Vertreter des Weltwirtschaftsforums in Davos debattieren sollte, erschien ein Artikel des Sprechers dieser Organisation in der International Herald Tribune mit der Überschrift »Der düstere Zustand unserer Welt«. Der Autor schrieb, es gehe der Welt jeden Tag schlechter und für die Menschen der Dritten Welt sei die Globalisierung nur ein Prozess, durch den die Reichen und Mächtigen die Früchte des Wohlstands auf Kosten der Armen und Machtlosen genießen würden. Ich freute mich auf die Debatte, denn hier schien sogar in Davos ein Umdenken stattgefunden zu haben. Als ich dann fragte, wo der Verfasser des Artikels sei, sagte man mir, dass er nach diesem Artikel entlassen worden sei.

Ich erwähne das auch, um zu betonen, dass die derzeitige Ordnung nicht das Ergebnis von Expertendebatten ist, sondern der Durchsetzung von Machtinteressen dient. Die traditionelle Linke, das heißt die Sozialdemokratie aber auch viele Grüne und ehemalige Kommunisten, haben vor diesen Machtinteressen ideologisch und moralisch kapituliert. Das vor seiner Ernennung zum Außenminister erschienene Globalisierungsbuch von Joschka Fischer etwa stellt die wirtschaftliche Globalisierung als einen unpolitischen Naturprozess dar. Und der ehemalige französische, sozialistische Industrieminister Christian Pierret schreibt: »Wir Linken haben nicht genügend Anstrengungen unternommen zu vermitteln, was Wettbewerb, Marktöffnung und Konkurrenz bedeuten. Deshalb haben wir heute Menschen, die sich weigern, die ökonomische Realität anzuerkennen, die genauso real ist wie das Gesetz der Schwerkraft.«

Wertkonservative Ökonomen waren da schon weiter. So schrieb Professor Wilhelm Röpke, ein Berater Ludwig Erhards, vor über 50 Jahren: »Die

Ökonomie ist keine Naturwissenschaft, sie ist eine moralische Wissenschaft und hat als solche mit dem Menschen als spirituelles und moralisches Wesen zu tun. Die entscheidenden Dinge in der Ökonomie sind genauso mathematisch unberechenbar wie ein Liebesbrief oder eine Weihnachtsfeier, denn sie handeln von moralischen und spirituellen Kräften, von psychologischen Reaktionen und Meinungen, die sich jenseits von Kurven und Gleichungen befinden.« Der langjährige Vertreter der Weltbank in Genf, Alfredo Sfeir-Younis, sagte kürzlich: »Wir müssen uns mit der Frage beschäftigen, ob die Ökonomie, die wir heute praktizieren, auch die Ökonomie von morgen sein wird und ob es weiterhin möglich sein wird, eine Wirtschaftspolitik und Wirtschaftsprogramme zu formulieren, die leer oder gleichgültig sind in Bezug auf die spirituellen Dimensionen des menschlichen Lebens.«

Die Frage heute ist, ob zukünftige Generationen uns als verrückt oder als kriminell ansehen werden, denn wir zerstören ihre Erde und konsumieren ihr Erbe, während wir dabei nicht einmal glücklicher werden, wie viele Umfragen zeigen. Manfred Siebker, ein frühes Mitglied des »Club of Rome«, schrieb schon 1975: »Kein Naturgesetz fordert, dass mehr Einsicht, mehr Erkenntnis, mehr Schönheit, mehr Freude, mehr Liebe auch mehr Energieeinsatz brauchen. Eher wird das Gegenteil immer deutlicher.« Laut dem World Wildlife Fund haben wir in den dreißig Jahren, die seitdem vergangen sind, etwa ein Drittel des gesamten Naturkapitals unserer Erde aufgebraucht, aber scheinbar nichts dazugelernt. Noch immer wird zum Beispiel debattiert, wie weit die so genannten Schulden der Armen von den Reichen erlassen werden sollten, anstatt zu fragen, wann Letztere beginnen werden, für die ökologischen Schulden des Nordens zu bezahlen.

Wir sind, wie in der UdSSR, zunehmend Gefangene einer Ideologie geworden, die immer weniger Bezug zur unseren Werten und unserer Wirklichkeit hat. Ich frage oft bei Vorträgen: »Wenn Sie einem armen Afrikaner 1.000 Euro geliehen hätten, und es gelingt ihm nach einigen Jahren, diese 1.000 Euro zurückzuzahlen, würden Sie ihn dann Jahre oder Jahrzehnte lang verfolgen, auf Kosten der Gesundheit und Erziehung seiner Kinder, um noch Zins und Zinseszins zu kassieren?« Natürlich würden wir das nicht. Aber genau das tun tagtäglich unsere Banken und unsere Regierungen in unserem Namen.

Die totale Absurdität dieses Weltwirtschaftssystems wird wohl am klarsten am Beispiel Japan. Hier hat eines der reichsten Völker dieser Erde schon vor Jahren entschieden, dass sie reich genug sind und deswegen weniger konsumieren wollen. Aber anstatt dass wir dieses Beispiel begrüßen und fragen, wie wir davon lernen können, werfen unsere Politiker den Japanern vor, sie würden durch ihre Konsumverweigerung die Weltwirtschaft bedrohen. Man versucht jetzt mit allen Mitteln, ihre Ersparnisse zu entwerten, damit sie wieder anfangen, mehr zu konsumieren.

Einer unserer Preisträger, Professor Herman Daly, ein amerikanischer Ökonom, arbeitete kurze Zeit in der Weltbank. Er bekam ein Buchmanuskript eines Kollegen vorgelegt, in dem ein Schaubild war, auf dem unsere natürliche Umwelt als ein Subsystem unseres Wirtschaftssystems eingezeichnet war. Daly hat darauf hingewiesen, dass es selbstverständlich umgekehrt ist: Die Wirtschaft ist ein Subsystem unserer natürlichen Umwelt. Der Autor weigerte sich, dies einzusehen, und das Buch erschien ohne das Schaubild. Das Erschreckende dabei ist, dass es sich bei dem Autor um Lawrence Summers handelte, Wirtschaftsminister unter Clinton und danach Präsident der Universität Harvard. Die Vorstellung, dass unsere Umwelt ein Subsystem unserer Wirtschaft ist, ist eigentlich noch absurder als der Glaube, dass die Erde flach ist. Es ist deswegen erschreckend, dass jemand, der solche Spitzenpositionen innehat – sogar unter Präsident Clinton – so etwas tatsächlich glaubt.

Herman Daly hätte den Ökonomie-Nobelpreis verdient, wie auch die anderen Ökonomen, die den Right Livelihood Award bekommen haben, wie Professor Manfred Max-Neef und Professor Leopold Kohr, die sich bemüht haben, die Ökonomie wieder zu vermenschlichen. Aber sie werden ihn aus ideologischen Gründen wohl nicht bekommen. Oder wird die norwegische Nobelpreis-Jury, nachdem sie eingesehen hat, wie wichtig die Ökologie für den Frieden ist, und Wangari Maathai 2004 ausgezeichnet hat, jetzt auch entdecken, dass die Ökonomie für den Frieden wichtig ist, und anfangen, an Ökonomen Friedensnobelpreise zu verleihen?

Der Alternative Nobelpreis zeigt seit 25 Jahren, dass es andere Wege gibt, dass positive Lösungen existieren. Die Preisträger arbeiten auf sehr verschiedenen Gebieten an ihren »Projekten der Hoffnung«. Der Preis ist kein Preis für gute Theoretiker, obwohl da sicher auch ein Manko besteht, sondern für erfolgreiche Praktiker. Durch den Preis öffneten sich für einige von ihnen sehr schnell viele Türen. José Lutzenberger beispielsweise war zwei Jahre später Umweltminister von Brasilien. Er sagte, er hätte dies dem Preis zu verdanken, weil er dadurch international so bekannt wurde, dass Brasiliens neuer Präsident meinte, es wäre eine gute Idee, ihn zu ernennen. Aber er empfand diese Position als sehr frustrierend und konnte, so meinte er, sehr wenig erreichen, weil das politische Umfeld seine Arbeit immer mehr blockierte.

Wir müssen uns immer wieder darüber klar werden, dass wir nicht nur von außen die Entwicklung beeinflussen müssen, sondern tatsächlich entsprechende Verantwortung, auch politische Verantwortung, übernehmen müssen. Wir müssen also überlegen, was wir in einer solchen Situation tatsächlich tun würden: Was bedeutet eigentlich eine gerechte, nachhaltige Weltordnung und welche praktischen Reformen müssen wir einführen? Wir kennen die Probleme; wir haben auch eine recht gute Vorstellung von der Welt, in der wir leben wollen, aber die praktischen Schritte von hier bis dort – da ist noch viel Arbeit zu leisten. Es gibt psychologische Blockaden, zum Beispiel die eines eindimensionalen Fortschrittsglaubens, der behauptet, wissenschaftlich untermauert zu sein.

Aber diese wissenschaftliche Untermauerung ist sehr selektiv. Das Wissen derjenigen beispielsweise, die jetzt meinen, sie wüssten genug, um die Baupläne des Lebens zu manipulieren, ist erschreckend begrenzt, »der letzte Atemzug«, um unsere Preisträger Amory und Hunter Lovins zu zitieren, »eines industriellen Primitivismus«, der eine reduktionistisch mechanistische Denkweise auf lebende Systeme anwendet, die so nicht funktionieren.

Die Lovins' haben als Pioniere des Energiesparens sehr oft mit der Industrie zusammengearbeitet unter der Prämisse, dass auch zum Thema Gen-Manipulation ein vernünftiger Dialog mit Monsanto und den anderen Agro-Konzernen möglich sei. Sie verabschiedeten sich nach kurze Weile entsetzt von diesem Dialog mit der Feststellung, das seien keine Wissenschaftler, sondern Ideologen, die sehr wenig wissen und verstehen, aber mit diesem kleinen Wissen einen unermesslichen Schaden anrichten können.

Vor einigen Jahren besuchte ein Vize-Präsident der Weltbank unsere Preisverleihung und meinte danach: »Ich bin ja oft mit Ihrer Auswahl nicht einverstanden, aber sie macht mich immer nachdenklich.«

Wir müssen jetzt eine Verantwortung übernehmen, die einmalig ist. Denn unser Handeln, und – das ist sehr wichtig – auch unser Nichthandeln hat globale Folgen. Folgen, die langfristiger sind als die Folgen des Handelns unserer Vorfahren. Keine Generation vor uns hatte jemals eine solche Verantwortung, die so global, so langfristig war. Wir können ihr nicht entkommen, denn wie gesagt, auch Nichthandeln ist Handeln. Unterlassene Hilfeleistung ist in vielen Ländern auch strafbar. Die oft versprochene Industrialisierung der ganzen Welt würde das Ende der Biosphäre bedeuten. Hätten unsere Vorfahren so gelebt wie wir, wären wir nicht hier, weil die Erde schon längst unbewohnbar wäre. Was wir jetzt erreichen wollen und müssen, wird sicher sehr schwierig sein, aber was die zurzeit Herrschenden wollen, ist unmöglich, wenn man ihre Wachstumsfantasien nur ein paar Jahrzehnte in die Zukunft projiziert.

Ich bin weder Optimist noch Pessimist, sondern Possibilist, denn die Lösungen sind da. Aber wir sind natürlich frei, sie nicht anzuwenden, zu versagen. Der große historische Augenblick kann, wie der Philosoph der Hoffnung, Ernst Bloch, einmal schrieb, auf ein zu kleines Menschengeschlecht treffen.

Wollen wir wirklich in einer Welt leben, in der unsere Regierungen und Banken in unserem Namen die so genannten Schulden der Armen mit Zins und Zinseszins eintreiben auf Kosten des Überlebens ihrer Kinder? Warum lassen wir so etwas zu? Warum haben wir, warum haben unsere Kirchen nicht darauf bestanden, dass im Biblischen Erlassjahr 2000 die Schulden tatsächlich erlassen wurden? Warum haben die Kirchenfürsten so genannten christlichen Politikern, die diesem Gebot nicht folgten, nicht mit der Exkommunikation gedroht?

Schweigen breitete sich aus, als ich diese Frage einer Gruppe von Bischöfen und Kardinälen der drei christlichen Hauptrichtungen stellte, auf einem Kongress, den der Patriarch in Konstantinopel, das Oberhaupt der orthodoxen Kirche, alle paar Jahre organisiert. Ich habe dort auch erwähnt, dass in früheren historischen Bruchzeiten neue religiöse Orden gegründet wurden, um besonders jungen Menschen die Möglichkeit zu geben, sich voll der Renaissance unserer Welt zu widmen. Wie wäre es mit einem ökumenischen Orden für Menschen, die einen kommerzfreien Raum suchen, um für globale Gerechtigkeit, Nachhaltigkeit und die Verbreitung einer zeitgemäßen Spiritualität zu arbeiten? Es herrschte wieder Schweigen unter den Kirchenfürsten, bis ein Erzbischof fragte, ob in dem Orden das Zölibat herrschen würde. Ich erwähne das, damit wir uns klar darüber sind, dass die etablierten Kirchen uns sehr wenig helfen werden. Auch sie sind ein Teil des Problems geworden und brauchen dringend eine spirituelle Erneuerung.

Ein Hauptgrund, warum wir unsere Probleme nicht lösen, ist die Geldmystik. So wird jedes Projekt der Hoffnung von angeblichen Realisten milde belächelt: »Aber wie soll das bezahlt werden?« Eine Frage, die nur Geldfetischisten stellen können. Denn wie der große Ökonom J. M. Keynes einmal sagte: »Alles, was wir als Gesellschaft machen können, können wir auch finanzieren.« Aber, wie schon gesagt, die reichsten Generationen, die je auf dieser Erde gelebt haben, lassen sich überzeugen, dass wir uns Eltern und Großeltern nicht mehr leisten können. Die Renten sind zu teuer, auch Kinder sind zu teuer, wie auch Mitmenschlichkeit; da müssen die Schulden der Armen eingetrieben werden; Respekt vor dem Leben – unbezahlbar. Von den 250 Millionen Tieren, die jedes Jahr in Europa aus wirtschaftlichen Gründen hin und her transportiert werden – Kühe, Schafe, Pferde, Schweine – kommen 25 Millionen tot an. Da der Umweltschutz immer teurer wird, können wir es uns auch bald nicht mehr leisten, auf dieser Erde zu leben.

In seinem Buch »The Passion of the Western Mind« beschreibt Richard Tarnas die Zeit zwischen Mittelalter und Neuzeit als Zeitalter einer zusammenbrechenden Weltanschauung mit unerwarteten und desorientierenden Entdeckungen jeder Art, als eine Zeit des Kollapses fundamentaler Institutionen und kultureller Traditionen. Den alten Autoritäten konnte nicht länger geglaubt werden, aber es gab noch kein neues Kriterium, um Wahres von Falschem zu unterscheiden. Wer kann bezweifeln, dass wir heute wieder in einer solchen Zeit leben, mit dem entscheidenden Unterschied, dass dieser Zusammenbruch zum ersten Mal global vor sich geht?

Nach dem Zusammenbruch Roms gab es die so genannte »Celtic Fringe«, Klöster am keltischen Außenrand Europas, die das Wissen, die Kultur bewahrten. Dieses Wissen sickerte dann im Laufe der Jahrhunderte wieder in das barbarisierte Zentraleuropa ein. Aber heute gibt es keinen rettenden Celtic Fringe. Heute müssen wir uns selbst retten. Mehr denn je müssen wir nach dem Motto leben: »Wenn nicht jetzt, wann denn, und wenn nicht wir, wer dann?«

Kürzlich, auf einem großen Wissenschaftskongress in Stockholm, wurde verkündet, dass jetzt eine neue geschichtliche Ära angebrochen sei: das anthropozene Zeitalter, in dem der Mensch die Natur beherrscht wie nie zuvor: von den Blaupausen des Lebens bis zum Klima. Das Problem ist, dass diese beispiellose Machtergreifung verbunden ist mit dem Sieg einer individualistisch autistischen Ideologie, die Egoismus und Habgier feiert. In jeder früheren Zivilisation waren das Eigenschaften, die nur in Notsituationen geduldet wurden und sonst verpönt waren.

Einer unserer frühen Preisträger, Erik Dammann aus Norwegen, reiste nach Samoa, weil er so viel über das Leben dort gelesen hatte und meinte, die Menschen auf Samoa müssten irgendwie anders sein. Er fand, dass nicht die Menschen anders sind, sondern die Gesellschaft. In Samoa wird man für das respektiert, was man für die Gemeinschaft, für die Mitmenschen tut. Wer nur für sich selbst und egoistisch lebt, wird als komischer Kauz angesehen und aus der Gemeinschaft, aus dem sozialen Leben ausgeschlossen.

Heute leben wir zum ersten Mal in einer Kultur, die alle menschlichen Werte zu privaten Entscheidungen reduziert hat. Die Grundzüge dieser Weltanschauung, die praktisch alle Lebensbereiche dominiert, hat der Philosoph Bertrand Russel so zusammengefasst: »Wir sind allein in einer fremden Welt, wir sind nichts als sinnlose, durch zufällige Mutationen entstandene Produkte von Atomen und chemischen Reaktionen. Wir und alles, was wir tun, kommen aus dem Nichts und gehen ins Nichts.« Diese Feststellungen seien, so schreibt er, so sicher, dass keine Philosophie, die sie ablehnt, hoffen kann zu bestehen.

Das ist die Geschichte, in der unsere Kinder aufwachsen. Das ist die materialistische Indoktrination, die täglich in Schulen, Medien und so weiter propagiert wird. Ist es ein Wunder, dass sie Drogen nehmen? Denn wer will in einer solchen Welt leben, in der nur Konsum kurzfristig Erfüllung bringt? Wenn nur das Materielle wirklich ist, kann ich mich nur verwirklichen, wenn ich möglichst viele materielle Güter anhäufe. Unsere von Gelddominierte Konkurrenzgesellschaft ist eine direkte Folge dieses darwinistischen Gesellschaftsmodells, des Kampfes aller gegen alle.

Die zerstörerischen Folgen für uns selbst und für unsere Umwelt sind bekannt. Ich meine, keine Ethik, die diese Weltanschauung akzeptiert, kann hoffen, gegen die Macht der Gier und des Mammons zu bestehen. Denn in dieser Weltordnung ist Gier natürlich, also wissenschaftlich untermauert. Die meisten Menschen sind keine Rebellen und haben nicht die Kraft, ihre Kinder im ständigen Widerspruch zur herrschenden Weltanschauung und unserer angeblichen Natur zu erziehen. Wir können daher keine zukunftsgerechte Ethik durchsetzen, ohne das materialistisch-mechanistische Weltbild in Frage zu stellen. Das ist heute dringender denn je, aber es ist auch möglicher denn je, da die herrschende moderne Weltanschauung sich zunehmend als ein ideologischer Überbau mit einer sehr brüchigen naturwissenschaftlichen Basis entpuppt.

Forschungsergebnisse, die den darwinistischen Dogmen widersprechen, werden aber in einer Weise ignoriert, die als einer der größten wissenschaftlichen Skandale unserer Zeit bezeichnet werden muss. Denn je mehr wir das Leben auf mikroskopischer Ebene studieren können, desto überwältigender werden die Beweise für seine nicht reduzierbare Planmäßigkeit, Komplexität und Intelligenz.

Ich bin wie unser Preisträger Hermann Scheer, der Meinung, dass sich Energien für große, problemrealistische Schritte in Krisenzeiten leichter mobilisieren lassen als für kleine Schritte. Wenn Sie also ein kleines Projekt haben und damit nicht weiterkommen, dann überlegen Sie bitte, ob es vielleicht nicht groß genug, nicht problemrealistisch genug ist, um Menschen zu inspirieren und begeistern. Die Ecksteine für eine bessere Welt können in wenigen Jahren gelegt werden, wenn wir es nur wollen.

Es gab nach dem ersten Golfkrieg eine Untersuchung der UNO, die feststellte, mit den Mitteln dieses Krieges hätte man in etwa drei bis fünf Jahren sauberes Trinkwasser für alle Menschen weltweit liefern können. Jetzt haben wir stattdessen die Milleniumsentwicklungsziele, die im Jahr 2000 beschlossen wurden (aber ohne dass die nötigen Ressourcen zur Verfügung gestellt wurden) mit dem Versprechen, diese bis zum Jahr 2015 zu erreichen. Nach der Meinung des Weltbankpräsidenten und des britischen Schatzkanzlers werden sie, wenn es so weiter geht, aber erst etwa im Jahr 2150 erreicht. Die Mitarbeiter der renommierten New Economics Foundation in London haben mir kürzlich gesagt, dass dies noch zu optimistisch sei. Wenn es so weitergeht, dauert es ungefähr 300 Jahre, bis diese Ziele erreicht sind …

Einen wichtigen Schritt können wir alle schon heute tun, nämlich heraustreten aus der uns von diesen Herrschenden zugewiesenen Rolle als einsame Konsumenten in einer gierigen, sinnlosen Welt. Denn wir sind viel mehr. Wir sind Teile einer lebendigen, intelligenten, kreativen und sinnvollen Welt. Wir müssen unsere Identität erweitern und sie wieder mit unserer inneren und äußeren Umwelt verbinden. Jeder von uns steht täglich an der Grenze, an der wir entscheiden müssen, ob wir Teil der Lösung oder Teil des Problems sein wollen. Es geht um die Wiedereroberung unseres Selbst als verantwortlicher Bürger dieser Erde und um das Erwachen aus dem verführerischen Traum des globalen Konsumenten.

DAS NEUE HOLISTISCHE WELTBILD

Hans-Peter Dürr

Der Münchner Quantenphysiker und ehemalige Direktor des Max-Planck-Instituts für Astrophysik, Hans-Peter Dürr, erhielt den Alternativen Nobelpreis 1987 für sein internationales Engagement gegen die »Star Wars«-Pläne des US-Präsidenten Ronald Reagan. Zudem trug seine enge Kooperation mit wissenschaftlichen Kollegen jenseits des »Eisernen Vorhangs« noch während des Kalten Krieges dazu bei, grenzüberschreitende Umweltprojekte zu befördern, die Wahrung der Menschenrechte für Dissidenten zu stärken und die Aufweichung der ideologischen Feindbilder zu erleichtern.

Hans Peter Dürr war als Schüler des Quantenphysikers Werner Heisenberg Zeit seines Lebens mit dem ›neuen Denken‹ der Naturwissenschaft verbunden. Als Doktorand von Edward Teller, dem Erfinder der Wasserstoffbombe, war er zudem mit dem Denken der ersten Generation von Atomwissenschaftlern vertraut und konnte durch seine wissenschaftlichen Kontakte Initiativen auf höchster Ebene initiieren. In seinen Veröffentlichungen, Reden und Interviews wies der Grundlagenforscher Dürr dabei immer wieder auf die inneren Widersprüche der herrschenden strategischen Dogmen hin und zeigte auf, wie wenig sie einer modernen holistischen Sicht der Wirklichkeit entsprechen. Hans-Peter Dürr engagiert sich heute primär dafür, das Grundwissen eines – aus der modernen Physik hervorgehenden – holistischen Weltbildes in die Gesellschaft hereinzutragen. Dabei betont er besonders die aus der Quantenphysik deutlich gewordene Einheit der Wirklichkeit und schlussfolgert daraus die prinzipielle Unplanbarkeit komplexer Systeme durch den Menschen. Daraus resultiert für ihn eine radikale Ökologisierung und Dezentralisierung der Gesellschaft und Ökonomie. Dürrs jüngste Initiative war 2005 die Ausarbeitung des »Potsdamer Manifests«, in dem über 100 Wissenschaftler aus aller Welt ein am holistischen Weltbild orientiertes »Neues Denken« einfordern.

Internet
www.gcn.de

Hans-Peter Dürr

Das moderne holistische naturwissenschaftliche Weltbild

Konsequenzen für unser Denken und Handeln

Die Horizonte der Forschung haben sich immer weiter hinaus geschoben. Die von den Wissenschaftlern betriebene Forschung war und ist außerordentlich erfolgreich und hat uns viele aufregende, manche geradezu fantastische Erkenntnisse gebracht. Wir sind aber nicht mehr so sicher, ob sie uns auch tiefere Einblicke in die Wirklichkeit der Welt gegeben hat. Hat man doch den Eindruck, dass vor allem jene Kenntnisse zunehmen, die einerseits geeignet sind, uns das Leben üppiger, unbeschwerter und abwechselungsreicher zu machen und uns andererseits ermöglichen, größere Macht über Andere und Anderes zu gewinnen. Vieles von dem Wissen, das wir heute sammeln, lässt sich als Verfügungswissen bezeichnen – ein Wissen, das nicht so sehr den Einblick in unsere Welt erweitert und vertieft, sondern uns die Natur dienstbar macht. Es fragt sich, ob uns dabei heute nicht schon ganz Wesentliches abhanden gekommen ist. Wissen war ursprünglich ja weniger als Verfügungswissen gedacht, mit dem wir in die Natur eingreifen können, um sie zu beherrschen und sie zum eigenen Nutzen zu manipulieren. Vielmehr sollte Wissen vornehmlich dazu dienen, Einsichten über uns in der Welt und über den Sinn der Welt zu gewinnen, um auf diese Weise eine Orientierung zu bekommen und es uns so erlauben, uns für die Zukunft besser zu positionieren.

Ich habe den Eindruck, dass die Beherrschung und die Eroberung der Erde für uns im Augenblick absoluten Vorrang hat. Es stellt sich deshalb die Frage: Wie können wir diesem Trend gegensteuern, um auch die anderen Dimensionen wieder vermehrt zu erfassen? Ich möchte hier mit einem Zitat beginnen, das ich neulich in einem amerikanischen Buch von Edward Osborne Wilson – einem Zoologen – mit dem Titel »Consilience: The Unity of Knowledge« gelesen habe. Wilson schreibt folgendes:

> *»Ohne Instrumente sind Menschen in einem kognitiven Gefängnis eingesperrt. (…) Sie sind wie intelligente Fische, die sich über die äußere Welt*

wundern. (…) Sie erfinden geniale Spekulationen und Mythen über den Ursprung des sie umschließenden Wassers, über die Sonne und den Himmel und die Sterne über ihnen und über den Sinn ihrer Existenz. (…)

Aber alles ist falsch. Sie irren sich immer, weil die Welt zu weit weg ist von ihrer täglichen Erfahrung, um einfach bildlich erfasst zu werden.«

Ich stimme mit dieser Meinung völlig überein, allerdings mit einer wesentlichen Erweiterung. Ich will Ihnen zeigen, dass wir auch dann, wenn wir Instrumente, in welcher verbesserten und vermehrten Form auch immer, benützen, in einem kognitiven Gefängnis verbleiben. Wir irren uns nämlich nicht nur aufgrund von Ignoranz, sondern schwerwiegender, weil die Wirklichkeit eine ganz andere Struktur hat, als von uns erfasst werden kann. Das hat die Folge, dass, wenn wir über die Wirklichkeit sprechen wollen, wir eine Sprache verwenden, die der eigentlichen Wirklichkeit – was immer wir darunter verstehen – nicht angemessen ist. Wenn wir von dieser Wirklichkeit sprechen wollen, sind wir deshalb gezwungen, in Form von Gleichnissen zu reden. Gleichnisse erfassen nicht die Wirklichkeit, sondern deuten nur auf sie. Das mag – angesichts der Erwartungen, die wir an Wissenschaft stellen – enttäuschend klingen. Es bleibt uns aber gar nichts anderes übrig. Auch der Gelehrte, der Instrumente hat und die Welt vielfältiger sieht, kommt aus diesem Gefängnis nicht heraus. Er bleibt darin gefangen.

Wir haben eine Welt vor uns, die objekthaft ist. Wir begreifen etwas, das wir fassen können. Gleichzeitig wissen wir sehr wohl, dass es sehr viel in unserem Erleben gibt, das nicht von dieser praktisch fassbaren Art ist. Wir haben eine lebendige Sprache, die weit über das hinausreicht, was wir begreifen können. Wir haben Worte wie *Hoffnung, Vertrauen, Liebe.* Was ist das? Ich kann es nicht greifen, begreifen – und trotzdem können wir uns darüber verständigen.

Ich möchte hier deutlich machen, dass mit den modernen Erkenntnissen in der Physik deutlich geworden ist, dass ein Wissen, wie wir es im naturwissenschaftlichen Sinne gebrauchen, der Wirklichkeit streng genommen nicht angemessen ist. Wir müssen eine andere, allgemeinere Vorstellung entwickeln: Wir brauchen ein neues Welt- und Menschenbild, um uns hier besser hineinzudenken. Obwohl: Von einem neuen Welt- und Menschenbild zu sprechen, stimmt eigentlich nicht, weil es sich hierbei um Bilder handelt, die es, obwohl in etwas einfacherer Form, es schon von alters her gegeben hat. Das heißt: Ein Naturwissenschafter spricht hier von etwas Neuem, weil er sich sozusagen etwas verlaufen hat und nun wieder auf einige alte Pfade zurückkommt. Deswegen erscheint es vielleicht unangemessen, dass sich hier ein Naturwissenschafter über dieses Thema äußert und besonders jemand wie ich, der sich als Atomphysiker, Kernphysiker, Elementarteilchenphysiker ein Leben lang mit Materie befasst hat. Aber mir scheint, dass mir gerade meine Auseinandersetzung mit der fundamentalen Dynamik der Materie einen tiefen Einblick in die Hintergründe der Materie gegeben und mich – und auch andere – darauf aufmerksam gemacht hat, dass die Wirklichkeit weit komplexer und vor allem überraschend anders ist, als es die alte Physik vorgestellt hat. Aber zunächst war auch bei mir der Ausgangspunkt, eine schlüssige Antwort auf die neugierige Frage zu finden, »was die Welt im Innersten zusammenhält«.

Die revolutionär neuen Erkenntnisse der Physik sind über 100 Jahre alt. Es war Max Planck, der 1900 die ersten entscheidenden Hinweise lieferte und der junge Werner Heisenberg, dem 1925, also 25 Jahre später, eine überraschende Erklärung, oder besser, eine unorthodoxe Interpretation gelang. Das Erstaunliche dabei ist, dass diese neuen Erkenntnisse bis zum heutigen Tage noch kaum intellektuell rezipiert worden sind. Und dies nicht etwa, weil sie zu keinen wesentlichen Konsequenzen geführt haben. Im Gegenteil, die Folgen waren nicht nur für die Wissenschaft, sondern auch für die technische Entwicklung atemberaubend. So haben die neuen physikalischen Einsichten der Chemie ein solides neues Fundament verschafft und durch die Möglichkeit der Synthese einer Vielzahl von neuen Stoffen zur modernen chemisch-medizinischen Großindustrie geführt. Eine verfeinerte Kristallphysik ermöglichte die Mikroelektronik, auf der die heute so bedeutenden Kommunikationstechnologien beruhen. Auch die Atombomben basieren auf den Erkenntnissen der modernen Physik.

Der Grund für die mangelhafte theoretisch-inhaltliche Aufnahme der modernen Physik im Vergleich zur praktischen und technischen Akzeptanz liegt zweifellos darin, dass die moderne Physik so andersartig ist, dass jeder zunächst sagt: »Das kann doch nicht wahr sein! Das ist so paradox, dass ich es nicht verstehe!« Die moderne Physik, die unter dem Namen Quantenphysik firmiert und die wir jetzt neu lernen und anwenden müssen, ist nicht einfach nur ein neues Paradigma. Sie fordert ein grundsätzlich neues Denken. Der Begriff Quantenphysik ist dabei auch nicht sehr hilfreich, weil er eigentlich ganz schlecht charakterisiert, was sich im Hintergrund dabei an Umstürzlerischem verbirgt.

Für jede wissenschaftliche Beobachtung ist unsere Art zu denken und an die Dinge heranzugehen wesentlich. Denken ist eine Art des Fragmentierens, des Auseinandernehmens. Die Wissenschaft beruht auf der analytischen Vorgehensweise, sie benutzt reduktionistische Methoden. Das heißt aber, dass all das, was beim Zerlegen kaputt geht, sich mit wissenschaftlichen Methoden nicht direkt erfassen lässt. Was nicht objektivierbar ist, ist für die konventionelle Forschung irrelevant. Diese Vorgehensweise ist vergleichbar mit einem Fischer, der mit einem Netz mit einer Maschengröße fischt. Alles was kleiner ist als seine Maschengröße, kann er nicht fangen.

Trotz dieser reduktionistischen Methoden der Forschung beansprucht die Wissenschaft aber, allgemein verbindliche Aussagen über die Wirklichkeit machen zu können. Damit gleichen ihre Aussagen aber dem Prinzip eines Fleischwolfs, in den man oben die Wirklichkeit hineinsteckt und durchdreht, wodurch vorne, je nach Endscheibe, verschieden geformte Würstchen herauskommen. Wir sind heute – in einer Analogie gesprochen – in der Situation, dass bei vielen Wissenschaftlern der völlig falsche Eindruck entsteht, dass die (ursprüngliche) Wirklichkeit aus diesen Würstchen aufgebaut sei. Demgegenüber brauchen wir die Erkenntnis, dass die erkennbaren Fragmente der Wirklichkeit immer ein Ergebnis unserer speziellen Herangehensweise und Verarbeitung sind. Nun versuchen wir heute, im neuen 21. Jahrhundert, verzweifelt die Folgen der modernen Technologie mit der veralteten Denkart (dazu gehören insbesondere auch die Wirtschaftstheorien) in den Griff zu bekommen.

Lassen Sie mich, um den Kontrast zum neuen Denken zu verdeutlichen, einen kurzen Blick auf die »alten« klassischen Vorstellungen werfen. Das klassische Weltbild ist uns allen geläufig: Die Welt ist »da draußen« und ich sehe und beschreibe sie. Als stiller Beobachter habe ich mit der materiellen Welt da draußen nichts zu tun, sie existierte vor mir und ohne mich, und ich muss einfach »was dort ist«, eins nach dem anderen benennen und wahrnehmen, »was vor sich geht«. Die Materie ist für uns das Primäre in der Welt. Wir nennen deshalb die Wirklichkeit auch »Realität«, »dingliche« (lat. res = Ding) Wirklichkeit.

Dass etwas »passiert« zeigt uns, dass die Welt mit ihren drei Raumdimensionen nicht einfach unverändert da ist, sondern sich in der Zeit verändert. Eine neue Gegenwart stellt sich ein, deren Existenz uns bislang verschlossen war. Wir versuchen deshalb aus der jeweiligen Gegenwart und ihren Abfolgen herauszulesen, was wohl die Zukunft bringt. Die klassische Physik erkannte hierbei eine strenge Regelmäßigkeit, die in der Formulierung von eindeutig determinierten Naturgesetzen ihren Ausdruck fanden: Die Welt zeigte sich als dynamisches Uhrwerk, das nach strengen Gesetzen abläuft, mit der Konsequenz, dass ich, wenn ich diese Gesetze kenne, prinzipiell die Zukunft prognostizieren und umgekehrt auch herausbekommen kann, was in der Vergangenheit war.

Kann ich denn aber die Zukunft wirklich vorhersehen? Und welchen Vorteil hätte dies für uns als Menschen? Die Antwort der ersten Frage hängt wesentlich von der genauen Beschreibung der Gegenwart und der strengen Gültigkeit der Gesetze ab. Die zweite Frage ist aber von ganz grundsätzlicher Art. Die Antwort hängt davon ab, ob ich als Mensch selbst ein Teil des Uhrwerks oder ob ich ein Außenstehender bin, der mit dem Uhrwerk spielen und es manipulieren kann. Und selbstverständlich liegt es nahe zu sagen: Als Mensch bin ich ein Außenstehender, weil ich keine Maschine bin und offensichtlich die Möglichkeit habe, absichtsvoll zu handeln. Wenn ich dies bejahe, und das tun wir, kommt es in diesem alten Rahmen zu einer prinzipiellen Spaltung von Mensch und Natur: Da ist einerseits die Natur, eine Maschine, die wie ein Uhrwerk abläuft, und andererseits der freie, kreative, absichtsvoll handelnde Mensch, der großteils »außen« ist, der »Geist« besitzt und deshalb den Naturgesetzen nicht streng unterworfen ist und der nun in gewissem Umfang mit diesem Instrument »Natur« spielen darf. Aus dieser Vorstellung heraus erwächst notwendig eine Arroganz des Menschen: »*Ich als Geist-begabtes Wesen kann die Materie, die eine Maschine ist, heute so anordnen, dass sie in Zukunft genau das tut, was ich will.*« Damit war der Mensch nicht nur die »Krone der Schöpfung«, sondern teilweise zu ihrem Herrn oder wenigsten zu ihrem Mitschöpfer avanciert. Einige, darunter vor allem die mächtigen weltlichen Herren, fanden und finden das sehr befriedigend, andere dagegen inakzeptabel, insbesondere die Nichtmächtigen aber auch die Frauen, die man zunächst einfach pauschal zur Natur zählte.

Aber dieses alte Welt- und Menschenbild war auch auf viel grundsätzlichere Weise unbefriedigend und mangelhaft: Wir erleben doch mehr als nur die Materie um uns herum. Es könnte ja sein, dass die Wissenschaft prinzipiell zu einfältig ist, um das eigentlich Wichtige überhaupt wahrzunehmen, geschweige denn dieses in Begriffe zu fassen. In der Euphorie des erfolgreichen und glorreichen Aufschwungs des rationalen Denkens nach der Aufklärung war Wissenschaft ein mächtiges Instrument, um sich gegen jegliche Bevormundung durch die traditionellen Mächte zu wehren. Wissenschaft schickte sich an, die Religionen völlig zu verdrängen in dem Glauben, dass mit Hilfe des von der Wissenschaft aufgedeckten Wissens Gott und die Religionen letztlich überflüssig werden. Die Wissenschaftler schienen nun endlich *die* Menschen zu sein, die berechtigt waren, kompetent über das wirklich Wahre zu sprechen.

Auf der Grundlage des klassischen Welt- und Menschenbildes war es also für die Naturwissenschaftler und insbesondere die Physiker naheliegend, durch die präzise Erforschung der materiellen Welt und ihrer Naturgesetze die Welt vollständig »in den Griff« zu bekommen. Zu diesem Zweck war es notwendig, nach der reinen Materie zu suchen. Die Suche nach der reinen Materie bedeutete die Suche nach dem »Unteilbaren«, nach dem »A-tom«. Es war die Suche nach dem Kleinsten, aus dem sich alle Formen zusammensetzten. Bei den kleinsten Bausteinen der chemischen Elemente glaubte man sich am Ziel und nannte sie Atome, sie erschienen unspaltbar, sie waren Kandidaten der reinen Materie.

Doch dann kam der große Wandel: Rutherford stellte mit seinen Alphastrahlen fest, dass sie doch eine innere Struktur hatten: ein winzig kleiner Atomkern inmitten einer diffusen Hülle aus Elektronen. Atome waren also aus noch kleineren Bestandteilen aufgebaut, die man Elementarteilchen nannte. Aber dann kam die große Überraschung: Dieses System aus Kern und Hülle konnte nach den Regeln der klassischen Physik nicht stabil sein, es müsste spontan in sich zusammenstürzen. Dieses System konnte nur stabil sein, wenn man eine ganz eigenartige Dynamik zu Grunde legte: Es konnte diese Teilchen gar nicht geben, sie wurden nur durch eine stationäre immaterielle Schwingung vorgetäuscht. Daraus folgerte: *Atome sind nicht mehr aus Materie aufgebaut. Die Materie verschwand und nur eine Form blieb übrig.*

Das alte Physikgebäude kam zum Einsturz, hatte man doch felsenfest darauf vertraut, dass die Welt eine »ontische« (als seiend verstandene) Struktur habe, bei der es sinnvoll ist zu fragen: Was ist? Was existiert? Sein und Existenz hingen eng mit dem Begriff Materie zusammen. Und nun stellte sich heraus: Materie ist nicht aus Materie aufgebaut, das Fundament der Welt ist nicht materiell. Stattdessen finden wir hier Informationsfelder, Führungsfelder, Erwartungsfelder, die mit Energie und Materie nichts zu tun haben. Das war selbstverständlich eine verwirrende Vorstellung. Wenn Materie nicht aus Materie aufgebaut ist, dann bedeutet das: Das Primat von Materie und Form drehte sich um.

Die Paradoxien waren absolut offensichtlich, es gab keine Fluchtmöglichkeiten. Man musste die Grundanschauung der Physik an dieser Stelle ändern. Die Natur – so musste man schlussfolgern – ist im Grunde nur Verbundenheit, das Materielle stellt sich erst hinterher heraus. Wenn Verbundenheit sich mit Verbundenheit verbindet, dann erscheint – in der Grobform – gewissermaßen die Materie, so als ob es sie ursprünglich gäbe. »*Nur Verbundenheit*« klingt in unserer Sprache künstlich: zusammengesetzt und trotzdem elementar? Denn wir können kaum über Verbundenheit nachdenken, ohne zu überlegen, was womit verbunden ist. Es gibt nur wenige Substantive in unserer Sprache, die Verbundenheit elementar ausdrücken: Liebe, Geist, Leben. Letztlich sind eigentlich nur Verben geeignet: leben, lieben, fühlen, wirken, sein. Wir sagen also: *Wirklichkeit ist nicht dingliche Wirklichkeit, Wirklichkeit ist reine Verbundenheit oder Potenzialität,* nur die *Kann*-Möglichkeit, sich unter gewissen Umständen als Materie und Energie zu manifestieren, aber nicht die Manifestation selbst. Es ist etwas im Innengrund, es ist reine Gestalt, reine Formstruktur. Diese fundamentale Verbundenheit führt dazu, dass die Welt eine Einheit ist. Es gibt überhaupt keine Möglichkeit, die Welt in Teile aufzuteilen, weil alles mit allem zusammenhängt. Damit ist prinzipiell die Basis entzogen, die Welt reduktionistisch verstehen zu wollen, sie auseinander zu nehmen, nach ihren Bestandteilen zu fragen.

Es wird aber noch wilder: Wenn wir in unserer gewohnten Sprache von einem Teilchen sprechen, das sich von A nach B bewegt, so heißt dies in der modernen Form: Es gibt Prozesse, bei denen etwas wie ein Elektron am Ort A auftaucht und dann später an einer anderen Stelle, etwa bei B, wieder etwas wie ein Elektron nachgewiesen werden kann. Es hat also den Anschein, als ob ein Elektron von A nach B gelaufen sei. Diese Interpretation ist aber unrichtig, weil zwischen A und B kein Elektron zu beobachten ist. Es ist also richtiger zu sagen, das so genannte Elektron ist bei A verschwunden und im Umkreis von B wieder erzeugt worden.

In dieser modernen Quantenwelt gibt es keine Materieteilchen, die zeitlich mit sich selbst gleich bleiben. Es entstehen und vergehen Dinge, es gibt *echt kreative Prozesse*: Etwas entsteht aus dem Nichts und vergeht im Nichts. Und wenn ich sage echt kreative *Prozesse* dann heißt das, wir dürfen nicht mehr die Vorstellung der »Evolution« in ihrer ursprünglichen Bedeutung verwenden. Wir haben ein neues Bild von der Welt, in dem sich die Schöpfung nicht in der Zeit entwickelt, sondern: *In jedem Augenblick ereignet sich die Welt neu* – aber mit der ›Erinnerung‹ wie sie vorher war. Das heißt, sie wird nicht total anders, sondern sie ähnelt der Welt, wie sie vorher war.

Bei dieser Neuschaffung der Welt sind aber einige »Langweiler« dabei, wie zum Beispiel ein Tisch. Diesem Tisch ist im Prozess der ständigen Neuschöpfung nichts anderes eingefallen, als sich selbst wieder zu reproduzieren, also eine Kopie von sich zu machen. Diese letztlich uninteressanten Phänomene nennen wir dann Materie oder Energie. Also alles, was sozusagen fantasielos ist, erscheint als Energie oder Materie (geballte Energie). Aber das ist es, woran wir uns orientieren!

Man stellt nun fest: Wirklichkeit – diese kreative Verbundenheit oder Potenzialität oder wie auch immer wir sie nennen – scheint mehr Ähnlichkeit zu haben mit dem Lebendigen als mit dem Toten. Sie ist im Prinzip kreativ, hat keine Grenzen, ist offen, ist dynamisch, ist das unauftrennbare Ganze – ich könnte diese Wirklichkeit als Geist charakterisieren. Dies hieße: *Die Grundlage der Welt ist nicht materiell, sondern geistig.* Und die Materie ist gewissermaßen die Schlacke des Geistes, sie bildet sich hinterher durch eine Art Gerinnungsprozess.

In dem alten materiellen Weltbild haben wir – um die Welt zu erklären – mit dem Getrennten angefangen, dann die energietragende Wechselwirkung hinzufügt und uns erstaunt gefragt, wie es diesem wilden Gemisch aus getrennter Materie und Wechselwirkung gelang, immer kompliziertere Formen zusammenzubasteln, bis schließlich am Ende auch der Mensch möglich wurde. Im neuen Weltbild sieht dies ganz anders aus: Es war, ist und bleibt immer das Eine oder das »Nicht-Zweihafte«, das sich zu *differenzieren* beginnt, ohne je die Gemeinsamkeit aufzugeben. Es wird die Differenzierung organisiert, nicht das Zusammenkommen von Getrenntem, wie im alten Bild. Das heißt, wir haben ein ganz anderes Bild von der Welt, da sie nicht vom Getrennten ausgeht. Das ist selbstverständlich interessant, weil – was immer aus diesem einen Ganzen als Teile hervorgeht – diese Teile in dem Sinne keine Bestandteile sind. Die Welt ähnelt gewissermaßen mehr einer befruchteten Eizelle, die anfängt, sich zu teilen: Sie teilt sich aber gar nicht, es wird nur eine Membran eingeführt, sodass die linke Hälfte von der rechten etwas abgeschirmt wird, wie eine Hecke, aber keine Mauer. Es ist immer noch das *eine* System, aber man kann links unbekümmert etwas anderes machen als rechts. Das heißt, wenn wir in der modernen Anschauung mit dem Ganzen anfangen, können Untersysteme sich immer zurück auf das Ursprüngliche beziehen und auf diese Weise Bedeutung und Sinnhaftigkeit aus dem Verbleiben im Gesamtzusammenhang ableiten.

Als Physiker bin ich hier letztlich immer noch bei der Beschreibung der materiellen Welt im Mikrokosmos, der Welt der Atome. Die Sprache unserer Lebenswelt habe ich reichlich fahrlässig bisher nur als Gleichnis benutzt. Aber jetzt möchte ich einen mutigen Versuch machen, wirklich in unsere Lebenswelt aufzusteigen. Ich will ja von unserem Weltbild und vom Menschen sprechen. Um dies möglich zu machen, will ich hier statt von den *Teilchen* der klassischen Physik ein neues Wort einführen und von *Wirks* sprechen. Also von diesen komischen immateriellen Kleinstprozessen, die so wimmelig sind wie die Ameisen in einem Ameisenhaufen. Wenn ich eine Menge solcher *Wirks* gut durchschüttele, dann kommt zu unserer großen und freudigen Überraschung tatsächlich als durchschnittliches Verhalten wieder die alte Physik und unser altes Weltbild heraus: Es sieht also aus, als hätte ich Materie, die strengen Naturgesetze und all das andere. Die uns vertraute Mittelung bedeutet aber immer nur so etwas wie eine vergröberte Betrachtung. Wie grob sie ist, hängt von der Zahl der *Wirks* ab. In einem Gramm Materie haben wir Billionen mal Billionen von diesen *Wirks*, was heißt, dass die Abweichung vom Mittelwert extrem klein (ein Billionstel) wird – vorausgesetzt, die *Wirks* sind gut durchgemischt. Könnte es so sein, dass nur die tote Materie gut durchgeschüttelt und ausgemittelt ist, aber dass für lebendige Organismen diese Durchmischung auf irgendeine Weise behindert wird, sodass etwas von der Lebendigkeit am Grunde in unsere Welt nach oben schwappt?

Ich will Ihnen am Modell des Pendels erklären, wie so etwas passieren könnte. Wenn ich ein Pendel anwerfe, bewegt es sich genau nach den strengen Gesetzen der Mechanik und ich kann deshalb prognostizieren, was das Pendel machen wird: Es pendelt eine ganze Weile hin und her, bis es schließlich mehr oder weniger schnell am untersten Punkt wieder zur Ruhe kommt. Kann ich die Bewegungen vollkommen berechnen? Nicht ganz, weil dieses Pendel einen einzigen Punkt hat, nämlich ganz oben, wo es auf dem Kopf steht und ich nicht weiß, ob es nach links oder rechts herunterfallen wird. Wenn ich ein bisschen mehr links davon bin, dann fällt es links herunter, wenn ein bisschen mehr rechts, dann fällt es rechts herunter. Wenn es haarscharf genau oben ist, an dieser oberen Instabilitätsstelle, ist das Pendel nicht gefesselt an die für uns offensichtliche Naturgesetzlichkeit. Die Freiheit des Pendels, nach links oder rechts zu fallen, wird deshalb von den feinsten Einwirkungen und damit in letzter Konsequenz von diesen komischen »lebendigen« Kräften gesteuert, die in der Quantenphysik von Wichtigkeit sind. Hierbei sollte ich statt Quantenphysik lieber *holistische Physik* sagen, weil das Holistische, das Ganzheitliche das wesentliche Charakteristikum der Quantenphysik ist.

Es mag erscheinen, dass ich bei dieser Argumentation eine Mücke zu einem Elefanten hochstilisiere. Denn es ist schließlich nur ein einziger Punkt – der Instabilitätspunkt genau oben – wo diese Ambivalenz auftritt. Wenn ich aber zwei Arretierungen aus diesem Pendel herausziehe, wird das einfache Pendel in ein »Pendel an einem Pendel an einem Pendel« verwandelt. Wenn ich dieses Triple-Pendel stark anwerfe, dann geht es nun unendlich oft durch solche Instabilitätspunkte, wodurch die Bewegung des Pendels absolut unberechenbar wird und es in seinen Bewegungen chaotisch erscheint. In meiner Interpretation wäre es aber kein Chaospendel, weil es letztlich nicht vom Chaos im Sinne vom Zufall, sondern vom quantenphysikalischen potenziellen Erwartungsfeld gesteuert würde.

Ich mache jetzt einen großen Sprung. Ich behaupte, dass dem Lebendigen solche chaotischen Bewegungen zu Grunde liegen. Das Lebendige gleicht im Grunde nicht einer fest verschraubten Maschine, sondern rührt von chaotischen Bewegungen her, die auf statischen Instabilitäten beruhen. Das heißt, Lebendigkeit, Ausdruck des Lebens, entspringt einem hoch sensibilisierten Zustand, weil sie auf Instabilität beruht, in der die Hauptkräfte sich wechselseitig kompensieren. Wie lässt sich Instabilität stabilisieren? Ist das nicht ein Widerspruch in sich? Nein! Das geschieht nun auf raffinierte Weise. Nehmen wir wieder eine Analogie: Stehe ich auf einem Bein, bin ich instabil. Ich habe die »Freiheit«, in jedem Augenblick in jede Richtung fallen zu können. Nun habe ich aber ein zweites Bein, mit dem ich genauso auf der Kippe bin. Wenn ich anfange zu gehen, wechsle ich geschickt von einer Instabilität auf die andere über. Die Kooperation von zwei Instabilitäten, kann so zu einer Bewegung führen, die dynamisch stabil ist. *Lebendigkeit ist dynamisch stabilisierte Instabilität.* Um das Bild rund zu machen, darf ich nicht vergessen, dass ein Bein beim Gehen immer den Fall abstützt. Gehen ist eigentlich ein ewiges Fallen, aber dazwischen muss ich mein Bein strecken, und das kostet Energie. Das heißt, *Lebendigkeit ist nur möglich, wenn dem System ständig Energie zugeführt wird.* Unbelebte Erscheinungsformen entstehen durch Ausmittelung der Verbundenheit, die lebendigen Erscheinungsformen jedoch aus *einer energetisch unterstützten dynamischen Stabilisierung statischer Instabilitäten.*

Diese Beobachtung ist außerordentlich wichtig, weil wir uns immer gewundert haben, wie es denn kommt, dass auf der Erde der Lebensprozess in die entgegengesetzten Richtung geht als die Prozesse der unbelebten Natur. Die unbelebte Natur geht in Richtung der größeren Unordnung (Entropie). Ein differenziertes System, das sich selbst überlassen wird, tendiert zum weniger differenzierten. Das Paradigma des Unlebendigen lautet: *In Zukunft passiert das Wahrscheinlichere wahrscheinlicher.* Das Lebendige geht jedoch in die umgekehrte Richtung. Hier gilt: *In Zukunft ist das Unwahrscheinliche nicht unwahrscheinlich.* In der Evolution des Lebendigen fangen wir mit einfachen Systemen und Organismen an, nach dreieinhalb Milliarden Jahren haben wir einen Menschen, ein ungeheuer komplexes System, das Unwahrscheinlichste, das man sich überhaupt vorstellen kann! Wenn man sich ausrechnet, wie unwahrscheinlich das ist, wird man sagen: Vergiss es, absolut unwahrscheinlich, unmöglich! Und trotzdem ist das in dreieinhalb Milliarden Jahren zustande gekommen.

Das Leben auf unserer Erde konnte sich nur entwickeln, weil die Sonne dauernd Energie eingestrahlt hat. Die Sonne mit ihrer Strahlung steht dem Lebendigen jeden Tag zur Verfügung. Sie ist die treibende Kraft, warum das Biosystem sich in Richtung höherer Differenzierung weiter entwickeln kann. Aber dabei ist ganz wichtig: Die Energie allein reicht nicht aus. So wie beim Gehen: Ich muss das Bein strecken, aber ich muss es im richtigen Augenblick strecken. Ich brauche eine kooperative Intelligenz, eine Information im Hintergrund, die lehrt, in welchem Augenblick ich das Bein nach vorne bringen und strecken muss. Das braucht Erfahrung. Das gilt nicht nur für das Gehen. Alle lebenden Prozesse sind homöostatische Prozesse, die durch viele dieser Ausgleichsprozesse dynamisch im Gleichgewicht gehalten werden. Eine ungeahnte Kooperation von Instabilität macht das ganze System zu dem, was wir die Biosphäre nennen. Eine fantastische Kooperation!

Das Biosystem unserer Erde dürfen wir uns nicht vorstellen wie eine Granitpyramide, die ganz unten die einfacheren Arten enthält und dann immer höhere darüber und ganz oben thronend den Menschen als das komplexeste System, das man sich überhaupt vorstellen kann. Wir Menschen haben den Eindruck, wir turnen auf etwas herum, das absolut solide und stabil ist. Aber eigentlich gleicht das Biosystem mehr einem Kartenhaus, jede Karte eine Instabilität, die sich alle wechselseitig stützen. Das Biosystem ist allerdings etwas stabiler als ein Kartenhaus, weil es dynamisch stabilisiert wird. Hier werden gewissermaßen durch Kräftepaare die Karten immer wieder hin und her geschoben, neu justiert, damit – wenn sich das Gleichgewicht oben verlagert – das Ganze nicht einstürzt. Die Natur ist auf Grund dieses Stabilisierungsprozesses, der eingeübt ist, ungeheuer robust. Deshalb ist das Bio-Kartenhaus trotz des großen Unfugs, den wir Menschen im Augenblick betreiben, bisher noch nicht zusammengestürzt. Aber ich kann selbstverständlich abschätzen, was noch an Belastungen fehlt, bevor das ganze Kartenhaus zusammenbricht, also die Biosphäre in ihrer Artenvielfalt und Kooperationsfähigkeit ernstlich beschädigt wird und damit der Mensch sich in tödliche Gefahr begibt.

Wir müssen verstehen: Wissenschaft kann nicht mehr an der Objektivität aufgehängt werden. Die Isolation und Fragmentierung hat sich als falscher Weg erwiesen. Statt dessen wissen wir heute von der prinzipiellen Einheit des Universums. Das Wichtige, was daraus folgt, ist erstens, dass die Spaltung von Mensch und Natur nur in unserer Vorstellung gegeben ist. Wenn wir, Mensch und Natur, zusammenhängen, dann heißt das auch, dass wir die Natur als Lehrmeister nehmen können, aber nicht nur in der langweiligen Form des Unbelebten. Wir müssen uns am neuen Paradigma des Lebendigen orientieren[1)]. Heute ist noch das Gegenteil der Fall: Wir erleben zurzeit eine Eskalation von struktureller Gewalt mit politischen und vor allem wirtschaftlichen Komponenten. Geopolitische, soziokulturell wie ökonomische Machtstrategien, die unbegrenzte Expansion globalisierter Marktwirtschaft und ihrer Produktivitätszwänge bedrohen und zerstören die räumliche und stoffliche Begrenztheit unserer Erde. Die zerstörerischen Auswirkungen einer hemmungslosen und unreflektierten Zivilisation im Zusammenleben der Völker, in den Wechselbeziehungen zwischen Gesellschaft und Natur und, nicht zuletzt, in den einzelnen Menschen sind offenkundig. Besonders bedrohlich ist dabei eine beschleunigte Zerstörung der bioökologischen Diversität von ganzen Lebenskomplexen in einem in der Erdgeschichte wohl einmaligen Ausmaß.

Die zunehmend global adaptierten Machtstrategien und das verknüpfte Menschenbild hängen eng mit unserem inzwischen weltweit favorisierten materialistisch-mechanistischen Weltbild zusammen. Das materialistisch-deterministische Weltbild der klassischen Physik wurde mit seinen starren Vorstellungen und reduktiven Denkweisen zur vorgeblich wissenschaftlich legitimierten Ideologie für große Bereiche des wissenschaftlichen und politisch-strategischen Denkens. Die materialistisch-mechanistische Beschreibung wurde ohne Unterschied den organismisch strukturierten Lebensformen und -komplexen aufgedrückt, wodurch eben das für das Lebendige Wesentliche ausgeblendet werden musste. Die modernen Gesellschaften befinden sich seitdem in einem kalten Krieg gegen Vielfalt und Wandel, Differenz und Integration, gegen offene Entfaltung: also gegen alles,

1) Die politischen Konsequenzen aus dem neuen »Paradigma des Lebendigen« wurden gemeinsam mit Rudolf zur Lippe und Daniel Dahm erarbeitet und 2005 im »Potsdamer Manifest« der Öffentlichkeit vorgestellt. Das Potsdamer Manifest ist als Buch im oekom verlag erschienen (ISBN 3-86581-012-8).

was die lebendige Evolution in der Natur und mit ihr die Menschen bestimmt. Das dafür benötigte (beherrschbare) Verfügungswissen liefern primär die empirischen Wissenschaften, die dieses Weltbild (besonders auch über die politischen, sozialen und ökonomischen Wissenschaften) auf alle Lebenszusammenhänge und -prozesse auf der Erde projizieren. Dies schlägt sich wiederum in Formen des Handelns nieder, deren Ergebnisse solche Realität auf kurze Sicht streng zu legitimieren scheinen.

Was heißt das alles für unseren Umgang mit der Welt? Diese vielfältigen Krisen, mit denen wir heute konfrontiert sind und die uns zu überfordern drohen, sind Ausdruck einer geistigen Krise im Verhältnis von uns Menschen zu unserer lebendigen Welt. Und diese hängt wesentlich mit unserer Weigerung zusammen, diesen aufgedeckten, im Vergleich zur gewohnten dinglichen Realität revolutionär erweiterten Charakter der Wirklichkeit im wissenschaftlichen Kontext nicht, wie bisher nur formell, sondern bewusst mit allen Konsequenzen zu akzeptieren. Dies nötigt uns zu einer Bescheidenheit bezüglich des prinzipiell Wissbaren. Wenn die neue Physik uns zeigt, dass die Zukunft prinzipiell nicht vorhersagbar und die Natur keine Maschine ist, dann bedeutet das, alle gesellschaftlichen und ökonomischen Strukturen, die sich an diesem überholten Weltbild orientieren, in Frage zu stellen.

Die Einsichten in der Mikrophysik legen eine Weltdeutung nahe, die grundsätzlich aus dem materialistisch-mechanischen Weltbild herausführt. Aus diesem Grund muss die Bedeutung und Ausrichtung der Wissenschaften grundsätzlich neu befragt und bestimmt werden. Diese Einsichten, die sich inzwischen auch in anderen Wissenschaften eingestellt haben, stellen die Wissenschaften in ihrer bisher als selbstverständlich angesehenen Bedeutung in Frage. Dadurch wird auch ein neuer politischer Gebrauch der Wissenschaften nahe gelegt. Aus dem neu gewonnenen (aber schon alten) Wissen über die Welt erschließt sich uns eine Ethik, die einer umfassenderen neuen *naturalistischen* Weltsicht und weniger isolierten Menschensicht eine neue Zukunft öffnet. Wir müssen lernen, dass wir, wie alles andere auch, nicht nur Teile dieser wundersamen irdischen Geobiosphäre sind, sondern untrennbar mit ihr verbundene TeilnehmerInnen und Teilhabende. Erst dieses dynamische Wechselspiel zwischen den Menschen und ihrer lebendigen Mitwelt ist wirklich Wohlstand schaffend und fordert und fördert den Menschen in seinem ganzen Wesen. Wir sollten diese Teilhabe an der lebendigen Welt in Freude annehmen und im vollen Bewusstsein daran verantwortungsvoll im Sinne eines »*Das-Lebende-lebendiger-werdenlassens*« (was letztlich »Nachhaltigkeit« meint) handeln.

Wir müssen unser Denken erweitern und unser jetziges Verhalten grundlegend korrigieren. Hierbei können gerade die revolutionär erweiterten Einsichten der neuen Physik einen hilfreichen Einstieg für eine Entschärfung und Lösung der Problematik liefern, da sie durch ihre Öffnung eine Neuorientierung erlauben. Die Quantenphysik – und nicht nur sie – fordert uns zunächst dazu auf, das Denken in starren Strukturen grundsätzlich so zu emanzipieren, dass flexible Beziehungen an deren Stelle treten können. In der Folge sollte dies zur Auflockerung und sanften Auflösung monostruktureller, zentralistischer Konstruktionen führen, die bevorzugte Ausdrucksformen des materialistisch-mechanistischen Weltbildes sind.

Sie kann uns zudem Folgendes verdeutlichen: Der einzelne Mensch, wie alles andere auch, bleibt prinzipiell nie isoliert. Er wird im allverbundenen Gemeinsamen in seiner nur scheinbaren Kleinheit zugleich unendlich vielfältig einbezogen und bedeutsam. Unser Handeln beeinflusst gleichermaßen auch wieder die gesamte gesellschaftliche Verfasstheit und verändert die sich ständig dynamisch wandelnde Potenzialität der lebendigen Wirklichkeit. So ist die Einzigartigkeit des Einzelnen tragender Bestandteil unseres gemeinschaftlichen kulturellen Evolutionsprozesses. Wir sind angehalten, in einem grundlegend neuen Denken zu einem umfassenderen Verständnis unserer Wirklichkeit zu gelangen, in der auch wir uns als Faser im Gewebe des Lebens verstehen, ohne dabei etwas von unseren besonderen menschlichen Qualitäten opfern zu müssen.

Um das neue Denken in neues Handeln umzusetzen, ist eine Parallelität neuer institutioneller, individueller und gesellschaftlicher Entwicklungen notwendig. Wir müssen verengte und mechanistische Strategiemuster, Reduktionen und Mittelwertsbildungen fallen lassen und sie ersetzen durch Beweglichkeit, Offenheit und Empathie, um neue offen gestaltbare Schöpfungs- und Handlungsräume zu ermöglichen. Erst dieses dynamische Wechselspiel zwischen Menschen und den Menschen und ihrer lebendigen Mitwelt ist wirklich Wohlstand schaffend und fordert und fördert den Menschen in seinem ganzen Wesen.

Es ist dringend notwendig, eine Kooperation der vielfältigen wirtschaftlichen Austauschstrategien zwischen Menschen, Gemeinschaften und ihrer natürlichen Mitwelt zu ermöglichen, um die Verfügbarkeit von Lebensgütern zu gewährleisten. Der Entwicklung neuer dezentraler und polyzentrischer Produktions-, Verteilungs- und Entscheidungsstrukturen kommt besondere Relevanz, ja, Priorität zu. Ökonomie muss sich an ihren lokalen und regionalen soziokulturellen Bezügen, Strategien, Traditionen und Bedürfnissen messen, um bedarfsgerecht und zukunftsfähig zu sein. Hierzu braucht es ein größtmögliches Maß an dezentraler Initiative, Versorgungssouveränität und Subsistenz. Die ökologische Grundlage der Erde darf nicht weiter zentralisiert verwaltet und monopolisiert werden, weder privat noch staatlich, noch überstaatlich. Ein jeder hat gleichermaßen Teil an der Gesamtheit der gemeinschaftlichen Lebensgrundlage Erde und ist dort, wo er lebt und wirkt, den globalen Gemeinschaftsgütern treuhänderisch verpflichtet.

Der Aufbau polyzentrischer, sich komplementär ergänzender Wirtschaftsstrukturen ist notwendig. Hierfür ist eine Verringerung monopolistischer Machtstrukturen, weniger Unternehmen zugunsten einer Vielfalt von wirtschaftlichen und zivil getragenen Unternehmungen notwendig und möglich. Die Beachtung der vielfältigen Toleranzgrenzen bei der dynamischen Stabilisierung der Geobiosphäre, der Belastbarkeit der natürlichen Lebensgrundlagen und ihrer Regenerationszyklen bildet die Voraussetzung unseres Überlebens und des Friedens zwischen den Menschen. Dem muss ökonomisch die Schaffung von geschlossenen Produktions- und Stoffkreisläufen und eine Minimierung ökologischer Risiken entsprechen. Dies bedeutet eine strategische Ausrichtung am Paradigma des Lebendigen.

Ein neues, doch uns wohl vertrautes Menschenbild wird sichtbar, das von empathischen Menschen ausgeht. Wir sollten uns von den Konfrontationen und Verzerrungen unseres zivilisatorischen Alltages nicht in die Irre führen lassen. Unsere Existenz als Menschen heute zeigt uns, dass auch wir das erfolgreiche Ergebnis einer ähnlichen, schon Milliarden Jahre währenden Entwicklung sind. Unsere Zuversicht ist nicht ohne Basis. Wir müssen neues Wissen schaffen und so handeln, dass Lebendigkeit vermehrt und vielfältig erblüht. Wir können uns darauf verlassen, dass diese Kraft in uns wirkt. Denn die Allverbundenheit, die wir Liebe nennen können und aus der Lebendigkeit sprießt, ist in uns und in allem anderen von Grund auf angelegt.

DIE SICHERUNG DER GRUNDBEDÜRFNISSE

Johan Galtung

Seit rund 40 Jahren arbeitet der norwegische Sozialwissenschaftler Johan Galtung daran, die komplexe Dynamik von Kriegen und bewaffneten Konflikten aufzuschlüsseln und hat durch seine beratenden Tätigkeiten dazu beitragen können, mehr als 40 militärische Konflikte beizulegen. Zudem gilt er als Begründer und »Großvater« der Friedensforschung als akademische Disziplin und lehrt an vielen Universitäten weltweit. Galtungs Ansatz besteht darin, Lösungen anzubieten, die über die vordergründigen Konfliktinhalte hinausgehen und die tiefer liegenden Interessen der Gegner herausarbeiten, deren gegenseitige Anerkennung die Anwendung von Gewalt überflüssig macht. 1987 erhielt er den Alternativen Nobelpreis.

Johan Galtung und das von ihm begründete internationale Friedensnetzwerk TRANSCEND haben ein gutes Dutzend kombinierter Ansätze für die Schaffung einer friedlichen Welt herausgearbeitet. Dazu gehören unter anderem die Verpflichtung aller Staaten und Unternehmen, sich mit entsprechenden Programmen dem Frieden zu widmen; die Entwicklung, Produktion, den Handel und Besitz von Angriffswaffen unter Strafe zu stellen; die Vereinten Nationen durch Direktwahl und die Abschaffung des Vetorechts zu demokratisieren und als globales Mittel zur Friedenssicherung zu stärken; Friedenserziehungen an allen Schulen zum Pflichtfach zu machen; die ausbeuterischen und repressiven Strukturen im Umgang mit der Natur, zwischen den Geschlechtern, Rassen, Klassen, Nationen und Staaten schrittweise durch Gleichberechtigung zu ersetzen; die Auseinandersetzung mit dem verborgenen Gewaltpotenzial und den Tiefenstrukturen der eigenen Kultur zu entwickeln; die Sicherung der Grundbedürfnisse zur zentralen Leitlinie der Politik zu machen sowie das Erlernen von Formen der Versöhnung, des Vergebens und der Entschuldigung, um Konflikte abzuschließen.

Internet
www.transcend.org

Johan Galtung

Transcend and Transform

Einführung in die Konfliktlösungsarbeit

Wenn es um die Probleme der Welt geht, lassen sich zwei Diskurse ausmachen: ein Sicherheitsdiskurs und ein Konflikt-Friedens-Diskurs. Beide setzen sich aus vier Punkten zusammen.

Die Logik des Sicherheitsdiskurses ist relativ einfach:

1. Es gibt irgendwo auf der Erde das Böse, und es ist selbstverständlich geheim. Es ist dort und es wartet auf eine Gelegenheit.
2. Das Böse will Gewalt ausüben. Warum? Weil es böse ist! Es hat seinen Zweck in sich selbst.
3. Die optimistische Botschaft lautet, dass es ein Mittel dagegen gibt, und dieses Mittel heißt: Stärke! Man muss stark sein! Man muss stark sein, um das Böse zu verhindern, und wenn man es nicht verhindern kann, muss das Böse vernichtet werden. Dafür wiederum hat man ein Programm.
4. Verfügt man über solche Stärke und einen entsprechenden Plan, dann ist Sicherheit möglich.

Indem ich Worte wie »böse« und »gut« in die Politik einführe, male ich mich selbst weiß, rein, unschuldig, im Recht seiend; den Anderen dagegen schwarz, schlecht in seinen Gedanken und Taten und stelle mir damit eine Lizenz zur Auslöschung des Gegners aus. Der Gulag, Hiroshima und Auschwitz sind Beispiele für eine solche Politik. Dualistisches Denken kennt prinzipiell nur zwei Farben: schwarz und weiß. Das ist eine höchst primitive und gefährliche Weise, um Konflikte zu lösen, vor allem, wenn sie noch mit religiösen Anschauungen unterlegt ist.

Viele Außenminister, die ich kennengelernt habe, denken jedoch genau so. Staatsminister und Präsidenten handeln ebenfalls häufig aus solch einseitiger, reduktionistischer Logik.

Die Wurzel jedes Konfliktes liegt in der *Wirklichkeit des Widerspruchs* begründet. Die Konflikte wiederum beruhen auf den Interessen und Zielen eines Menschen, einer Partei, eines Landes; sie mögen positiv oder negativ, komplex oder einfach sein. Was sie eint, ist die Tatsache, dass Ziel und Leben (in welcher Form auch immer) unbedingt zusammenhängen. Nur das Lebendige hat Ziele. Ziele implizieren Gegensätze innerhalb eines Organismus, eines Menschen, einer Gruppe, beziehungsweise zwischen ihnen. Leben, Ziele und Widerspruch gehören immer und unbedingt zusammen. Daher ist die Vorstellung von Konfliktvermeidung unsinnig, Gewaltverhinderung dagegen ist von allergrößter Bedeutung.

Diesem Zweck dient der zweite, der alternative Konflikt-Friedens-Diskurs! Dieser ist es, an den ich glaube und von dem hier gesprochen werden soll. Dabei sage ich nicht, dass der Sicherheitsdiskurs hundertprozentig falsch ist. Es gibt darin zumindest Spuren von Wahrheit.

Der alternative Diskurs hat ebenfalls vier Elemente:

1. Es gibt irgendwo auf der Welt einen Konflikt, der sehr problematisch ist, sehr schwierig. Wenn dieser Konflikt leicht und einfach wäre, dann hätte man den Konflikt schon gelöst.
2. Der Konflikt wird sehr häufig in Gewalt umgesetzt, aus Ungeduld oder Frustration.
3. Die Methode zur Überwindung von Konflikten liegt in der Ausarbeitung kreativer Konfliktlösungsstrategien – mit mehr als nur einer Möglichkeit!
4. Wenn man daran wirklich arbeitet, dann erreicht man möglicherweise Frieden!

Ich glaube, dass Frieden ein anderes Wort für *Gleichheit* ist; und dass Gleichheit ein Synonym ist für Gleichberechtigung, Symmetrie, Reziprozität, gegenseitigen Respekt, gleiche Würde und so weiter. Damit sage ich nicht, dass Friede garantiert ist, wenn es Gleichheit gibt. Aber meine Erfahrung sagt mir, dass es Unfrieden gibt, sobald Ungleichheit auftaucht. Das kann man in einer Ehe beobachten, zwischen den Generationen in einer Familie, zwischen Nationen und Staaten. Man erreicht Frieden durch Gleichheit und solcher Friede hat eine Solidität, die viel besser ist, als die so genannte Sicherheit! Wie versuchen wir nun in unserer *Transcend-Methode* mit Konflikten umzugehen?

Zum einen: Wenn es einen schwierigen Konflikt auf der Erde gibt, dann braucht es eine Karte, eine Konfliktkarte. Diese sollte drei Dinge beinhalten: zunächst die Parteien, dann die jeweiligen Zielsetzungen und schließlich die Unvereinbarkeiten zwischen den Zielsetzungen, die Widersprüche, die Inkompatibilitäten. Wenn man die Zusammenhänge zwischen diesen drei Grundfaktoren nicht erkennt, versteht man eigentlich gar nichts, und man sollte den Beruf als Konfliktlöser an den Nagel hängen.

Um ein Beispiel zu nennen: Als ich über die Probleme Ex-Jugoslawiens nachdachte, hatte ich es am Anfang mit 27 Parteien zu tun und mit 41 Zielsetzungen. Dass Schlimmste, das man machen kann, ist, das Ganze auf zwei Parteien mit einer Zielsetzung zu reduzieren, beispielsweise »Milosevic gegen die Welt«: Das ist nicht Jugoslawien. 27 Parteien dagegen schaffen eine sehr komplizierte Wirklichkeit!

Mit anderen Worten: Der Wille zum Umgang mit *Komplexität* ist eine Grundbedingung erfolgreicher Konfliktarbeit. Diplomaten sind oftmals leider Dilettanten. Ich habe wenig Erfahrung, die darauf schließen ließe, dass Diplomaten Konflikte lösen können. Sie sind im Allgemeinen naiv! Aus zwei Gründen. Erstens: Sie werden bezahlt, um die Interessen des eigenen Landes zu vertreten. Zweitens: Sie halten eigentlich nichts von Konfliktlehren. Sie wissen daher nicht, was sie tun.

Wenn ich beispielsweise über 27 Parteien in Jugoslawien rede, dann heißt es: »Ja, sie sind Akademiker – aber wir sind Praktiker!« Und ich antworte: »Dann lasst uns eure Praxis anschauen!« Das ist dann zumeist das Ende des Gesprächs.

Ein sehr wichtiger Punkt beim Thema Konfliktlösungsstrategien ist die Frage der *Legitimität*. Welche Zielsetzungen sind legitim, welche sind nicht legitim? Legitimität hat drei Interpretationfelder: Legalität, Menschenrechte, Bedürfnisse. Der dritte Punkt ist der spannendste, wenn es darum geht, legitime aber gegensätzliche Zielsetzungen zu überbrücken.

Ein Beispiel: eine kleine Zone von 500 Quadratkilometern in den Anden. Peru und Ecuador waren beide der Meinung: »Die gehört uns!« Jeder wollte den totalen Zugang zum Territorium. Ich bin damals als Vermittler zu Rate gezogen worden, und mein Vorschlag war, eine binationale Zone mit einem Naturpark einzurichten. Wenn man als Vermittler gegenüber Politikern einen Vorschlag macht, sollte man sich kurz fassen! Meine vier Worte waren: »zona binacional, parque natural.« Drei Jahre später war das die Friedenslösung. Das war ein so genannter Erfolg.

Was ich vorschlug ist komplizierter, als es sich anhört. Ich möchte es daher kurz erläutern. Unsere Methode heißt *Transcend*: ›überschreiten‹. Man hat, wie im obigen Falle, zwei gegenläufige Zielsetzungen: »Das Land gehört mir, nicht dir!« In Bezug auf den Konflikt der zwei lateinamerikanischen Staaten habe ich gesagt: »Das Land könnte euch beiden gehören. Also zieht bitte keine Grenze.« Die beiden Staaten hatten im Zeitraum von 54 Jahren drei Kriege gegeneinander geführt und etliche Versuche unternommen, eine Grenze zu ziehen, ohne dass es zu irgendeiner fruchtbaren Lösung gekommen wäre! Was ich getan habe, war, den Vorschlag vorzubringen, die Grenze aufzuheben und eine gemeinsame Zone einzurichten. Diese besteht bis heute und funktioniert. Nach 1998 gab es dann einen Friedensvertrag!

Meine Methode arbeitet in entsprechender Weise: Es gibt eine Position und eine andere Position. Beide stehen quer zueinander wie in einem karthesischen Koordinatensystem: der Konflikt ist bipolar. Das ist leicht zu verstehen. Die Aufgabe als Vermittler ist es, die Zwischenzone zu erforschen. Zum Beispiel: Taiwan will die Unabhängigkeit, China den Einheitsstaat. Unabhängigkeit versus Einheitsstaat. Eine reale Zwischenzone hier ist die Hongkong-Lösung! Ich vertrete im Allgemeinen die Hongkong-Lösung für Taiwan. Aber dann auch für Tibet! Und auch für das muslimische Xinjiang und auch für die Innere Mongolei!

Deswegen habe ich einen Aufsatz geschrieben mit dem Titel: »The six Chinas« (Die sechs Chinas). Dort reden sie meistens über ein oder zwei Chinas. Über sechs zu reden, scheint ein wenig viel! Zuerst hatte man Zweifel an meiner mathematischen Begabung. Ein Modell mit sechs Chinas ist zwischen Bundesstaatlichkeit und Staatenbund angesiedelt. Ein sehr fortgeschrittener Föderalismus – aber kein Konföderalismus. Das gilt es hier zu verstehen.

Das Beste in diesem Falle wäre, keinen Kompromiss, keine Zwischenposition zu suchen, sondern eine Position auf einem höheren Standpunkt, einem *höheren Niveau*. Dies bedeutet die konstruktive Überschreitung und Vereinigung gegensätzlicher Positionen. Im Falle von Ecuador und Peru hat der Präsident zu mir gesagt: »Herr Galtung, sehr schöpferisch, leider zu schöpferisch! Niemand hat so etwas je vorgeschlagen. Das erste Mal, dass ich von solch einer Idee gehört habe. Es wird wenigstens 30 Jahre dauern, um sie zu verstehen und wiederum 30 Jahre, um das durchzusetzen.« Es hat in Wirklichkeit nur drei Jahre gedauert, weil es jüngere Leute gab, die die Dinge allmählich anders gesehen haben.

Ich hatte bezüglich der Tschechoslowakei eine Idee, die heute als OSZE bekannt ist. Die Antwort des tschechischen Außenministers damals, als ich das Konzept 1967 vorgeschlagen habe, lautete: »Sehr kreativ, Herr Galtung, aber die Zeit ist nicht reif.« Ein Politiker, so scheint mir, ist ein Mensch, der glaubt, er hat von Gott ein Mandat, zeitreife Zertifikate auszustellen, dabei handelt es sich eigentlich um eine Frage seiner eigenen Reife und nicht um die der so genannten »Zeit«.

Ein wichtiges Stichwort im Konzept von »Transcend and Transform« ist gewaltloser Friedensschutz (peacekeeping), wie ich es für Südosteuropa vorgeschlagen habe: Truppen, die defensive Militärmethoden kennen, Erhöhung der Anzahl von UNPROFOR mit mindestens 50 Prozent Frauenanteil, Einsatz von Polizei und Militär, die in Konfliktlösungsstrategien geübt sind, in Zusammenarbeit mit lokalen Zivilkräften. Sozusagen ein blauer Teppich – nicht für Blauhelme, sondern Teppiche als Einladung für Friedensinitiativen auf unterschiedlichsten Ebenen – politischen, ökumenischen, zwischenmenschlichen! Dann kann man unmittelbar mit Versöhnung beginnen.

Die besten Versöhnungsmethoden, so meine Einschätzung, kommen aus Südafrika und Deutschland; die schlimmste ist die angloamerikanische: die amerikanischen Tribunale. Das führt statt zu Versöhnung zu Märtyrerproduktion. Und was noch schlimmer ist: All diejenigen, die nicht vor Gericht stehen, sind damit freigesprochen. Es gibt hier, mit anderen Worten, keine Verteilung der Verantwortung. Statt Schuldzuweisung brauchen wir jedoch *Verantwortung* als Grundstrategie.

Welche Modelle stehen uns zur Verfügung, um eine gute Politik durchzusetzen? Föderalismus und Bundesstaatlichkeit sind zwei gute Beispiele. Zugleich muss festgehalten werden, dass das ihnen zugrundeliegende *Prinzip der Gleichheit* wesentlich für jedwede stabile politische Ordnung ist. Es gibt 25 Bundesstaaten auf der Erde. Sie sind sehr unterschiedlich strukturiert, aber 40 Prozent der Weltbevölkerung leben in solchen politischen Gebilden. Man findet darin Lösungsmöglichkeiten für die China-Taiwan-Frage, für Sri Lanka, für Mexiko – um nur drei Bespiele zu nennen.

Ein weiteres Prinzip guter Politik lautet: Wenn man Frieden haben möchte, muss man der anderen Seite das geben, was man gerne selbst haben will. Bezüglich Israel/Palästina heißt das: Israel möchte einen Staat haben und in sicheren Grenzen leben? Dann gebe man den Palästinensern ebenfalls einen Staat. Man möchte eine Hauptstadt Jerusalem haben? Dann ermögliche man den Palästinensern eine Hauptstadt Ostjerusalem. Man möchte ein Recht auf Rückkehr haben? Dann gebe man den Palästinensern genau dasselbe.

Punkt eins ist jetzt im Nahostkonflikt eingeführt, Punkt zwei nicht, Punkt drei auch nicht. Was heute in Israel/Palästina geschieht, hat daher keine Chance auf einen echten Friedensprozess. Schaut man sich an, wie die Wahlen im Sommer 2005 verlaufen sind, dann muss man feststellen: Das ist kein Friedensgespräch, kein Friedensversuch, das sind von oben diktierte Waffenstillstandsanordnungen.

Die EU macht in vieler Hinsicht eine bessere Politik als die Vereinigten Staaten. Dahin sollten wir im Falle Nahost zurückkehren! Das könnte mittels derselben Methode geschehen, mit der man das Problem eines gespaltenen Europas nach dem Zweiten Weltkrieg gelöst hat – die Helsinki-Tagung. Sie wurde von Uru Kekkonen, dem damaligen Präsidenten Finnlands vorgeschlagen. Sein Motto zur Überwindung des damaligen Ost-West Konfliktes hieß: »Es gibt eine Lösung: die offene Tür im neutralen Helsinki! Wir laden alle, alle ein, es gibt einen Runden Tisch, wir diskutieren die Probleme durch. Wir haben drei Körbe, da wird jegliche Zielvorstellung einer neuen europäischen Friedensordnung hineingelegt und am Ende gibt es einen Vergleich.« Das ist 1975 gewesen und gelungen!

Dies wäre keine schlechte Methode auch und gerade für den Nahen Osten! Organisiert werden sollte eine solche Konferenz von der EU. Da die Vereinigten Staaten nicht als Nahostland bekannt sind, würden sie indirekt als Beobachter teilnehmen. Was die EU ja insbesondere vorzuweisen hat, im

Gegensatz zu den USA, ist eben ein Modell für die Nachkriegsordnung auf ihrem Kontinent! Und das ist ein Modell, in das sogar Deutschland hineingepasst hat! Denn damals kamen zwei französische Politiker, Monnet und Schuman, zu der großen Einsicht: »Die Deutschen sind so barbarisch gewesen, so grausam, so außerhalb der Zivilisation, dass es nur eine Schlussfolgerung gibt: Sie *müssen* Mitglied der neu zu gründenden europäischen Familie werden!« Das war nicht ganz logisch – aber eine geniale politologische Einsicht! Sie hat funktioniert!

Nehmen wir ein anderes Beispiel: Afghanistan. Dieses Land ist kein Einheitsstaat. Das ist für die Ausländer – die Besetzer – sehr bequem! Man findet also einen Ort und versucht das ganze Land von dort aus zu regieren. In unserem Fall Kabul. Und da tut man genau das, was die westliche Presse ständig vorschreibt: Diejenigen, die für ihre Eigenständigkeit kämpfen, nennt man »Kriegsherren«. Wo immer man dieses Wort liest, wird deutlich: Hier gibt es eine Menge Ignoranz, eine Menge Versimplifizierung komplexer Sachlagen.

Das Entscheidende, das immer wieder zu klären ist, ob im Falle Afghanistans oder anderswo, liegt in der Frage »Was sind die *fundamentalen Bedürfnisse* als Grundlagen einer friedensorientierten Politik?« Und diese sind: das Überleben mit einem Minimum an Wohlfahrt, an Wohlsein, an Freiheit (Demokratie) und Wahlmöglichkeiten – also selbstbestimmter Identität; die Identität für die große Mehrheit der Afghanen ist selbstverständlich islamisch.

Die weitere Fragestellung heißt: Wie kann man das Überleben dieses Landes und seiner Bevölkerung garantieren? Mein Vorschlag lautet: internationale Sicherheit durch Zusammenarbeit mit dem UNO-Sicherheitsrat und der OIC (Organization for Islamic Conference). Der UNO-Sicherheitsrat hat aber keine Legitimität in der islamischen Welt, weil der Kern des Rates aus fünf Mitgliedern besteht, von denen vier Christen sind und einer konfuzianisch. Angesichts einer islamischen Weltbevölkerung von 1,3 Milliarden Menschen ist diese Situation absurd.

Ein zusätzlicher wichtiger Schritt zum Frieden wäre ein Staatenbund zwischen den islamischen Staaten Zentralasiens (vielleicht auch Südasiens). Das beträfe die fünf ehemaligen Sowjetrepubliken, Afghanistan, Pakistan, Iran und einen Teil von Kaschmir – ein Staatenbund, ohne Durchdringung von außen, nicht von Seiten der Vereinigten Staaten oder Russlands oder Chinas. Wer hier für eine Vermittlung besonders infrage kommt, ist die Europäische Gemeinschaft. (Ich sage jetzt »Gemeinschaft«, was mehr ist als Union). Denn: Europa hat ja ein aus eigener Geschichte erwachsenes übernationales Modell anzubieten!

Jeder demokratische Staat legitimiert sich durch Wahlen. Wenn man Wahlen in einem Einheitsstaat hat, der keiner ist, wird sich zumeist die jeweilige ethnische Mehrheit durchsetzen. In Bezug auf den Konfliktherd Irak heißt das: Die Kurden wünschen Unabhängigkeit, einen Bundesstaat mit hoher Autonomie. Die Sunniten möchten gerne den Status quo erhalten, also einen Einheitsstaat Irak von Bagdad aus und von ihnen regiert, vielleicht mit irgendwelcher Teilnahme von außen. Die Schiiten möchten gerne für das ganze Land eine islamische Republik haben. Die Amerikaner hingegen intendieren zwei Dinge: erstens, unbegrenzten Zugang zum Öl sowie die allgemeine Privatisierung und Amerikanisierung der Wirtschaft. Zweitens die geopolitische Durchsetzung mit 14 Militärbasen als einem Teil der Einkreisung Chinas – die Mc Kindle-Geopolitik von 1904, die weiterhin die politische Hauptlinie, die langfristige Strategie der Vereinigten Staaten ist.

In der Türkei gab es ein klares Nein zum Irakkrieg! Und dieses Nein der Türkei war ein demokratisch legitimiertes Nein der großen Mehrheit der Bevölkerung! Jedoch gilt auch Umgekehrtes (mit Bezug auf die Türkei und ihre eigenen Probleme): Wenn Legitimität etwas mit der Garantie von Menschenrechten zu tun hat, dann heißt das beispielsweise für den kurdisch-türkischen Konflikt, dass die Forderung nach Eigenständigkeit und Autonomie für die Kurden völlig legitim ist. Was immer man in der Türkei dazu sagen mag. Sollte es heißen: »Wir sind dagegen«, dann muss die Antwort lauten: »Möchtest du Frieden, dann gib dem anderen, was du selber möchtest!« Nämlich Menschenrechte, Eigenständigkeit und Freiheit.

Wenn ich mit türkischen Augen die Landkarten der Kurden anschaue, habe ich etwas Verständnis für die türkische Stellungnahme. Aber darüber kann man verhandeln. Ein Bündnis, eine Konföderation der autonomen Gebiete, wäre, wie gesagt, sinnvoll; das einzige, was man eigentlich für die Kurden verlangen müsste, wäre, dass sie Pässe haben, auf denen geschrieben steht: »Türkiye – Kurdistan«; »Iran – Kurdistan«; »Syrien – Kurdistan«; »Irak – Kurdistan« (also je zwei Namen auf der ersten Seite!). Bei uns in Norwegen gibt es drei: »Norge – Norege« (das sind die zwei norwegischen Sprachen) und dann kommt die Hauptsprache: »Norway«. Man hat also ein Identitätsproblem typografisch gelöst, ohne deswegen irgendwelche Konsultationen mit der norwegischen Bevölkerung durchführen zu müssen.

Ich war vor zwei Jahren nach Izmir eingeladen. Es gab dort eine Podiumsdiskussion über die Zukunft der Türkei und das Kurdenproblem. Ich habe den Vorschlag gemacht: Menschenrechte für die Kurden, Autonomie in einem Gebiet im Osten der Türkei. Der Vorschlag einer Konföderation der kurdischen Gebiete brachte nur mäßigen, genauer, gedämpften Applaus. Am Ende gab es zwei Professoren, die sagten: »Du, Galtung, du kannst ganz froh sein, dass du nicht Professor an der Universität von Ankara bist. Wenn das der Fall wäre, stünden jetzt vor dem Haus zwei

Autos: eines von der Polizei und eines von der psychiatrischen Klinik.« Und der andere hat gesagt: »Nein, nein, das stimmt nicht! Jetzt ist es dasselbe Auto – die kombinieren es inzwischen.« Zum Schluss hieß es: »Komm zurück und wiederhole deinen Vortrag so häufig wie möglich!« Das hat man vor 20 Jahren noch nicht gesagt. Man öffnet sich also allmählich. Zudem genieße ich als Ausländer eine gewisse Narrenfreiheit, und diese muss man nutzen. Es ist ja politisch doch problematisch, einen nicht ganz unbekannten Friedensvermittler gleich in die psychiatrische Anstalt zu bringen.

Zusammenfassend können wir zum Thema Konfliktlösungsstrategien festhalten: Einige Ziele haben Priorität gegenüber anderen. Sie sind absolut notwendige Bedingungen für das Leben des Einzelnen. Werden diese Bedingungen nicht befriedigt, sind Leben und Würde nicht mehr möglich. Überleben, Wohlsein, Freiheit und Identität sind solche grundlegenden Bedürfnisse. Nicht zu reden von sekundären Bedürfnissen, die einem Konflikt zugrunde liegen und für Sprengstoff sorgen: Bildung, Gesundheit, Wahlfreiheit und so weiter.

Primäre Bedürfnisse liegen noch tiefer oder höher als die normalen Werte (Normen) einer Gesellschaft. Solche können wir wählen, und Wahlmöglichkeit ist Teil unserer Freiheit. Werte sind zentrale Aspekte unserer Identität; ebensolche Werte zu haben, ist in sich selbst wertvoll.

Aber mit grundlegenden Bedürfnissen ist es noch einmal anders. Man wählt sie nicht; es ist genau umgekehrt: Sie wählen dich! Ihre Befriedigung ermöglicht dein Leben. Verhandelt man seine eigenen Bedürfnisse oder die anderer weg, dann verurteilt man sich selbst oder die anderen zu einem Leben, das des Menschen nicht würdig ist. Man übt Gewalt aus. Verhandlung ist immer da möglich, wo Ziele und Werte (Normen) betroffen sind. Für die Grundbedürfnisse gilt das nicht. Diese müssen unbedingt respektiert werden; sie sind nicht diskutierbar! Grundbedürfnisse zu negieren, heißt daher, Gewalt anzuwenden.

Schauen wir noch einmal auf den zentralen Kern in jedem Konflikt: Da sind Ziele, die nicht befriedigt werden können. Sie sind blockiert. Das Resultat ist Frustration. Das ist schon schlimm genug. Aber Konflikte gehen noch einen Schritt tiefer. Immer gibt es hier zumindest zwei Zielvorstellungen. Die eine macht die andere zunichte, und – sehr entscheidend – sie wird noch dazu von jemand anderem, fremdem vorgetragen. Die Beziehung zum Ziel erweitert sich daher automatisch zu einer Beziehung mit diesem anderen. Dieser mag sogar Teil unseres Selbst sein. Wie sagte Goethe: »Ach, zwei Seelen wohnen doch in meiner Brust.« »Warum nur zwei?«, fügt der Franzose hinzu.

Konflikte berühren unser ganzes Sein – Gefühle, Gedanken, Vorstellungen. Sie fordern uns heraus, alles zu geben, was wir haben. Geschieht das nicht, wandeln sich unsere Gefühle sehr schnell in Gewalt, und verletzen damit die Grundbedürfnisse anderer.

Daher gilt: Je breiter das Spektrum der Lösungen, desto mehr Alternativen zur Gewalt stehen zur Verfügung. Und hier liegt der Hauptpunkt in der Frage, wie verhindert werden kann, dass Konflikte in Gewalt ausarten; anders formuliert: Wie können die Energien, die Konflikte freisetzen, für kreative Lösungen eingesetzt werden, und damit die verhärteten Standpunkte transzendieren und somit transformieren?

Gespräch mit Johan Galtung

»Verstehe einen Konflikt, bevor es zum ersten Schuss kommt«

Konfliktlösungsarbeit heute, angesichts immer komplexerer politischer Weltlagen, mutet wie eine Sisyphosarbeit an. Wie schnell gerät der Mediator in das Ohnmachtsgefühl des hilflosen Helfers?
Die Fragestellung ist bekannt. Ich habe jedoch die Haltung eines Arztes – man gibt nicht deswegen auf, weil neue Krankheiten auftauchen. Kein wirklicher Arzt wird je kapitulieren, nur weil nun beispielsweise diese schreckliche Seuche HIV/Aids sich ausbreitet. Es ist eben eine Problematik, die angepackt werden muss.

Es gibt den uralten Streit um den Ursprung von Gewalt: Sind Agressionen genetisch bedingt oder sind sie Ausdruck gesellschaftlicher Verhältnisse – also Konrad Lorenz oder Karl Marx? Oder gibt es noch eine dritte Perspektive, die Gandhis vielleicht, die von einer tief spirituellen Einstellung herkommt?
Beginnen wir mit einer Begriffsklärung zwischen Konflikt und Gewalt. Konflikte sind primär mit der menschlichen Existenz als solcher verbunden, da der Mensch fähig ist, sich immer neue Ziele zu setzen. Wir sind nicht durch Instinkte, gefrorene Zielsetzungen, definiert. Wir können immer wieder neu entscheiden. Mit Gewalt sind wir nicht geboren, wohl aber mit der Neigung dazu. Vielleicht tendieren in gewaltorientierten Ländern manche Forscher dazu, Gewalt als angeboren anzusehen. In England war das Thomas Hobbes.

Was mich beeindruckt ist, wie die Neigung zur Gewalttätigkeit mit der Ausdehnung von Zeit und Raum unterschiedlichste Formen annimmt. Betrachtet man die Länder der Welt formal arithmetisch, indem man sich zum Beispiel fragt, an wie vielen Kriegen sie teilgenommen haben und dividiert dann diese Zahl durch die Anzahl der Jahre, seitdem dieses Land existiert, dann zeigt sich schnell, wer oben auf der Liste steht: Nr. 1 die USA, Nr. 2 Israel, Nr. 3 die Türkei, Nr. 4 England. Alle vier Länder gehören den abrahamitischen Religionen an, die die Welt generell in zwei Lager teilen: die Guten und die Bösen. Die Kultur eines Landes spielt also eine große Rolle bei der Frage, wie ein Land in die weitere Welt eingebettet ist. Das kann man erklären, ohne den Zugang zur Biologie in Anspruch nehmen zu müssen.

Inwiefern spielt die religiöse/spirituelle Dimension für Sie als Konfliktforscher und Mediator eine Rolle?
Sie ist mir sehr wichtig. Und zwar in zwei ganz unterschiedlichen Richtungen. Die eine ist mehr kognitiv, das Geistige, wenn Menschen neue Möglichkeiten zur Regelung ihrer Probleme sehen. Das Schöpferische an Einsteins Arbeit ist beispielsweise, dass er eine neue Wirklichkeit gefunden hat. Das können wir auch im Politischen. Ein Beispiel hierfür ist die Sozialdemokratie. Sie ist eine Aufhebung des Konfliktes zwischen Kapital und Arbeit. Die Kommunisten wie die Kapitalisten haben sie dafür gehasst. Am Ende haben zumindest Letztere verstanden, dass es vielleicht doch die bessere Lösung für sie ist. Mit der Sozialdemokratie ist also etwas Neues im gesellschaftlichen Raum entstanden.

Die zweite Interpretation ist mehr gefühlsmäßig: Ich suche das Geistige, das Menschen verbindet. Das finde ich in der Immanenz statt in der Transzendenz, theologisch gesprochen. Das klassische Bild der monotheistischen Religionen vom lieben Gott außerhalb unseres Planeten im Himmel, wo einige auserwählt und viele verworfen sind, zeigt natürlich eine enge Verbindung zwischen Krieg, Gewalt und Religiosität. Man mobilisiert die einen gegen die anderen.

Immanenz in meinem Verständnis heißt, dass Gott in uns ist, wir also alle göttlich sind; diese Anschauung findet man nur bei den sanften Interpretationen der Religionen: im Buddhismus, im Sufismus, bei Martin Buber im Judentum und bei den christlichen Mystikern. Ebenso bei den Quäkern und den Mennoniten in den USA. Auf dieser Ebene der Interpretation ist die Weisheit der Religionen für mich und meine Arbeit eine absolute Notwendigkeit.

Die eigenen kulturellen Bedingtheiten, die Vorurteile hindern oft genug daran, die Wahrheiten anderer Kulturen anzuerkennen, insbesondere, wenn sie aus den so genannten unterentwickelten Ländern der Dritten Welt kommen. Sie erwähnen immer wieder ein polynesisches Modell, dass Sie für besonders intelligent in Bezug auf Konfliktlösung halten.
Ja, das ist die berühmte »Ho op, pono, pono«. Ho heißt »mach«, und pono heißt »recht«, also: mache es recht. Da sitzen nun vielleicht 20 Leute um einen Tisch, und – in unserem Kulturverständnis – einer davon ist der Verbrecher und ein anderer das Opfer. Alle haben ihre Familienmitglieder und Freunde mitgebracht. Die Grundthese lautet, dass das eigentliche Verbrechen nicht gegen das individuelle Opfer gerichtet ist, sondern gegen die

Gemeinschaft. Daher muss das Kollektiv wieder hergestellt werden. Dabei geht man durch fünf Runden:

Die erste befasst sich mit den Motiven des Verbrechers (ich wollte meiner Schwester helfen, sie ist krank – HIV – und brauchte Geld). Das Opfer kann sagen, das stimmt nicht. Diese Debatte ist breiter angelegt als bei uns, wo es vorwiegend um Fakten geht. In Polynesien spielt die Psyche eine größere Rolle.

Im nächsten Schritt kommen die Familienmitglieder dazu. Diese sagen: »Wir sind auch beteiligt, denn wir haben unseren Sohn nicht am Verbrechen gehindert, wir haben ihn schlecht erzogen.« Die Schwester meint vielleicht: »Weil ich krank geworden bin durch eigene Verantwortung, habe ich auch zu seinem Tun beigetragen; ich bin mitschuldig«. Und die Nachbarn bekennen: »Wir sahen, dass es dieser Familie nicht gut geht, aber wir haben nichts getan«.

Das Wichtigste bei all dem: In der Anschauung der Polynesier sind die Unterlassungen so gravierend wie die Tat selber! Die geistig-seelischen Wirklichkeiten sind von größter Bedeutung. In Europa ist das keineswegs so. Man findet solche Einstellungen in den sanften Interpretationen der Religionen, zum Beispiel in der Bergpredigt Jesu, in den Seligpreisungen. Um Unterlassungen auszugleichen, muss also Entsprechendes getan werden, um schlechte Taten zu vermeiden, muss etwas nicht getan werden.

Dritte Runde: Alle stehen im Kreis, fassen sich an den Händen, Kopf nach unten gesenkt, Arme erhoben, und sprechen die Bitte um Vergebung aus an Gott, der sich in der Gemeinschaft, ihrem Geist zeigt.

Viertens: Um zu vermeiden, dass sich die Tat wiederholt, werden die Unterlassungen als Handlungen eingefordert. Dafür gibt es eine weißhaarige ältere Frau, die verantwortlich ist, zu überprüfen, was die Beteiligten in den Wochen danach getan haben, um zur Versöhnung beizutragen.

Letzte Runde: Jemand hat als Protokollant fungiert und alles niedergeschrieben. Das Papier wird in einer Versammlung gezeigt und anschließend vor aller Augen verbrannt.

Das Wunderbare ist: es funktioniert. Nicht immer natürlich (die Leute könnten ja auch Heuchler sein), aber oft genug. Jedenfalls ist es das beste Versöhnungsmodell, das ich auf meinen Reisen und bei meinen Forschungen vorgefunden habe!

Es scheint, dass sich aufgrund unserer heutigen technischen Möglichkeiten, Internet beispielsweise, Konflikte noch schneller entzünden als vor 50 Jahren etwa.

Man sieht heute, dass die meisten Diplomaten nicht mehr genügend vorbereitet sind. Im Jahre 1960 kamen sie zur UNO nach New York noch mit einem Schiff; eine Woche waren sie unterwegs und hatten also genügend

Zeit, sich vorzubereiten. Heute leiden die meisten unter dem Jetlag. Meine Schlussfolgerung lautet: Es muss ein Training in Konfliktvermittlung und Versöhnungsarbeit geben. Dies muss ein integraler Teil unserer Kultur werden. Die allgemeine Tendenz im Durchschnittsbewusstsein hinsichtlich eines Konfliktes ist immer noch die Vorstellung: A oder B gewinnt, oder es gibt einen (oftmals) schalen Kompromiss. Von Transzendenz oder Transformation hat kaum jemand etwas gehört, auch nicht die Diplomaten. Die Schaffung von neuen Wirklichkeiten scheint den meisten zu utopisch.

Nehmen wir den Israel-Palästina-Konflikt. Mein Vorschlag ist ein gemeinsamer Markt im Nahen Osten zwischen Israel und den fünf arabischen Nachbarstaaten. Selbstverständlich mit Anerkennung von Palästina und mit offenen Grenzen. Das wäre eine neue Wirklichkeit, in der Israel Frieden und Sicherheit finden könnte. Mit dem heutigen Israel ist das kaum möglich; von palästinensischer Seite her ist die Hamas dafür besser geeignet als die Fatah, da Erstere die besseren Kontakte zu den Muslimen in aller Welt hat.

Heute haben wahrscheinlich mehr Menschen denn je verstanden, dass Krieg keine Lösung für egal welche Konflikte mehr sein darf; inwieweit haben das Diplomaten und Politiker ebenfalls verstanden?

Die meisten Diplomaten wären sicher einverstanden; aber ihre Gegenfrage lautet zurecht: Was ist die Alternative? Meine Antwort darauf heißt: schöpferische Mediation. Das bedeutet, mit allen Parteien zu sprechen, sie ernst zu nehmen, ihre Zielsetzungen zu verstehen und Brücken zu bauen. Das hat nichts mit üblichen Verhandlungen zu tun! Im Gegenteil, solches geht nur im Dialog mit jedem Einzelnen.

Bei Konflikten, die aus der Vergangenheit resultieren, heißt das Stichwort Versöhnung. Diese muss durchlebt werden, so man der Verantwortliche gewesen ist, um sich von der Vergangenheit zu befreien und für die Zukunft zu öffnen. Sonst bleibt man ein Sklave des Gestern. Die Stichworte heißen also: Mediation, Dialog, Versöhnung. Im Dialog ist das Entscheidende, den anderen als verschieden von mir zu sehen und eben dies als das eigentlich Spannende zu erkennen. Wie sieht der andere Frieden, eine eheliche Beziehung und so weiter, statt zu sagen: »Weil du anders bist, bist du gefährlich für mich. Wie kann ich dich also entweder umbringen oder bekehren!« Das geht heute nicht mehr; wir brauchen echte Gleichberechtigung!

Um solche kreative Konfliktarbeit leisten zu können, muss man lernen, ein Thema von verschiedensten Seiten zu studieren (Geschichte, Psychologie, kulturelle Tiefenströmungen …), um mit diesem Theoriehandwerk in die Praxis zu gehen. Man wird natürlich nicht mit solchen Einsichten geboren, ebenso wenig wie mit der Relativitätstheorie; da haben andere vorgearbeitet!

Stichwort Grundbedürfnisse. Ein Thema, dass bei Ihnen zentral ist – die Befriedigung elementarer Notwendigkeiten: Überleben, Nahrung, Unterkunft. Wenn Ihre These stimmt, dass die Absicherung dieser Bedürfnisse die Voraussetzung jeden Dialogs ist, dann stellt sich zumeist schnell heraus, dass damit eigentlich schon die Endstation des Gesprächs erreicht ist.
Genau! Mein Grundsatz heißt: Ein Friedensvertrag auf Kosten der Grundbedürfnisse ist keiner; das kann man vergessen. Die Einlösung solcher Bedürfnisse ist jedoch keine hinreichende, wohl aber eine notwendige Bedingung. Denn Identität und Freiheit gehören ebenfalls dazu, nicht nur Überleben und Wohlsein. Dass wir das verstanden haben, bezeugen die Menschenrechte; sie sind materieller Ausdruck einer solchen Haltung. Bedürfnisse und Grundrechte sind allerdings noch nicht in Balance; sie sollten noch mehr zusammenfinden.

Gibt es Ihrer Meinung nach so etwas wie einen visionären Realismus?
Verstehe einen Konflikt, bevor es zum ersten Schuss kommt! Die Einstellung sollte, wie schon erwähnt, sein: Ein Dissenz ist etwas Spannendes, dahinter verbergen sich echte Leidenschaften, die darauf harren, in eine neue Situation verwandelt zu werden! Das ist das eigentlich Wunderbare!

Wer sind Ihre Vorbilder für ihre Arbeit?
Das war selbstverständlich Gandhi. Ich stehe mit meinem Schaffen auf seinen Schultern. Ich sehe heute auch gewisse Begrenzungen bei ihm. Seine Hauptthese war: Die Mittel entscheiden alles. Sind die Mittel in Ordnung, werden auch die Zielsetzungen in Ordnung sein. Damit bin ich nicht mehr einverstanden. Bei ihm ging es um zivilen Ungehorsam, bei mir eher darum, konstruktive, neue Lebenswelten für alle Parteien zu finden. Ich sehe Gewaltlosigkeit schöpferischer.

Das Gespräch führte Peter Erlenwein.

Manfred Max-Neef

Der Chilene Manfred Max-Neef, 1932 als Sohn deutscher Einwanderer in Valparaíso geboren, studierte Wirtschaftswissenschaften, um nach 1953 im internationalen Shell-Konzern Karriere zu machen. Schon 1957 wandte er sich von der Industrie ab und beschäftigte sich seitdem mit den Problemen der Armen in der Dritten Welt. Er arbeitete für UN-Organisationen (FAO, OAS) und an verschiedenen Universitäten in den USA, u.a. Berkeley, und in Lateinamerika, u.a. an der Bariloche Stiftung im Süden von Argentinien. Nachdem Max-Neef jahrelang in den Slums, bei armen Kleinbauern oder indianischen Gemeinschaften in die Lehre gegangen war, entwickelte er seine »Barfuß-Ökonomie« und Thesen zu einer »Entwicklung nach menschlichem Maß«, deren Kriterien er schon in den 1980er-Jahren in einer Matrix an zehn von ihm definierten menschlichen Grundbedürfnissen ausarbeitete. In den 90er-Jahren formulierte er mit seiner »Hypothese vom Kipp-Punkt« die Einsicht, dass von einem bestimmten Punkt an wirtschaftlichen Wachstums die Lebensqualität der Menschen abnehme. Max-Neef wurde Mitglied des Club of Rome, der Leopold-Kohr-Akademie in Salzburg sowie der Schumacher Society in England, und der Europäischen Akademie der Wissenschaften und Künste. 1993 kandidierte er für die Grünen – im Wirtschaftswunderland auf hoffnungsloser Position – bei den chilenischen Präsidentschaftswahlen als unabhängiger Kandidat. Heute führt Max-Neef mit passioniertem Einsatz das Rektorat der kleinen, aber fachlich überzeugenden Universidad Austral in Valdivia im schönen Süden Chiles.

Manfred Max-Neefs »Barfuß-Ökonomie« baut auf die Einsicht, dass die Mehrheit der Weltbevölkerung völlig unberührt von den neoliberalen Wirtschaftstheorien lebt, wirtschaftet und produziert. In diesen – nach westlichem Maßstab – »armen Gemeinschaften« haben sich aber meist aus der Not geborene kooperative Wirtschaftsmodelle der gegenseitigen Hilfe entwickelt, die ein hohes Maß an Kreativität und Erfindungsreichtum aufweisen. Die »Barfuß-Ökonomie« plädiert dafür, diese Kreativität für eine »Entwicklung im menschlichen Maß« zu nutzen, statt per westlicher Entwicklungshilfe an den Grundbedürfnissen der Betroffenen und ihrer Fähigkeit zur Selbsthilfe vorbeizuplanen.

Internet
www.inwent.org/E+Z/1997-2002/ez7801-9.htm

»Wir müssen wie Moskitos sein!«

Die Grundlagen der Barfuß-Ökonomie

Sie haben als Professor für Wirtschaftswissenschaften eines Tages alles, was Sie wussten und lehrten, in Frage gestellt. Wie kam es dazu?

Ja, das war ein ganz entscheidender Tag in meinem Leben. Ich bin ein Ökonom und habe an verschiedenen wichtigen Universitäten der Welt Ökonomie gelehrt, aber es kam ein Moment, wo ich fühlte, dass mir etwas fehlte. Ich begriff plötzlich, dass ich als Ökonom, der angehenden Managern vermitteln soll, wie sie möglichst erfolgreich in unserem System wirtschaften, eigentlich einer Berufsgattung angehöre, die den Fortbestand einer gesunden Biosphäre unmittelbar gefährdet. Da habe ich mich entschieden, erst einmal für eine Zeit »ins Feld« zu gehen – also in die Armengemeinschaften, zu den landlosen Saisonarbeitern, in die chilenischen Sierras der Anden, in den Dschungel und auch in Großstadt-Armenviertel. Da habe ich gelebt und gearbeitet für insgesamt zwölf Jahre. Und natürlich habe ich da entdeckt, dass sämtliche Wirtschaftstheorien, die ich kannte und für richtig hielt, absolut wertlos sind, wenn man der Armut ins Gesicht guckt. Die Armut hatte plötzlich ein Namen. Sie hieß zum Beispiel Hans Müller. Wenn ich mit so jemandem, der in sozialer Not lebte, zusammen war, dann machten die ökonomischen Konzepte, mit denen ich lebte, keinen Sinn mehr. Denn was soll das, ihm – wenn er arbeitslos ist und in großer Armut lebt – zu sagen: »Aber hör mal, das Bruttosozialprodukt ist um fünf Prozent gewachsen.«

Was entstand aus dem Leben mit jenen Bevölkerungsteilen, die längst durch die Maschen einer neoliberalen Weltwirtschaft gefallen sind?

Da entwickelte sich so langsam etwas, was andere später als »Barfuß-Ökonomie« bezeichnet haben. Barfußökonomie heißt, die Probleme zusammen mit den Leuten zu lösen, die in Not sind und gemeinsam herauszufinden, wie man ihre Lebensbedingungen verbessern kann. Aber eben nicht durch Theoretisieren weit weg im Elfenbeinturm eines schönen Büros, sondern direkt da, wo die Armut und das Leiden sind. Ich glaube nicht, dass es nur ein Lösungsmodell gibt. Vielmehr muss jedes Modell der Wirklichkeit angepasst werden. Das Schlimmste, was man mit einem großen Problem machen kann, ist eine große Lösung zu erfinden. Diese großen, universellen Lösungen sind immer katastrophal. Große Probleme kann man nur mit vielen kleinen Lösungen lösen. Dann kann auch die Kreativität der Menschen vor Ort genutzt werden, die wissen, was sie brauchen und was möglich ist. Ich glaube, es wäre ungeheuer gut für sämtliche Ökonomen, wenn sie, bevor sie promovieren, lernten, ohne einen Cent für sechs Monate oder ein Jahr in einem Armenviertel zu überleben. Einfach, um zu erfahren, was man in so einer Situation macht, um zu überleben. Was man da lernt und sieht, das ist ganz unglaublich. Das kann keine Universität auf dieser Welt lehren.

Armutsgebiete gelten uns bislang nicht als Schule. Wir gehen ja normalerweise davon aus, dass die am wenigsten entwickelten Länder die Hilfe der entwickelten Länder brauchen, wir es also besser wüssten. Was haben Sie dort gelernt, über was für Potenziale verfügen die Menschen?

Hauptsächlich lernt man Solidarität. In einer solchen Lebenssituation gibt es keine Konkurrenz, sonst wären die Überlebensmöglichkeiten gleich Null. Viele Spezialisten gehen mit vorgefertigten Lösungen im Kopf in Armutsgebiete und wollen den Leuten ihre Lösungen beibringen. Aber es gibt in solch einer Umgebung viel mehr zu lernen, als man lehren könnte. Ich habe in Indianergesellschaften ungeheuer viel gelernt: Da gibt es statt formellem Wissen viel mehr Weisheit. Und das ist etwas, was ein Ökonom erleben sollte. Dann würde er seine Theorien menschlicher gestalten und nicht mehr absolut kalt und theoretisch und kalkulierend von Humankapital reden.

Was sind das für Weisheiten? Und was läuft in unserer Zivilisation dieser Weisheit entgegen?

Hauptsächlich die Gier. Was uns fehlt, ist die Solidarität. Wir haben sie durch Individualismus ersetzt, ganz nach dem Motto: »Wenn ich es schaffe, ist es gut, was dir passiert ist mir ganz egal.« Daraus entstehen wirtschaftliche Konzepte, die das wirklich Menschliche zerschmettern und zerstören. In diesen anderen sozialen Welten gibt es viel mehr Harmonie. Ich will nicht sagen, dass es dort keine Krisen in der Gemeinschaft oder Probleme zwischen den Personen gibt. Aber es gibt eine Kultur des Umgangs miteinander, die Probleme mit einer Vielzahl von Möglichkeiten zu überwinden und zu lösen. Es gibt auch, zum Beispiel in den Indianergemeinschaften, in denen ich gelebt habe, eine viel größere Harmonie mit der Natur. Man weiß, dass wir ein Teil von etwas Größerem sind und nicht diejenigen, die machen können, was sie wollen. Was bei uns schief läuft, ist diese Obsession, dass Konkurrenz im ökonomischen Sinn immer gut ist. Wir haben völlig vergessen, dass wir Menschen sind, die aus Kulturen stammen, die nur überleben konnten, weil sie Solidarität entwickelt haben. Gier und Konkurrenz sind das, was wir später gelernt haben. Das ist nicht das Natürliche im Menschen. Das Natürliche im Menschen ist zu kooperieren. Diese Fähigkeit verschwindet mit der neoliberalen Ökonomie und ihren ganzen Obsessionen viel zu schnell.

Werte wie Kooperation und Solidarität finden sich sonst mehr im Vokabular von Theologen und Moralphilosophen …

Das ist kein Zufall. Historisch betrachtet ist die Ökonomie die Tochter der Moralphilosophie. Erst seit den Neoklassikern haben die Ökonomen den Komplex entwickelt, Physiker sein zu wollen und eine exakte Wissenschaft zu entwickeln. Sie haben begonnen, die Ökonomie vollkommen zu mathematisieren und dann so langsam vergessen, wessen Kind diese Disziplin eigentlich wirklich ist. Die ersten großen Ökonomen waren alle Moralphilosophen. Und die Ökonomie entwickelte sich als ein Wissen, das im aristotelischen Sinn für den menschlichen *summum bonum* nützlich sein sollte, also für das menschliche Glück. Aber das hat man heutzutage vollkommen vergessen.

Heißt das, wir haben Wissen mit Verstehen verwechselt?

Wir sind in unserer menschlichen Evolution tatsächlich an einem Punkt, an dem wir enorm viel wissen, aber entsetzlich wenig verstehen. Unser inneres Navigationssystem wird durch ein reines Nutzenprogramm gesteuert und es führt uns direkt in den Hafen des Wissens. Als solches war es ein überwältigend erfolgreiches Programm: Niemals in der ganzen Menschheitsgeschichte haben wir mehr Wissen erlangt als in den letzten 100 Jahren. Aber inmitten all der Jubelfeiern stellt sich nun das Gefühl ein, dass uns dabei etwas abhanden gekommen ist. Sicher können wir uns Wissen über alles mögliche erarbeiten, selbst über so etwas wie die Liebe – theologisches, anthropologisches, soziologisches, ja sogar biochemisches Wissen. Aber wirkliches Verstehen dieses Phänomens wird erst da sein, wenn wir uns verlieben. Der Weg des Wissens führt uns nicht zum Verstehen. Der liegt an einem anderen Ufer und braucht ein anderes Navigationsprogramm. Verstehen können wir nur etwas, von dem wir ein Teil werden. Verstehen ist ein Weg der Integration, während Wissen ein Weg der Abtrennung ist. Verstehen ist ein ganzheitlich-holistisches Phänomen, während Wissen fragmentiert und zersplittert. Immerhin sind wir heute so weit, dass wir kapieren, dass Wissen allein nicht ausreicht und dass wir Wege suchen müssen, um zu einem wirklichen Verstehen zu kommen, wenn wir uns als Menschen komplett verwirklichen wollen.

Wie ist es zu dieser Fragmentierung gekommen?

Einer der Gründe, warum wir sind, wie wir sind – wenn ich *wir* sage, meine ich die westliche Kultur – ist die Erfindung des Monotheismus. Wenn man bloß einen Gott hat, dann gibt es nur eine Wirklichkeit und das ist meine

Wirklichkeit. Und dann muss ich die anderen Seelen von ihr überzeugen. Das führt zu Eroberung, das ist Dominanz. In anderen Religionen, in den traditionellen Kulturen, gibt es manchmal 500 Götter und alle müssen respektiert werden. Wenn ich aber daran glaube, dass ein Baum eine göttliche Seele hat, dann muss ich dem Baum erklären, warum ich ihn abschneiden will. In unserer Kultur ist das nicht möglich. In der christlichen Genesis steht schon drin, dass wir die Natur beherrschen müssen. Sie behauptet, uns als Menschen stehe alles zur Verfügung, weil wir das Höchste sind, was erschaffen wurde. Wie christlich aber ist unser Christentum? Sie können jeden Sonntag zur Kirche gehen und alles machen – sind sie wirklich christlich deswegen? Das ganze System des Neoliberalismus – ist das christlich? Diese ganze Mafia: Sicherlich gehen die alle jeden Sonntag zur Kirche – aber sie machen grausame Sachen. Im Ergebnis haben wir eine Realität geschaffen, in denen die christlichen Werte wie Vertrauen, Hoffnung und Mitgefühl auf den Kopf gestellt wurden und sich in Schizophrenie, Depression und Narzissmus verwandelt haben. Natürlich war dieses Programm faszinierend und eine Zeit lang erfolgreich. Aber wenn unsere existierende Realität ein Spiegel von Schizophrenie, Depression und Narzissmus geworden ist, dann führt das zu kolossaler Verwirrung. Dann stehen wir vor einer entzauberten Welt, in der Fortschritt und Wachstum paradox und absurd werden, in der die Realität unbegreiflich wird und wir verzweifelt Zuflucht suchen bei einer Technologie, die uns virtuelle Realitäten anbietet.

Wie aber lassen sich diese philosophischen, moralischen und ethischen Ansätze in unser Wirtschaftssystem wieder hereintragen, von dem immer mehr Leute glauben, es wäre kaum noch zu stoppen? Wie können wir Barfußökonomie verwirklichen?

Man kann nicht einfach die eine Sache gegen eine andere auswechseln. Die Barfußökonomie muss mit der »normalen« Ökonomie kooperieren. Diese »normale« Ökonomie kann man nicht einfach eliminieren – das wäre verrückt. Beide Formen des Wirtschaftens sind Konzepte für unterschiedliche Realitäten. Eine Koexistenz im Prozess des Wirtschaftens ist möglich und nötig. Aber dann muss hinter diesem Wirtschaften eine Philosophie stehen, die nicht wie die neoliberale Philosophie hauptsächlich durch die Gier lebt. Es ist nur eine Frage der Zeit, bis sich dieses System zu Tode siegt. Eine Gesellschaft ist ein chaotisches System und man kann nie sagen, wann etwas passiert – aber man kann sagen, dass etwas passieren wird. Das heißt, wir müssen uns Schritt für Schritt darauf vorbereiten, dass die ganze Sache kollabiert. Denn das System, das wir jetzt im finanziellen Sinn auf der Welt haben, dieses neoliberale Modell, ist vollkommen verrückt. Wir leben in einem globalen Casino, alles ist Spekulation. Täglich wird über Wechselkurs-Geschäfte mit einer Billion Dollar spekuliert. Das ist fünfzigmal mehr, als der wirkliche Wert der dahinterstehenden Güter – das kann nicht unendlich weitergehen, das ist ganz klar. Kein Mensch kontrolliert es, keine Zentralbank kann es wirklich lenken. Das ist selbstverständlich nicht nachhaltig. Das wird – und ich glaube ziemlich schnell – kollabieren, vielleicht schon innerhalb von wenigen Jahren. Und darauf müssen wir uns vorbereiten.

Was kommt dann?

Eine Ökonomie im menschlichen Maß, wie es schon Leopold Kohr gesagt hat, also die Ökonomie vom Kleinen. Die Ökonomie der Gemeinschaft, der Klein-Gesellschaft. Eine Ökonomie, in der der Mensch noch eine Identität hat, in der Menschen nicht bloß eine statistische Ziffer, sondern noch Jemand sind. Die Prinzipien von Entwicklung im menschlichen Maß werden jetzt in vielen Ländern praktiziert. In Südafrika gibt es zum Beispiel ein Netz aus über 200 Gruppen, Kirchen und NGOs, die das »Network for Human Scale Development« begründet haben, in Australien wurden verschiedene solcher Programme mit den Ureinwohnern entwickelt. So langsam greift der Ansatz.

Heißt das: radikale Dezentralisierung? Zurück in die Dörfer?

Dezentralisierung ist selbstverständlich! Ich würde nicht sagen »zurück«. Zurück klingt immer nach »Zurück zu den Primitiven«. Nein, man kann ultramodern sein mit den heutigen Kommunikationssystemen. Da spielt es überhaupt keine Rolle, ob ich inmitten einer Großstadt bin oder in einer Kleinstadt. Wir können in Verbindung sein, wir können uns sogar in Telekonferenzen gegenseitig anschauen und was weiß ich. Worum es geht ist, das Kleine, das Lokale zu stimulieren und nicht bloß das Große. Wenn Sie sich heutzutage die makroökonomischen Ziffern anschauen, mag es wunderbar aussehen, dass ein Land – zum Beispiel mein Land Chile – schon über zehn Jahre lang sieben Prozent Wachstum hatte. Das schaut natürlich fantastisch aus. Aber was steckt wirklich dahinter? Was die sieben Prozent nicht zeigen, ist die Armut und die Konzentration des Geldes in der Hand weniger. Wir wissen, dass es auf der Welt heute mehr und mehr Konzentration gibt. Zweihundertachtundzwanzig Menschen, Individuen, deren Namen wir kennen, haben ein Vermögen, was so groß ist, wie das, über dass zweieinhalb Milliarden Menschen verfügen. Das ist doch ungeheuerlich! Wie kann ein System existieren, in dem so etwas möglich ist? Ein Mensch wie Bill Gates ist in fünf Jahren, wenn man die Tendenz seiner Gewinne fortschreibt, so reich, wie das ganze Bruttosozialprodukt von England. Ein Mensch, eine Person! Das ist heller Wahnsinn. Das ist absurd, das kann so nicht weitergehen. Und niemand kontrolliert das. Jeden Tag werden Tausende von Milliarden Dollars in die Wechselkurse spekuliert. Das kann für arme Länder eine Tragödie bedeuten. Und wer profitiert davon? Nur die Spekulanten!

Gehen Sie davon aus, dass das System erst kollabieren muss, bevor etwas anderes entstehen kann?

Leider Gottes, ja. Ich meine nicht, dass es kollabieren muss. Aber meine Intuition sagt mir, dass so etwas passieren wird. Und anstatt den großen Riesen direkt zu bekämpfen, müssen wir uns vorbereiten auf den Kollaps. Auf das, was dann zu tun ist. Denn dann muss man natürlich das Lokale, die lokale Wirtschaft stimulieren, die lokalen und regionalen Märkte. Das ist die einzige Möglichkeit, die Sache nach einem Kollaps dezent zu überleben.

Sie sprachen vorhin von dem Potenzial, das Sie in Armutsgegenden, in den Slums erlebt haben. Kann man davon ausgehen, dass in diesen Regionen, wo heute eigentlich das Wirtschaftssystem schon zusammengebrochen ist, die Lehren für die Zukunft gezogen werden? Also zum Beispiel in den Gegenden in Russland, wo seit Jahren vielleicht keine Löhne mehr bezahlt werden und die Menschen trotzdem überleben. Sind das wirtschaftliche Experimente für die Zukunft?

Es sind nicht *die* Kerne, aber darin gibt es Kerne. Nicht alles ist gut. Es gibt da auch viel Schlimmes. Ich möchte nicht die Armut idealisieren. Aber wenn sie sich fragen, wie es möglich ist, dass die Menschen unter den Bedingungen in Russland vielleicht schon ein paar Jahre überleben, dann wird klar, das sich unter solchen Bedingungen eine fantastische Kreativität und Imagination entwickeln kann, wie es anders kaum möglich ist. Und davon kann man viel lernen. Und das kann man perfekt in ein anderes System einbringen.

Sie sprachen von der »Rückkehr zum menschlichen Maß«. Wo ist diese Grenze, innerhalb derer ein Wirtschaftssystem gesund bleibt? Ich glaube, Sie haben einmal eine »Grenzenhypothese« entwickelt.

Ich habe einmal eine so genannte Grenzhypothese entwickelt, die auf Studien von einer Menge reicher Länder des Nordens beruhte – Deutschland, England, Schottland, Dänemark, Österreich und von den Vereinigten Staaten. Wenn man in einem Zeitraum von 40 Jahren, also ungefähr seit 1960, das Wachstum des Bruttosozialprodukts mit einen anderen Index, dem »Index of Sustainable Economic Welfare« vergleicht – er wurde von Herman Daly und John Cobb entwickelt, um die tatsächliche Lebensqualität zu messen – dann sieht man, dass es in praktisch jedem dieser Ländern einen »Kipp-Punkt« gibt: Mindestens 20 Jahre lang wachsen beide Indices parallel: Je mehr konventionelles Wachstum es gibt, desto besser ist auch die

Lebensqualität. Aber da gibt es einen Kipp-Punkt, an dem das Wachstum weiter steigt und die Lebensqualität runter geht. Und das passiert in allen diesen Ländern. Bei mir in Chile passiert es genauso. Es gibt auch noch andere Kipp-Punkte, die mit der Größe eines Wirtschaftssystems zu tun haben. Wenn man sich ein lebendiges System wie einen Wald in der Natur anguckt, dann wird deutlich, dass ein Baum nicht ewig wächst. Er kann sich von einem gewissen Punkt an weiter entwickeln, aber nicht mehr größer werden. Das gleiche gilt für einen erwachsenen Menschen: Irgendwann ist er ausgewachsen und erwachsen, er wird nicht weiter wachsen, kann sich aber weiter entwickeln. Alles hat eine Grenze im Wachstum. Das einzige was im Wachstum keine Grenzen kennt, sind Krebs und die Ideen der Ökonomen. Die glauben, dass man ewig wachsen kann. Und das ist Unsinn. Dazu kommt noch ein sozialpsychologischer Aspekt: Wenn sie das System einer menschlichen Gesellschaft, die immer größer und größer wird, sehen, dann bedeuten sie als Einzelne plötzlich überhaupt nichts mehr. Da sind sie mitten in einer riesengroßen Masse vollkommen allein. Und das ist ein schlimmes Paradox. Dann möchten sie wieder kleiner werden, wo sie wieder Jemand sind. Je kleiner desto besser. Selbst unsere nationale Identität als Chilenen, Deutsche oder Österreicher ist doch eine metaphysische Abstraktion. Letzten Endes sind sie aus dem und dem Dorf oder aus jener Stadt. Da haben sie plötzlich wieder ihre soziale Identität, da fühlen sie sich wie Jemand.

Es braucht, um unser Engagement zu wecken, also einen lokalen Bezug, eine Beziehung zu dem Ort, wo wir leben?

Die Geräusche und Gerüche sind vertraut, sie wissen, wie die Leute rumlaufen, sie wissen um die Schönheit, sie kennen die Probleme. Nur da spürt man, dass man eine Identität hat. Das andere sind riesengroße Abstraktionen. Und leider Gottes leben wir heute in diesen riesengroßen Abstraktionen. Und wir werden weniger menschlich. Das Erste, das sie für ihre Stadt machen können, ist, ihre Stadt zu lieben. So simpel ist das: Wenn alle eine kleine Liebe zu ihrer Stadt haben, dann wird es eine wunderbare Stadt. Aber wie viele lieben ihre Stadt?

Ich möchte noch einmal zurückgehen zur Metapher des »Barfußökonomen«. Allein vom Bild her berührt er die Erde mit seinen Füßen. Er ist in einem sozialen Kontext, der schwierig ist. Der Barfußökonom ist eigentlich alles andere als ein Ökonom. Fordern Sie nicht eigentlich eine interdisziplinäre Ökonomie, die Ökologie ebenso mit einbezieht wie das Soziale und die Menschenrechte?

Ein moderner Ökonom muss heute trans- und interdisziplinär sein. Denn die Folgen seine Modelle, die Effekte der Umsetzung in der Gesellschaft, sind mehr als ökonomische Effekte. Viel mehr! Diese Effekte muss er verstehen können. Wenn durch eine gewisse Wirtschaftspolitik die Arbeitslosigkeit wächst, dann muss ich als Ökonom verstehen, was das psychologisch bedeutet, politisch bedeutet, soziologisch bedeutet. Denn es ist die Folge einer Politik, die ich im Modell entwickelt habe. Das muss ich verstehen. Ich kann nicht als Ökonom sagen, das hat nichts mit Ökonomie zu tun, das ist ein Problem von Psychologen und Soziologen. Nein, wenn mein Modell solche Effekte hat, dann muss ich das miteinrechnen. Und das heißt: Über die Disziplin hinaus denken! Ein moderner Ökonom kann heute nicht bloß Ökonomie studieren. Er muss eine Menge von anderen Sachen verstehen.

Ist der Barfußökonom, so wie Sie ihn sehen, ein Ökonom, der sich eigentlich erst nach dem Kollaps, nach der Krise entfalten kann? Oder gibt es für dieses wild gewordene globalisierte Wirtschaftssystem heute eine Therapie, die die Rückkehr zum menschlichen Maß evolutionär ermöglicht?
Ich glaube an das Zweite. Eine Sache muss man sich klar machen: Barfußökonom ist man nicht für immer. Die Barfuß-Ökonomie ist eine Erfahrung, die man als Ökonom meiner Ansicht nach machen muss. Aber wenn man ewig im Armenviertel lebt, kann man nur ganz lokale Veränderungen bewirken. Das ist ein Lernprozess für einen Ökonomen. Nachdem er Barfußökonom gewesen ist, kann er wieder zurückkommen in die Uni oder den Betrieb. Doch die Modelle, die er dann dort entwickelt, werden ganz anders sein. Er würde nach so einer Erfahrung nie so eine verrückte Ökonomie entwickeln wie die neoliberale Ökonomie, die heute auf der ganzen Welt herrscht.

Können Sie ein paar Grundpfeiler nennen, die ein Wirtschaftssystem nach menschlichem Maß Ihrer Meinung nach braucht?
Die Ökonomie muss sich daran orientieren, ob sie die menschlichen Grundbedürfnisse befriedigt. Und die Grundbedürfnisse sind Selbstversorgung, Schutz und Liebe, Teilhabe und Partizipation, Identität und Kreativität, Muße und Freiheit. Ein ökonomisches System wirkt sich immer auf das System der menschlichen Grundbedürfnisse aus. Man muss es also so entwickeln, dass man sie richtig und harmonisch befriedigen kann. Und das kann man bloß im menschlichen Maß machen. Das kann man bloß im lokalen oder regionalen Maß machen, sonst geht es nicht. Das kann man nur zu Hause machen, in der Schule, in der Gemeinschaft, in der kleinen Gesellschaft.

Wir sind ziemlich weit entfernt von diesem Ideal, das Sie da eben beschrieben haben. Sie haben mal davon gesprochen, dass die Wissenschaft eine Fähigkeit zum Träumen brauche. Welches Potenzial liegt darin?
Das Potenzial ist nicht kalkulierbar, aber es kann ungeheuer groß werden. Meine Allegorie ist: Jeder Mensch lebt gleichzeitig in mehr als einer Welt,

mindestens in zwei parallelen Welten. Eine ist die Welt, in der wir sagen können, man muss sehen, um zu glauben. Aber es gibt noch eine andere Welt, in der man glauben muss, um zu sehen. Und jeder Mensch kann Beziehungen zu dieser letztgenannten Welt haben, aber wenige entwickeln diese Beziehungen wirklich. Kinder leben ganz natürlich in parallelen Welten. Die Kinder hören und sehen Sachen, die Erwachsene nicht mehr hören und nicht mehr sehen. Kreative Menschen – ob es ein Wissenschaftler ist, ein Poet oder Musiker – sind Menschen, die noch Kontakt mit den Parallelwelten haben. Man kann sie nicht so gut mit Wörtern beschreiben, weil uns die Sprache dazu fehlt. Man erlebt sie, man weiß, sie ist da, man kann Kontakt mit ihr haben und kann Inspiration aus ihr bekommen, wenn man behutsam mit ihr umgeht. Solche Kontakte sind das, was ich »Traumfähigkeit« nenne.

Wohin können wir uns träumen, wenn wir die Wahrnehmung in dieser Form ausweiten?

Wir könnten zum Beispiel begreifen, dass wir in der Natur nicht von toten Objekten umringt sind, sondern von Brüdern und Schwestern. Wir könnten beginnen zu begreifen, dass auf dieser Erde alles lebendig und beseelt ist. Wir könnten verstehen, dass sich unterschiedliche Wahrheiten nicht abstoßen müssen, sondern sich ergänzen können. Wir könnten realisieren, dass es absolut keinen Grund gibt, Intuition, Spiritualität und Bewusstsein als unwissenschaftlich zu verdammen. Wir könnten begreifen – wie Goethe es mal gesagt hat – »dass wir das Ganze im kleinsten Teil erkennen können«. Wir haben uns aus vielen möglichen Realitäten eine ausgesucht, an die wir glauben. Damit sind wir erfolgreich, aber unvollständig. Wir haben jetzt die Möglichkeit und Verpflichtung, unsere Landkarte der Wirklichkeit ehrlich zu überprüfen – mit all ihren Problemen und Erfolgen, Tragödien und Siegen. Und dann könnte es weise sein, jene alternativen Landkarten zu nutzen, deren Wege wir bislang kaum probiert haben, und mit ihrer Hilfe zu überprüfen, ob sie uns aus unserer existenziellen Verwirrung herausholen können.

Heißt das, wir brauchen so etwas wie eine Vision, die uns zieht, anstatt der Angst, dass wir in eine dunkle Zukunft gehen?

Ja, das könnte man so sagen. Eine Vision, die man entdecken kann. Man weiß, sie ist da. Und ich muss meine Fähigkeit entwickeln, sie zu entdecken. Es gibt eine andere Wirklichkeit. Und die ist überall zu finden. Und das ist ein schönes Leben für mich, wenn ich wirklich immer als ein Entdecker lebe. Für mich ist das eine tiefe menschliche Erfahrung. Dabei ist es nicht, dass ich die parallele Welt in meine Theorien einbringe, sondern umgekehrt: Weil ich Beziehungen mit einer parallelen Welt habe, sehe ich diese Welt anders und fühle sie anders und handle anders. Und das macht es möglich, dass ich eine andere Ökonomie entwickeln kann.

Wie sollte sich ein Mensch, der diese beiden Seiten in sich zusammenbringt, in der Welt bewegen?

Eine Methode oder ein Rezept gibt es nicht. Das Wichtige für mich ist, dass man kohärent mit sich selbst ist und macht, was man machen muss. Das Erste, was man verändern muss, wenn man die Welt verändern will, ist sich selbst. Da fängt die Sache an. Und plötzlich, bloß weil man selbst jemand Neues geworden ist, vermag man andere zu mobilisieren, etwas zu tun. Und was können wir machen gegen die Macht der großen Wirtschaftssysteme? Stellt euch vor, ihr seid in einem Feld und dort ist ein wütendes Rhinozeros – bereit zum Angriff. Das dümmste was du machen kannst, ist dir vorzustellen, dass du auch ein Rhinozeros bist. Wir sollten uns vielmehr wie eine Wolke von Moskitos sehen! Warum? In der Moskitowolke bleiben immer alle zusammen. Es gibt keinen Moskitochef, keinen Moskitopräsidenten, man kann niemanden liquidieren. Die Moskitowolke aber kann das Rhinozeros verrückt machen, aber das Rhinozeros kann die Moskitos nicht töten. Das heißt: Wir müssen Moskitos sein – jeden Tag, jede Stunde, überall. Und die Moskitos haben schon viel geschafft in dieser Hinsicht. Und das ist die Macht, die wir wirklich entwickeln können.

Das Gespräch führte Geseko von Lüpke.

FORMEN DES WIDERSTANDS

Vandana Shiva

Die indische Quantenphysikerin Vandana Shiva erhielt den Alternativen Nobelpreis 1993 – neben ihrem Engagement für die Rechte der indischen Urbevölkerung vor allem für ihre Bemühungen, mit dem Öko-Feminismus die weibliche Perspektive in die ökologische Diskussion einzubringen. Besonders zu betonen ist aber auch ihr Ansatz, als Akademikerin nicht aus einem klimatisierten Büro heraus Lösungen zu entwickeln, sondern im Sinn einer »Volkswissenschaft« mit den Betroffenen vor Ort an ihren Problemen zu arbeiten. Mittlerweile ist Vandana Shiva jedoch ebenso auf dem Gebiet der Globalisierungskritik, dem Schutz des Saatgutes und der Friedens- und Demokratiebewegung engagiert.

In Indien haben sich deshalb auf ihre Initiative hin die Globalisierungskritiker am Welt-Umwelttag 1999 unter dem Namen »Living Democracy Movement« oder indisch »Jaiv Panchayat« zu einer Dachorganisation zusammengeschlossen, die mittlerweile rund eine Million Mitglieder hat und sich sowohl als Friedensbewegung, als auch als Umweltschutz-Initiative sowie als NGO für nachhaltige Entwicklung und Selbstbestimmung versteht. Mit ihren dezentralisierten lokalen Gruppen kämpft sie um die Bewahrung biologischer Vielfalt, regionale politische und ökonomische Rechte und eine Erneuerung der Demokratie auf der Basis demokratisch organisierter regionaler Gemeinschaften. Doch die Inderin ist auch auf dem Parkett internationaler Institutionen zu Hause: Im Mai 2005 erreichte Vandana Shiva nach zehnjährigem Kampf, dass der Europäische Patentgerichtshof die Patentierung der indischen Neem-Pflanze, die in Indien seit Jahrtausenden als Heilpflanze vielfältig genutzt wird, für ungültig erklärte.

Internet
www.vshiva.net

Vandana Shiva

Die Kolonisierung der Zukunft

Widerstand gegen die Gen-Piraterie

Ich denke, es war kein Zufall, dass die Entscheidung des Europäischen Gerichtshofes anlässlich der Klage zur Widerrufung des Patents auf den Neem-Baum gerade am 8. März 2005 verkündet wurde: am Internationalen Frauentag. Mehr als 100.000 Menschen in Indien hatten die Petition für die Klage unterzeichnet, bedeutet doch der Neembaum für uns alles! Für die Menschen auf den Dörfern liefert er die morgendliche Zahnbürste; er ist ein Anti-Malaria-Heilmittel und für die Frauen eine Verhütungsmöglichkeit. Zudem ist er das beste Mittel bei Hautkrankheiten wie auch bei der ökologischen Schädlingsbekämpfung und Pilzkontrolle in der Landwirtschaft. Was ich an dieser Pflanze besonders liebe: Sie tötet nicht. Sie versetzt Schädlinge bloß in eine Art von Betäubung, sodass sie sich nicht schnell genug fortpflanzen können; eigentlich eine sehr friedliche Weise der Schädlingsbekämpfung.

Die zehn Jahre des Kampfes, der es bedurfte, bis das Patent zurückgenommen wurde, sind im Wesentlichen von drei Frauen bestritten worden. Ich hatte die Arbeit zuerst auf mich genommen, doch ich konnte natürlich in Europa kein Patent juristisch anfechten, ohne die enorme Hilfe von anderen hier. Die beiden, die mich unterstützt haben, sind die ehemalige Umweltministerin Belgiens und frühere Vorsitzende der Grünen-Fraktion im Europäischen Parlament, Magda Aelvoet, und Linda Bullard, ehemalige Präsidentin der International Federation of Organic Agriculture Movements (IFOAM). Trotz all unserer anderen Vorhaben hatten wir uns entschlossen, zur Anhörung nach München zu kommen, kurz vor der Alternativen Nobelpreistagung des Goethe-Instituts. Es war wunderbar, in dieser Stadt zu sein und den Internationalen Frauentag zusammen zu feiern. Im Rückblick wurde uns deutlich, wie schnell zehn Jahre vorbeigehen können, solange man sich um die Dinge zu kümmern bereit ist, die einem am Herzen liegen. Es ist eigentlich ähnlich wie beim Kinderaufziehen: Bevor man sich umgeschaut hat, sind sie in ihren Zwanzigern, und man tut weiterhin einfach das, was es braucht, damit der Fürsorge Genüge getan ist.

Übrigens ist der 8. März auch der Geburtstag des Gottes Shiva, nach dem meine Familie sich benannt hat. Mein Name klingt zwar sehr göttlich, doch meine Eltern hatten ihn allein deswegen angenommen, um das Kastenwesen in Indien zu bekämpfen. Sie hatten ihre Kastennamen längst abgelegt, denn diese lassen sofort erkennen, zu welcher Gruppierung man gehört. Meine Eltern waren sehr aktiv in der Freiheitsbewegung, die auch eine Antikastenbewegung ist. Diese war also nicht nur nach außen hin antikolonialistisch eingestellt, sondern sie stand ebenso gegen jede interne Kolonialisierung mittels kultureller Kategorien wie eben beispielsweise die Kasten. Daher trage ich den Namen Shiva mit viel Liebe und Stolz, und ich bin meinen Eltern außerordentlich dankbar, dass sie mir die Kraft gegeben haben, sowohl das zu verändern, was einen unterdrückt, als auch all das zu ehren, was einen nährt. Und die Neempflanze gehört zu Letzterem. Ich wuchs mit ihr auf: Meine Mutter tat sie in die Seide, die wir im Sommer beiseite legten, denn die Neemblätter schützen die Seide davor, von Käfern gefressen zu werden. Man legte die Blätter auch in die Getreideschüsseln. Damit bin ich aufgewachsen, und so ist der Neembaum mit meiner persönlichen Geschichte eng verwoben.

1984 war ein Jahr großer Tragödien für Indien. Tragödien, die auf äußere Gewalteinflüsse zurückzuführen waren, und zwar in der Form einer Landwirtschaft, die nicht darauf ausgerichtet war, Nahrung zu produzieren, sondern Krieg zu entfachen. Diese Art Landwirtschaft gebrauchte nach Ende des Weltkrieges im Wesentlichen Kriegschemikalien als chemischen Dünger und Pestizide. So konnten die Geschäfte, die während des Krieges florierten, nun auch danach, in Friedenszeiten, einen Markt finden. Nicht allein, dass solche Produkte in keiner Weise in der Landwirtschaft gebraucht wurden, sie hatten eine unmittelbare, immens zerstörerische Wirkung auf das Leben der Menschen. Denn schließlich waren diese Chemikalien entwickelt worden, um Menschen zu töten – und als Nebenwirkung auch Insekten und andere Schädlinge. Als vor 20 Jahren, im Dezember 1984, ein Pestizid der Firma Union Carbide in Bhopal ins Freie gelangte, starben daher in einer einzigen Nacht 8.000 Menschen. Seitdem sind weitere 20.000 Leute an den Folgen umgekommen.

Ich habe die Menschen in Bhopal in ihrem Kampf für Gerechtigkeit immer unterstützt. Zwei Tage nach dem Unglück war ich bei ihnen, und ich fand es unerträglich, dass solche Gewalt durch landwirtschaftliche Produkte erzeugt werden konnte. Dabei bin ich keine Bäuerin, sondern Physikerin – und ich hatte schon immer davon geträumt, Physikerin zu sein. Aber in jenem Jahr 1984 entschied ich mich dafür, einen Großteil meiner Zeit damit zu verbringen, mir eine Landwirtschaft genauer anzuschauen, die so gewalttätig sein konnte. Als ich nach Bhopal ging, dachte ich nur an ein einziges Geschenk, das ich dieser so verwundeten Stadt zu bringen wünschte.

Ich pflückte ein Neemblatt, nahm es mit mir und entwarf ein Plakat. Dabei bin ich keine Künstlerin, aber wenn man wirklich etwas tun muss, dann lernt man es schnell. Ich malte dies wunderschöne Plakat mit einer einzigen Linie, und darauf stand: »Keine weiteren Bhopals – pflanzt einen Neembaum«. So begann meine Karriere als organische Farmerin. Ich begann, kleine Bauernkollektive in verschiedenen Regionen aufzubauen, die Neemöl und Neemkuchen sammelten, um sie als Ersatz für hochgiftige Pestizide einzusetzen.

Wir hatten etwa zehn Jahre mit der Neempflanze gearbeitet, um eine gewaltfreie Landwirtschaft aufzubauen, als ich in einer amerikanischen Zeitschrift für Biotechnologie las: »Weltweit erste Erfindung von Fungiziden aus der Neempflanze«. Was aber hatten wir zehn Jahre lang getan? Was denn tat meine Mutter ihr ganzes Leben lang? Und meine Großmutter? Und die Großmutter meiner Großmutter? Eine Erfindung sollte das sein? Eine Erfindung dessen, was wir täglich praktizierten? Als ich diese kleine Ankündigung in der Biotechzeitschrift las, ging ich natürlich sofort auf Spurensuche. Um was für einen Anspruch handelte es sich da, um welche Gesellschaft? Ich fand nach intensiven Recherchen heraus, dass die US-Firma WR Grace & Co. dahintersteckte, die früher großes Geld damit gemacht hatte, Chemikalien an Konzentrationslager zu verkaufen. Sie produzierte weiterhin sehr erfolgreich gefährliche Giftstoffe.

Das Unternehmen hatte bereits das Grundwasser um die Stadt Boston herum verseucht, denn als ein Gesetz herauskam, das die Produktion toxischer Chemikalien für illegal erklärte, leitete sie ihre giftigen Abfälle einfach ins Grundwasser ein. Daraufhin tauchten die ersten Fälle von Leukämie bei Kindern auf. Und wieder waren es als erste die Mütter der umliegenden Gemeinden, die darauf hinwiesen, dass etwas mit dem Wasser nicht stimmt. Einfache Hausfrauen führten Untersuchungen durch und klärten den Zusammenhang von Grundwasserverseuchung und eingeleiteten chemischen Abfallstoffen auf! Diese Aktionen führten zu ersten Erfolgen einer Kampagne gegen Wasserverschmutzung. Daraus entstanden ein Buch und ein Film mit dem Titel »Civil Action«.

Das Unternehmen WR Grace & Co verbündete sich alsbald mit der Regierung der Vereinigten Staaten. Zu einer Zeit, als diese aller Welt erzählte, dass der Staat sich nicht ins »Big Business« einzumischen habe, der ganze öffentliche Sektor brachgelegt werden und Mechanismen zu Regulierung der Wirtschaft aufgehoben werden sollten, gaben sich eben jene Regierung und ein privates Unternehmen die Hände, um etwas zu patentieren, das sie nie erfunden hatten.

Sie behaupteten, eine Erfindung gemacht zu haben, denn ein Patent umfasst ein Exklusivrecht, das jeden anderen daran hindert, das patentierte Produkt oder Produkte, die aus patentierten Prozessen resultieren, auch herzustellen, zu gebrauchen, zu vertreiben oder zu verkaufen. Das Patent auf die Neempflanze hätte demnach bedeutet, dass wir in Indien daran gehindert hätten werden können, Neem in unserer Landwirtschaft einzusetzen. Wir wären zudem dazu gezwungen worden, weiterhin solche Pestizide zu benützen, die die Menschen in Bhopal getötet hatten. Die gleichen Mittel bringen heute unsere Bauern um: Die Schulden, die durch die Kosten von Chemikalien entstehen, sind dermaßen hoch, dass die Bauern sie nicht mehr zurückzahlen können. Viele haben sich deswegen das Leben genommen. Die Verschuldung ist das Resultat überhöhter Preise für Saatgut und die entsprechenden Chemikalien, die eingesetzt werden müssen, damit diese neuen »Hochertragssorten« ausreichend gut wachsen.

Es ist entscheidend, sich immer wieder daran zu erinnern, dass die heutigen Saatgutunternehmen bis vor zwei Jahrzehnten mit Pflanzenzüchtung überhaupt nichts zu tun hatten. Historisch gesehen hüteten die Frauen das Saatgut. In den letzten 20 bis 30 Jahren war es dann der öffentliche Bereich, der Samenvielfalt entwickelte und züchtete. Heute jedoch ist dieser Sektor fast gänzlich monopolisiert. Zurzeit verkauft *eine* Gesellschaft 95 Prozent allen genetisch veränderten Saatguts: Monsanto. Und wie WR Grace war auch Monsanto kein Landwirtschaftsunternehmen, sondern eine reine Chemiefirma, die an der Herstellung von Agent Orange (im Vietnamkrieg) beteiligt war. Firmen wie Dupont, Union Carbide und Monsanto waren diejenigen, die nur ein Know-how kannten, nämlich wie man neue Chemikalien herstellt, die tödlich sind. Danach waren sie auch noch raffiniert genug, diese tödlichen Mittel überall zu verbreiten und sich damit in jene Bereiche einzubringen, in denen wir uns sehr viel besser auskennen. Schließlich wissen wir alle, wie man Nahrung ohne Giftstoffe produziert. Ich habe in diesem Zusammenhang erkannt, dass die Welt im Wesentlichen in zwei Arten von Wirtschaft aufgeteilt ist: Die eine beruht auf Biodiversität; man hat seine eigenen Pflanzen, die ungiftige Schädlingsbekämpfung ermöglichen. Die Pflanzen können zudem kompostiert werden, sodass keine Kunstdünger aus der Fabrik vonnöten sind. Man hat seinen Stier und seinen Pflug. Diese Landwirtschaftsweise ermöglicht es, alles herzustellen, was man braucht – seien es ein Sari, Nahrungsmittel oder anderes. Eine solche Wirtschaft erneuert sich ständig aus sich selbst heraus. Biodynamische Landwirtschaft heißt, der Erde geben, statt zuvörderst zu nehmen. Der erste Gedanke lautet immer: Wie erhalten wir die Fruchtbarkeit der Erde und die Artenvielfalt auf dem Planeten?

So war das WR Grace-Patent auch mitnichten eine echte Erfindung; es basierte im Gegenteil auf traditionellem Wissen. Aber das mussten wir erst beweisen. Der Grund, warum wir diesen Fall gewinnen konnten, lag einfach darin, dass wir unsere Hausaufgaben machten, indem wir eine Menge forschten. Wir mussten an alle Universitäten Indiens gehen, die je mit der

Neempflanze gearbeitet hatten; wir brachten die Wissenschaftler auf die Spur. Wir reisten kreuz und quer durchs Land, um all die Bauern aufzusuchen, denen wir Neem ans Herz gelegt hatten; wir baten sie, Beweise dafür zu erbringen, wie gut der Einsatz dieser Pflanze war, um Schädlinge und Pilzkrankheiten zu verhindern. Wir legten in den Hearings ihre Erfahrungsberichte vor.

Aber wie kam es überhaupt zu der Situation, dass exklusive Monopolrechte über etwas geschaffen wurden, das niemals jemand erfunden hatte; das vielmehr das traditionelle Wissen des Südens war – Wissen, auf dem ein Großteil der Wirtschaftsweise der so genannten Armen beruht?

Wir hatten früher 200.000 Reissorten in Indien. Dann kam die so genannte »Grüne Revolution«, die nichts anderes ist als Giftmischerei. Sie war weder grün noch revolutionär. Es war die alte Kriegschemie in neuem Gewand. Man muss bedenken, dass die traditionelle Landwirtschaft des Südens systematisch von der nördlichen auf Öl aufgebauten Industrie unterwandert wird. Die Wirtschaftsweise, die die Biodiversität nutzt, wird von den Armen im Süden getragen, einfach, weil sie nicht reich genug sind, um Chemie zu kaufen, während die Reicheren sich dachten: »Das neue Zeugs kauf ich jetzt auf dem Markt.«

Nachdem nun die Industrie des Nordens zunehmend von den negativen Auswirkungen ihrer Giftchemikalien eingeholt wird, hat sie sich einem neuen Markt zugewandt: dem, der auf natürliche, ökologische Produkte setzt. Diesen Markt möchten sich Monsanto und Co. nun ebenfalls einverleiben. Wir haben es hier mit einem doppelten Trick der Unternehmen zu tun: Sie versuchen den ökologischen Markt des Nordens zu unterlaufen, indem sie das traditionelle Wissen des Südens stehlen, während sie gleichzeitig die alte Produktionsweise des Südens, mit ihrer biodynamischen Vielfalt und ihrer moralischen Stimmigkeit, zerstören. Auf diesem Niveau der Verdrehung sind wir inzwischen angelangt. Das Neempatent ist nur ein Beispiel. So behauptete etwa eine andere US-amerikanische Firma, sie habe den berühmtem aromatischen Basmatireis aus unserem Tal »erfunden«: die Höhe der Pflanze, die Länge des Korns und so weiter. Auch gegen dieses Patent waren wir erfolgreich.

Der Schlüssel zu der ganzen Entwicklung ist die genetische Veränderung des Saatguts: In dem Moment, da Monsanto unser ältestes Reissaatgut stehlen muss, unseren wunderbaren Basmati, beginnt das Märchen, bei uns gebe es keine Nahrung mehr, keine ausreichende Sortenvielfalt – kurzum, dass wir alle des Hungers sterben werden. Wir werden also demnach nicht überleben, wenn wir keinen gentechnisch veränderten Reis kaufen.

Das Thema der Patente begann mich zu interessieren, als ich mir die allgemeinen Handelsvereinbarungen des General Agreement of Trade (GATT) von Paris anschaute. Und das führte mich zur Welthandelsorganisation (WTO). All diese Unternehmen, die mit Kriegschemikalien begannen, um dann auf Pharmazeutika und Agrochemie umzusteigen, sind nun dabei, die Biotechindustrie zu übernehmen, inklusive kleiner Saatgutfirmen. Schließlich kontrollieren nun fünf Riesenunternehmen das gesamte Feld.

Wenn aber, wie inzwischen häufig geschehen, Patente auf lebendes Gut und lebendes Wissen traditioneller Kulturen an Monsanto, Microsoft und die Unterhaltungsindustrie, etwa Walt Disney, die das »Geistige-Eigentum-Patent-Komitee« gegründet haben, vergeben werden, dann sehen die Dinge noch einmal ganz anders aus. Der Begriff »Geistiges Eigentum« ist bezeichnend; er kam in den 1980er-Jahren auf. Er veränderte die Art, wie wir auf die Welt schauen, vollkommen. Vor dieser Zeit gab es auch Patente, es gab ein Copyright, es gab Entwürfe, Formen. Jedes hatte ein besonderes Element von Kreativität, das ihm eigen war, und damit verbunden waren exklusive Besitzrechte. Wenn ein Schriftsteller ein Buch schrieb, gab es dafür ein Copyright. Doch als man den Begriff vom geistigen Eigentum erfand, ging man weit über alles Frühere hinaus. Nun begann im großen Stil eine wirkliche Piraterie im Bereich des traditionellen Lebensguts. Es hieß auf einmal: »Wollt ihr den Leuten das Recht auf Kreativität verbieten? Wie können wir Kultur aufbauen, wenn wir uns nicht auch die Neempflanze aneignen können?« So passierte die Geistige-Eigentum-Vereinbarung die Schranken der WTO. Kaum war diese ratifiziert, ließ sich Monsanto als eingetragener Verein für solches Lebensgut nieder.

Kurzum, eine Gruppe von Industriellen entwirft ein Gesetz, verkauft es an die US-Regierung und bringt es auf diese Weise durch das GATT-Sekretariat. Dies ist ein vorher nie dagewesener Fall in der Geschichte des GATT. Dabei erzählt man uns dauernd, GATT sei eine multilaterale Institution, in der jeder verhandeln kann.

Stattdessen ist es ganz einfach so, dass die Industrie ein für sie wesentliches Problemfeld des freien Marktes identifziert, dann an einer Lösung in ihrem Interesse bastelt und diese anschließend an unsere wie andere Regierungen verkauft. Industrie wie Unternehmer des Welthandels haben gleichzeitig die Rolle des Patienten, Diagnostikers wie auch des verschreibenden Arztes übernommen. Für mich bedeutet dies das Ende der Demokratie. Wenn diejenigen, die auf Aneignung und Kolonisierung aus sind, das Problem selbst definieren und gleich dazu die Lösung anbieten, um sie alsdann gesetzlich zu verankern, dann sind wir an einem äußerst heiklen Punkt angelangt. Denn worum es hier ja geht, ist schlichtweg das Recht auf Patentierung des Lebens dieser Erde. Das Recht auf alles: jede Mikrobe, jede Zelle, jedes Gen, jede Pflanze. Was gewollt ist, ist der Zugriff auf unser gesamtes traditionelles Wissen, dieses große kulturell-ökologische Wissen des Südens wie das unserer Universitäten und des öffentliches

Raums. Diese Ausdehnung von Patenten unter dem Begriff vom geistigen Eigentum schafft einen völlig neuen Rahmen, mehr noch: eine neue Art von Eigentum.

Ein Patent war bisher kein Besitz. Ein Patent war ein kurzfristig gegebenes Exklusivrecht, basierend auf einer zwischen Gesellschaft und dem Patentnehmer ausgehandelten Vereinbarung, die darauf hinauslief, Letzterem einen Anteil am Monopol abzutreten, da seine Erfindung die Gesellschaft bereichert. Aber mit einem Male wurde das Patent zum Besitz aufgewertet, als geistiges Eigentum definiert, als Produkt des Verstandes. In diesem Sinne waren nun Pflanzen, Samen und Zellen Objekte dieses menschlichen Verstandes. Das scheint die letzte Schlussfolgerung eines reduktionistischen, cartesianischen Gedankengangs zu sein, der vermeint, die Wirklichkeit entspringe der abstrakten Vernunft. Descartes fürchtete den Körper als ein wissendes System; daher sein Ansatz, alles zu verunglimpfen, was man über den Körper und die Sinne in Erfahrung brachte. Es war nicht verlässlich genug, nicht meßbar. Alle geistigen Prozesse schienen also letztlich eine Illusion zu sein.

Dieser Reduktionismus lässt die Welt in einem nie gekannten Maße verarmen – kann er doch weder mit Qualität umgehen, noch mit Beziehung. Das Leben aber ist Beziehung; es existiert nicht als Vereinzeltes. Solchem Denken entspringt nur Totes. Dennoch beruht unser Verstand scheinbar ganz natürlich auf der Vorstellung von Einzelnem, Dinghaftem. Der Grund für diese »falsche Natürlichkeit« liegt in der Entfremdung von der Welt, entweder als Resultat internalisierter patriarchaler oder kapitalistischer Strukturen, wo das Kapital, ein bloßes Hirnkonstrukt, zum Zentrum der Organisation der Welt gemacht wird. Und diese Verbindung, die ich kapitalistisches Patriarchat nenne, führt unmittelbar zur Idee, dass die Lebensformen auf diesem Planeten die Schöpfung großer Unternehmen seien, dass Unternehmen diese also besitzen könnten – Saatgut, Pflanzen, Tiere. Wenn man einmal beginnt, das Lebendige als indirekt eigene Schöpfung zu beanspruchen, dann ist man sehr schnell dabei, sich prinzipiell als Schöpfer zu begreifen. In diesem Moment wird man zum Spieler, zum »Global Player«.

Man gebe einem Kleinkind einen Legokasten mit roten, blauen Steinen; es wird interessante Formen schaffen. Und, Tatsache ist, solche großgewordenen Kinder spielen heute mit lebendigen Strukturen und halten so eine große Macht in ihren Händen. Was sie nicht verstehen, ist Beziehung. Sie haben keinerlei Ahnung davon, was die Konsequenzen anbetrifft, wenn man ein spezielles Gen in ein spezielles Genom einführt, was dann mit dem Genom geschieht oder mit der Umwelt. Es handelt sich hier um eine Technologie der Ignoranz, des Nicht-Wissens. Es ist keineswegs eine Technik, die auf Wissenschaft beruht. Ganz im Gegenteil!

Goethe war sich im Klaren darüber, dass Systeme über eine eigene Intelligenz verfügen, die sich in Organisation, Arrangements, Verbindungen ausdrückt. Diese Verbindungsqualität des Lebendigen bedeutet, dass man niemals einfach ein Gen irgendwo einfügen kann und der Organismus dann einfach mit »prima« antwortet; es ist eben kein Legospiel. Das Ganze ist wie eine Organtransplantation. Die normale Tendenz ist Abstoßung. Bei Genmanipulationen werden so genannte virale Promoter eingesetzt, die die Einfügung eines Charakteristikums erlauben, das nicht ein natürlicher Teil der Pflanze ist. Die Rohheit dieser Technologien führt zu Risiken, über die man möglichst niemals spricht.

Man redet heutzutage gern über Quantensprünge, doch was die USA im Verbund mit den Großindustrien tun, sind cartesianische Sprünge auf höhere Ebenen von Gewalt, wie im Falle von Irak; man denke an die vielen Menschen, die dort jeden Tag sterben, doch niemand in der amerikanischen Regierung versteht die eigentliche Botschaft. Solche Gewalt beruht auf Isolierung. Augen und Ohren sind verschlossen; es gibt kein Rückkopplungssystem, das es ermöglicht, Dinge zu verändern. Das resultiert aus der einfachen Tatsache, dass derartige Technologien nicht wirklich intelligent sind.

Es gibt für sie eigentlich nur zwei Anwendungsbereiche, die kommerziell relevant sind. Der eine ist: Pflanzen resistent gegen Herbizide zu machen, die die Firma verkaufen will. Im Falle von Monsanto handelt es sich dabei um gegen ein bestimmtes Breitbandherbizid namens Roundup resistente Nutzpflanzen wie Getreide, Soja oder Raps (Markenname: Roundup Ready). Im Jahr 2000, als das Patent auf Roundup auslief, sah die Firma auf diese Weise eine Möglichkeit, weiterhin ihr Totalherbizid zu verkaufen: im Doppelpack mit Gen-Pflanzen, die ganz auf Round-up geeicht sind.

Das zweite ist eine Pflanze, die in Indien eingeführt wurde: Eine Bt-Baumwolle. Bt ist die Abkürzung für den Erdorganismus *Bacillus thuringiensis*, der selbst keinen Giftstoff, aber ein Prototoxin produziert, welches nur zu einem Giftstoff für bestimmte Spezies wird, indem es mit Enzymen in den Eingeweiden der Spezies interagiert. Der Mensch kann es ohne Schaden essen. Deswegen haben viele Öko-Landwirte Bt-Spray als eine natürliche Methode der Schädlingsbekämpfung angewendet. Doch wenn man das Gen nimmt und es in Pflanzen einführt, dann wird daraus etwas anderes. Das Prototoxin wird zu einem Giftstoff, der in jeder Zelle der Pflanze ununterbrochen produziert wird. So sollte eigentlich insbesondere ein Schädling bekämpft werden, der amerikanische Baumwollwurm, doch das gelingt nicht. Vor allem, weil diese gentechnische Veränderung keine Rückschlüsse darüber zulässt, wie sich der Stoffwechsel der Pflanze verändert hat. Die Pflanze ist nun anfälliger für andere Schädlinge, solche, die die normale Baumwollpflanze nicht schädigen.

Als Monsanto nach Indien kam, brach die Firma so gut wie jedes Umweltgesetz, das wir haben. Ich brachte die Firma vor Gericht; unsere Sache ist immer noch dort, seit acht Jahren nun – aber was ist schon der Unterschied zwischen acht oder zehn Jahren! Das zählt nicht wirklich. Es geht um die gesamte Evolution von Milliarden Jahren, um dieses Potenzial, das heute in irrwitziger Weise umgemodelt wird.

Erlauben Sie mir, in meiner Aufzählung der Kolonisierung durch ein kapitalistisches Patriarchat, ein viertes Opfer aufzuführen, neben der Natur, anderen Kulturen und den Frauen. Diese vierte Kolonisierung ist die der Zukunft, denn darum geht es im Kern bei der Gentechnik. Sie läuft darauf hinaus, direkt die Zukunft anderer Spezies wegzunehmen. Es bedeutet, die Zukunft unseres eigenen Potenzials zunichte zu machen, des Potenzials, uns in nachhaltiger Weise zu entwickeln, indem wir den Planeten mit einer reichen Biodiversität zusammen bewohnen.

Mit dem amerikanischen Baumwollwurm ist es ein bisschen wie mit George Bushs »Krieg gegen den Terror«: Jedes Mal, wenn der Präsident versucht, Terroristen zu erwischen, werden es mehr. Dies Problem taucht immer dann auf, wenn man ein System nicht als ein Ganzes betrachtet. Man denkt in den simplen Begriffen einer Kriegslogik: »Ich werde den Feind schon kriegen und niedermachen.« Doch dieser bekommt von überall her Unterstützung, genau wie der Baumwollwurm. Was wir nun sehen, ist: Wir haben kaum noch Nützlinge, die wir in der ökologischen Landwirtschaft brauchen, stattdessen mehr Schädlinge. Und die, die man zu töten versuchte, sind zu superwiderständigen Organismen herangediehen.

Das also hat uns die Genindustrie im Saatgutbereich im Wesentlichen zu bieten. In Indien wird solches Saatgut inzwischen zum gleichen Preis verkauft wie in den USA. Es ist 500-mal teurer als übliches Baumwollsaatgut. Die Menge der Pestizide, die die Bauern einsetzen müssen, beträgt das 600-fache der Menge, die es beim konventionellen chemischen Landwirtschaften braucht. Organische Baumwolle dagegen schafft höhere Erträge, geringere Kosten und bessere Qualität. Tatsache ist, dass durch Bt-Baumwolle eine solch schwerwiegende Situation in Indien eingetreten ist, dass der Staat Andrapradesh, wo das Mittel am intensivsten eingesetzt wurde, hochgradige Verluste hat hinnehmen müssen, und die Regierung nun von Monsanto finanzielle Kompensationen verlangt. Natürlich erzählt die Firma ununterbrochen, dass die indischen Farmer ohne ihre genmanipulierte Baumwolle zugrunde gehen werden, aber es ist gerade umgekehrt, dass sie eben an der Monsanto-Gentechnik dahinsiechen. Die Regierungen haben die Firma inzwischen vor Gericht gebracht; aber davon hört man natürlich nichts, da Monsanto und Co. auch die Medien in ihrer Hand haben.

Ich übertreibe in dieser Angelegenheit in keiner Weise. Monsanto ist in eine große Bestechungsaffäre mit indonesischen Beamten verwickelt.

75.000 Dollar flossen im letzten Jahr, um eine Einwilligung für genmanipulierte Saatgutpflanzen zu bekommen. Ein solche Technologie, würde niemals eingesetzt werden, würde man sie demokratisch und transparent vorstellen. Die meisten Menschen in der Welt sagen Nein dazu, insbesondere in Europa. In Indien hat man ebenfalls Nein gesagt. Aber, ein bisschen Korruption hier, eine Schmiergeldzahlung an eine Behörde dort, schon funktioniert es. Ein ganzes System sagt Nein, doch die Wissenschaftsjournale veröffentlichen Ergebnisse manipulierter Daten und behaupten einen fünfzigprozentigen Ernteanstieg. Wenn wissenschaftliche Institutionen korrupt sind und Regierungen ebenso, wenn Forschungseinrichtungen gleichermaßen bestechlich sind, muss man anfangen darüber nachzudenken, wo sich die Bürger hinwenden können, um verlässliche Informationen über neue Technologien und ihre Risiken zu bekommen. Deswegen werden Informationsnetzwerke immer wichtiger, deshalb wird auch die einzelne unabhängige Forschungsarbeit immer wichtiger, egal auf welch kleiner Ebene sie durchgeführt wird.

In meinen Augen ist die gesamte Gentechnik nur eine Augenwischerei. Ein Vorwand, um Patente auf das Leben selbst zu erwirken. Das erste Patent auf Leben wurde 1981 an General Electrics vergeben. Es wurde verliehen, weil erstmals die Gene von vier Bakterien vermischt wurden. Interessanterweise war der Wissenschaftler ein Inder: Amit Chakrarbarti. Und der sagte: »Ich habe eigentlich nichts Neues erfunden, sondern nur diese Gene durcheinandergemischt.« Wenn Sie die Stühle in diesem Vortragssaal durcheinanderbringen, können Sie dann einen Anspruch auf das Goethe-Institut erheben? Wohl kaum; man wird Sie einfach eine unordentliche Person schimpfen und hinauswerfen. In solchen Dingen behandeln wir eine derartige Person richtigerweise als einen Erzeuger von Unordung. Aber in Angelegenheiten, die das Leben so direkt betreffen wie bei der Genveränderung, nennen wir solche Verwirrspieler auf einmal Eigentümer und Erschaffer von Leben. Wir machen einen Riesensprung, der unerhörte Bedeutung hat und Konsequenzen aus schlechten wie falschen Gründen nach sich zieht.

Das ist die Ursache dafür, dass wir nicht aufhören, die extrem absurde Idee zu hinterfragen, das Leben sei eine menschliche Erfindung und könne daher als menschlicher Besitz, als Ware gehandhabt werden – mit der Konsequenz, dass Bauern, die ihr eigenes Saatgut aussäen, mit einem Mal als Diebe behandelt werden, während die eigenlichen Verbrecher wie WR Grace und Monsanto als so genannte Eigentümer glänzen.

Nachdem ich 1991 erstmals die GATT-Vereinbarungen gelesen hatte, begann ich die Bewegung für organische Saatgutfürsorge zu organisieren. Gleichzeitig schwor ich, dass wir uns niemals auf die Ebene eines Denkens reduzieren lassen würden, das vermeint, die wunderbare Vielfalt des Lebendigen sei eine Erfindung einiger Firmen und also ihr Eigentum. Dies Versprechen nannten wir den »Saatgutschwur«. Er gleicht Gandhis Ablehnung, die Salzgesetze der Briten anzuerkennen. Man erinnere sich an die Logik der Briten: »Allein wir machen Salz, ihr (Inder) könnt es von uns kaufen, dann können wir uns größere Gewehre anschaffen, um damit auf euch zu schießen.« Gandhi ging friedlich zum Meer und sagte: »Die Natur hat uns allen das Salz vermacht, wir brauchen es für uns; wir werden weiterhin unser Salz sammeln, und ihr könnt mit uns anstellen was ihr wollt, dafür dass wir so offenkundig eure Gesetze verletzen!« Nun haben wir die Inspiration aus dem Salzschwur für unseren Saatgutschwur genommen.

Am 26. Dezember 2004 wurden in Indien die WTO-Bestimmungen Gesetz: Das war am Tag der Tsunami-Katastrophe; daher nenne ich jene Gesetze Tsunami-Gesetzesakte. Denn diese betrachten das Retten von Saatgut und den Austausch davon als kriminellen Akt. Bauern werden für das, was sie zu tun haben, bestraft! Daher haben wir unsere Netzwerke in Bewegung gesetzt und im März 2005 konnte ich unserem Premierminister 200.000 Einsprüche übergeben; mindestens fünf Millionen weitere sind unterwegs. Wir haben den Regierenden mitgeteilt: Ihr könnt alle möglichen Gesetze verabschieden; sie werden Papier bleiben – denn unsere Leben werden allein von den Gesetzen des Lebens selbst bestimmt.

Pat Mooney

Das Engagement von Pat Mooney und seiner Organisation ETC (Action Group on Erosion, Technology and Concentration) reicht vom Kampf gegen die industrielle Landwirtschaft über die Bewahrung genetischer Vielfalt und Biodiversität bis zum Schutz traditioneller menschlicher Kulturen. Gemeinsam mit seinem Kollegen Cary Fowler erfüllt Pat Mooney in der ETC dabei eine »Watchdog«-Funktion: Sie beobachten kritisch die Projektentwicklungen und Forschungsansätze der transnationalen Konzerne und schlagen bei Risikoprojekten im wissenschaftlich-technologisch-industriell-militärischen Komplex Alarm.

Die Arbeit der beiden Preisträger Mooney und Fowler begann mit einer kritischen Begleitung der industriellen Landwirtschaft und der einhergehenden Zerstörung traditioneller Land- und Sozialstrukturen. Das Engagement weitete sich mit der zunehmenden Konzentration der Saatgutindustrie auf den Schutz der Biodiversität aus. Weit früher als andere warnten sie vor den Risiken und Folgen der Genindustrie und gingen engagiert und kompromisslos gegen den rasanten Konzentrationsprozess der Gen-, Saatgut und Lebensmittelindustrie vor. Dabei deckten sie unter anderem das »Human Genome Diversity Project« der internationalen Genindustrie auf, bei dem Menschen aus isolierten ursprünglichen Gesellschaften unter dem Vorwand der Gesundheitsvorsorge Blut abgenommen und die darin enthaltenen Gene als eigene Entdeckungen patentiert wurden. Die Kampagnen der beiden Alternativen Nobelpreisträger führten auch dazu, dass zahlreiche Länder beschlossen, das »Terminator«-Saatgut der Firma Monsanto zu verbieten, die Ernährungs- und Landwirtschaftsorganisation der UN (FAO) seine Ächtung empfahl und die 165 Vertragsstaaten der Konvention über biologische Vielfalt Feldversuche mit dem unfruchtbaren Saatgut verboten haben.

In den letzten Jahren hat sich das Engagement von Pat Mooney auf die Risiken der Nanotechnologie konzentriert. ETC warnt davor, dass mit dieser Technologie alle kulturellen Werte in Frage gestellt werden und rechnet mit katastrophalen sozialen, wirtschaftlichen, ökologischen, politischen und gesundheitlichen Folgen der Nanotechnologie.

Internet www.etc.org

Denn sie wissen nicht, was sie tun …

Die Nanotechnologie als Herausforderung für die globale Zivilgesellschaft

Die Gefahren der Atomtechnologie wurden uns erst bewusst, als es eigentlich schon zu spät war, sie zu stoppen. Nun taucht am Horizont die Nanotechnologie auf. Wird diese Technik mit ihren Folgen das große Thema der nächsten Jahrzehnte?

Ganz ohne Frage wird sie das! Die Nanotechnologie wirft ganz viele Fragen auf, weil sie in die Essenz der Materie eingreift. Eigentlich ist der Begriff »Nano« ja nur eine Maßeinheit, kein Objekt. Nano bezeichnet eine Größe, die ein Milliardstel kleiner ist als ein Meter – also ein Maß, mit denen man Atome und Moleküle misst. Und bei diesen minimalen Größen ist eigentlich alles, was man dort findet, die Basis von allem anderen, das größer ist. Was da am Horizont auf uns zukommt, lässt sich mit einem technologischen Tsunami vergleichen. Und die Vorboten dieser Welle umspülen uns schon, weil es bereits über 500 Konsumgüter auf dem Markt gibt, die mit dieser Technologie hergestellt wurden. Schon bald wird diese Technik die Fundamente des Lebens, der Ökosysteme, der Energiegewinnung, ja aller menschlichen Tätigkeit erschüttern. Sie wird auch die Frage des menschlichen Überlebens neu stellen.

Was man über die Möglichkeiten dieser Technologie hört, klingt meistens nach Science-Fiction. Welche dieser angedeuteten fundamentalen Auswirkungen sind real, welche nur spekulativ?

Das meiste davon ist sehr real! Und die Spekulationen reichen gar nicht so weit in die Zukunft. Die Nanotechnologie entwickelt sich zurzeit in einer unglaublichen Geschwindigkeit weiter. Vieles von dem, das wie Science-Fiction klingt, ist in den Laboren schon realisiert worden. Und das, was heute noch Zukunftsmusik ist, wird in der allernächsten Zukunft möglich werden. Mit Sicherheit kann man heute schon erkennen, wo der eingeschlagene Weg uns hinführen wird, wenn wir nichts dagegen unternehmen. Zwei Drittel der enormen finanziellen Investitionen in diese Technologie fließen zum Beispiel in die Manipulation lebender Organismen. Da geht es eben nicht um bessere Beschichtungen von Bratpfannen oder effektivere Produktionsmethoden, sondern ganz konkret um die Erschaffung neuer Lebensformen.

Wie soll das funktionieren?

Auf diesem Gebiet wird heute am meisten geforscht. Und sie haben es mithilfe der Nanotechnologie mittlerweile schon geschafft, lebendes Material zu erschaffen, was bis dahin nicht existierte. Sie sind soweit, dass sie in die DNA, die in der Natur aus den vier Basen Adenin, Thymin, Guanin und Cytosin – abgekürzt als A, T, G und C – besteht, eine fünfte und unlängst eine sechste Base eingebaut haben. Die Base F wurde in Kalifornien aus der Taufe gehoben. Die Fünf-Basen-DNS kann sich nicht replizieren; doch die Forscher können damit Lebensformen hervorbringen, die man sich nicht vorstellen kann. Fast alles ist mit einer fünften Base möglich. In Florida gelang dann die Schaffung einer sechsten Base, sodass sich diese DNS wieder replizieren kann, bis zu fünf Generationen! Man kann sich vorstellen, was das für die Vielfalt des Lebens bedeutet, wenn der Code des Lebens plötzlich nicht mehr nur aus vier, sondern aus sechs Grundbausteinen bestehen kann. Das kann zu einer Explosion von Lebensformen führen. Und das ist keine Zukunftsmusik, sondern in den Laboren schon geschehen. In den kalifornischen Universitäten und Forschungsunternehmen ist man heute so weit, lebende Maschinen – also Mischwesen aus lebendem und leblosem Material – zu erschaffen, die sich selbst vervielfältigen können.

Warum ist die Manipulation von Lebensformen denn überhaupt in den Mittelpunkt der Nanoforschung gerückt?

Das Leben ist die beste »Maschine«, die es gibt, und eine wundervolle Form, etwas zu »produzieren«. Denn es ist ein System, das sich selbst vervielfältigt und vermehrt. Deshalb sind produzierende Unternehmen enorm von der DNS fasziniert: Sie wollen die Fähigkeiten des Lebens nutzen und so verändern, dass lebende Organismen maschinelle Aufgaben übernehmen. Der ganze Ansatz der Nanotechnologie, etwas aus atomaren Bausteinen zusammenzusetzen, hat ein entscheidendes Problem: Atom für Atom aneinander zu fügen ist ein ziemlich langwieriger Prozess. Theoretisch kann man so einen Hamburger herstellen, aber dann kommt das Mittagessen sehr spät auf den Tisch. Die Frage ist also, wie man die Sache beschleunigen kann. Die Antwort lautet: Man nimmt lebende Strukturen, die alles zusammenbauen. Die DNS vervielfältigt sich am allereinfachsten. Alle Lebewesen duplizieren sich – von der Amöbe bis zum Menschen. Kurz gesagt: Man trimmt lebendes Material darauf, industrieller Produzent zu werden. Kritiker hatten eine düstere Vision von sich selbst unkontrolliert replizierenden Nanocomputern entworfen, die die Welt in grauen Schleim verwandeln – »Grey Goo« genannt. Eine Vision aus einem Roman und wohl eher unwahrscheinlich.

Aber die Kombination zwischen Nano- und Biotechnologie, also ein »Green Goo«, ist gar nicht mehr weit weg. Dies ist machbar und geht auch sehr schnell. Daher liegt der momentane Einsatz von Forschungsgeldern im Bereich von Nanobiologie mit 61 Prozent am höchsten. In Zahlen ausgedrückt heißt das: 8,6 Milliarden Euro. Das ist die größte Investition in ein wissenschaftliches Forschungsvorhaben seit dem Manhattan-Projekt der Amerikaner.

Bedeutet das nicht, dass die Welle neuer Technologien praktisch alle konventionellen Wissenschaften nicht nur berühren, sondern revolutionieren wird?

Das ist richtig! Tatsächlich redet man untereinander explizit sogar wenig über Nanotechnologie. Das ist eher ein Begriff, den man in Anwesenheit der Medien verwendet. Ansonsten sprechen die Strategen dieser wissenschaftlichen Revolution lieber von »Converging Technologies«, was sich vielleicht mit Technologiefusion übersetzen ließe. Die dahinter stehende Erkenntnis ist, dass *alle* Technologien auf der Nanoebene quasi miteinander verschmelzen, dass also Biologie, Physik, Chemie im Kern *eine* Wissenschaft sind, wenn man sie ausschließlich auf der atomaren Ebene betrachtet, sozusagen als Arrangement dieser kleinsten Teile. Das hört sich vordergründig toll und interdisziplinär an – und in Brüssel drehte sich bei der 7. Rahmenvereinbarung zu Technologie und Wissenschaft 2004 auch alles um diese neue Methode der Vernetzung der naturwissenschaftlichen Disziplinen. Die Strategie dabei zielt aber auf nicht weniger als eine Umstrukturierung des gesamten Hochschulsystems in Europa: Die Fusion der Technologien soll in den Fokus der wissenschaftlichen Forschung an den Universitäten kommen. Damit würde die Nanotechnologie aber gleichzeitig zum Gegenstand aller Naturwissenschaften werden und sich noch schneller entwickeln. Diese Diskussion findet nicht nur in Brüssel statt; sie wird noch heftiger in Washington geführt, zum Beispiel in der nationalen Wissenschaftsstiftung. Da sprechen sie jetzt über NBIC, was für die Kürzel der beteiligten wissenschaftlichen Disziplinen Nano, Bio, Info, Cogno steht. Um das Verbinden dieser vier Techniken geht es in der Zukunft der Wissenschaft der USA. Nano steht für Nanotechnologie, Bio für die Lebenswissenschaften, Info für die Computertechnik und Cogno bezieht sich auf die Neurowissenschaften, also die Forschungen am Gehirn. Das ist eine überaus explosive Mischung, fast eine Art wissenschaftlicher Urknall. Wir von der ETC-Group nennen diese technologische Fusion deshalb auch lieber BANG. Das steht für die **B**ites in der Informationstechnologie, die **A**tome in der **N**anotechnologie, die Neurone in den Kognitionswissenschaften und die **G**ene in der Biotechnologie. Daraus soll jene neue Wissenschaft geschmiedet werden, vor der wir uns in Acht nehmen müssen.

Gibt es denn von offizieller Seite überhaupt keine kritischen Gegenstimmen zu dieser dramatischen Entwicklung?

Doch! Zum Beispiel hat sich auf Initiative von Prinz Charles die Royal Society in Großbritannien mit diesen Themen befasst. Vor ein paar Monaten haben sie ihren Bericht abgeliefert. Interessanterweise war die konservative Royal Society über die Entwicklung in der Nanotechnologie ziemlich beunruhigt. Die Mitglieder waren entsetzt über den Reduktionismus, über die möglichen Risiken und über die Uninformiertheit der Zivilgesellschaft. Daher war ihr Rat an die Regierung: Seid vorsichtig! Das wird durchaus auch in Brüssel und Washington ähnlich beurteilt. Aber alle kamen in den Gesprächen, die wir mit ihnen führten, zum Schluss mit dem gleichen Argument: »Wissen Sie, dass es mehr Nanowissenschaftler in Peking gibt als in ganz Westeuropa zusammen, und sie arbeiten zu einem Zwanzigstel der Kosten eines Wissenschaftlers hier. Daher müssen wir, ob wir wollen oder nicht, mit am Ball bleiben!« Dieses Mantra kann man inzwischen überall hören! Man ist sich über die Gefahren für die Weltwirtschaft, die sozialen Probleme, die Bedrohung der Demokratie und die Risiken für Gesundheit und Umwelt also durchaus im Klaren. Aber der letzte Satz lautet immer: Da es alle tun, nicht nur die Europäer, US-Amerikaner und Chinesen, sondern inzwischen auch die Japaner, Brasilianer und Mexikaner, Südafrikaner, Taiwanesen und Malaysier und viele andere, müssen wir es auch tun! Kurzum, man wird also verkünden, wie schon zuvor, dass diese Technologie alle Probleme der Welt endgültig lösen wird.

Sie sprachen von einem rasanten Wachstum der Nanotechnologie und mehr als 500 Produkten, die schon auf dem Markt sind. Sind sich die Hersteller und Wissenschaftler überhaupt der möglichen Folgen ihres Tuns bewusst?

Hier kommen wir tatsächlich in den Bereich des Science-Fiction, denn es ist eine Fiktion, dass wir wüssten, was wir mit dieser Wissenschaft tun. Ebenso ist es eine Fiktion, dass es irgendwelche Bestimmungen, Richtlinien oder Normen gibt, welche die Konsumenten oder Hersteller vor den Folgen dieser Technologie schützen würden. Tatsache ist vielmehr, dass es auf dem gesamten Planeten überhaupt keine Richtlinien gibt, die sich mit den Gesundheits- und Umweltrisiken der Nanotechnologie beschäftigen. Das ist absolut schockierend. Das ist keine böse Absicht oder Verschwörung, sondern es liegt schlicht an der enormen Geschwindigkeit der Forschungen auf diesem Gebiet, dass die Gesetzgeber weit abgeschlagen sind.

Also sind tatsächlich ohne staatliche Kontrollen Nanoprodukte auf dem Markt, deren Auswirkungen keiner kennt?

Ohne Frage. In jedem Drogeriemarkt gibt es heute Sonnencremes und Kosmetika, die aus Nanopartikeln hergestellt wurden und die man sich täglich auf die Haut schmiert. Andere Kosmetika sind auf dem Markt gegen Hautfalten – Produkte von L'Oreal oder BASF. Manche Firmen hatten anfangs Werbung für ihre Nanoprodukte gemacht, diese dann aber aus Angst vor der öffentlichen Meinung stillschweigend eingestellt. Inzwischen gibt es auch Insektizide auf Nanoebene, die auf die Felder gespritzt werden: Sie wurden von der Syngenta Corporation entwickelt die aus der Fusion der Agrochemie-Riesen Aventis und Novartis hervorging. BASF vertreibt solche Produkte in Europa. Firmen wie Mars haben eine Verpackung entwickelt, welche die Schokolade länger frisch halten soll und geschmacklich verbessert. Wenn das auf den Produkten angegeben würde, wäre es kein so großes Problem; aber da findet sich nichts! Es gibt Hunderte von Produkten, und jede Woche kommen neue auf den Markt.

Mit welchen Überraschungen müssen wir da noch rechnen?

Mit sehr vielen! Schauen wir auf die reichsten 500 globalen Unternehmen, dann stellen wir fest, das es kein einziges gibt, das nicht eine Nanotechnologie-Abteilung unterhielte. Es gab hier in Deutschland eine entsprechende Untersuchung für die Nahrungsmittelindustrie. Dabei stellte sich heraus, dass mehr als 260 von ihnen aktiv in diese Technologie investieren. Das Gleiche gilt international. Nehmen wir die Nahrungsmittelfirma Kraft. Ihre Forschungslabore stehen in Spanien. Kraft arbeitet mit Universitäten und anderen Forschungsinstituten überall in Europa und den USA zusammen, um neue Nahrungsmittelprodukte herzustellen. Das Ganze ist sehr faszinierend. Und zwar aus verschiedenen Gründen. So hat Krafts Nanotech-Arbeitsteam zum Beispiel niemanden, der irgendetwas von Nahrungsmitteln versteht. Es gibt keinen einzigen Ernährungswissenschaftler dort. Alle sind Physiker. Eines der Forschungslabore ist Los Alamos. Dort wird zusammen mit der Uppsala Universität in Schweden und einigen britischen und spanischen Universitäten ein flüssiges Produkt entwickelt, das man bald im Supermarkt kaufen kann. In dieser Flüssigkeit sind Nanokapseln aufgelöst, die jedes Getränk ermöglichen, dass man sich nur vorstellen kann: Will man Kaffee, Tee, Milch oder einen Scotch – kein Problem! Man legt die Flasche in eine Art Mikrowellenherd und mittels der Radiowellenfrequenz, die man einstellt und durch das Produkt schickt, erhält man das gewünschte Getränk. Die Frequenz bricht die entsprechende Kapsel die gebraucht wird, auf. Das ist alles. Man hofft, dass die Sache in fünf Jahren auf dem Markt ist. Was das für eine Kaffee- oder Teeplantage in Afrika, Indien oder Südamerika bedeutet, ist leicht vorstellbar. Die Qualität der Rohstoffe, die man dafür braucht, wird dabei aber auf Null heruntergehen. Denn es sind ja nur noch Nanopartikel des Materials, dessen man bedarf. Die Konsequenzen für die Wirtschaft und insbesondere für die Menschen der so genannten Dritten und Vierten Welt sind unübersehbar, ebenso auch für die Konsumenten der westlichen Hemisphäre, die all das essen sollen und keine Ahnung haben, wie gesund es überhaupt noch ist.

Was ist denn auf dieser Ebene der Gesundheit überhaupt bekannt?
Das Verrückte ist, dass niemand wirklich darüber Bescheid weiß; es gibt praktisch keine gesetzlichen Regulierungen bezüglich dieser neuen Technologie. Sie agiert bisher im Niemandsland. Die große Gefahr dabei ist: Nanopartikel sind zwischen 5 und 100 Nanometern groß. Alles was kleiner als 70 Nanometer misst, kann vom menschlichen Immunsystem nicht mehr wahrgenommen werden und völlig unentdeckt durch die Körperorgane wandern. Sind die Partikel 20 Nanometer oder kleiner, können sie jeden Punkt des Körpers erreichen – sie fallen praktisch durch seine materielle Struktur durch: Sie schlüpfen durch die Blut-Hirn-Schranke ebenso wie durch die Wände der Plazenta und können in jede Zelle eindringen. Und bei zahlreichen Produkten wird mit Partikeln dieser Größenordnung gearbeitet – man beschichtet damit Süßigkeiten, mischt es Salben bei oder versprüht es als Pflanzenschutz oder künstlichen Dünger auf unseren Feldern – ohne dass es irgendwelche Regeln dafür gibt.

Wie ist das möglich? Wieso kann das bei der Nanotechnologie passieren, obwohl die Kontrollwut sonst allgegenwärtig ist?
Das ist gar nicht so ungewöhnlich. Schauen sie sich die Gentechnik an – seit elf Jahren gibt es biotechnologisch veränderte Pflanzen im Freilandversuch, die entsprechenden Regeln und internationalen Protokolle sind aber gerade mal zwei Jahre alt. Das gleiche gilt für die Nanotechnologie. Und hier kommt erschwerend noch dazu, dass man sich viel zu lange einbildete, die Sache unter Kontrolle zu haben. Denn das Problem liegt darin, dass bekannte Substanzen ihre Eigenschaften verändern, wenn man mit ihnen im Nano-Maßstab arbeitet.

Heißt das, wir haben Produktnormen, die auf dieser Ebene gar nicht mehr zutreffen?
Genau so ist es! Nehmen wir zum Beispiel Aluminiumoxid, mit dem Dentisten die Löcher in den Zähnen füllen. Das ist in dieser Größenordnung eine bestens erforschte und absolut sichere chemische Substanz. Aber wenn man mit Aluminiumoxid im Nanobereich arbeitet, verändert es seine Eigenschaften dramatisch. Unterhalb von 20 Nanometern wird es hochexplosiv. Das gleiche Material, das wir in der Makroebene in unsere Karies-

löcher tun, wird auf der Nanoebene von der Rüstungsindustrie benutzt, um Bomben zu zünden. Ein anderes Beispiel ist die krümelige Kalziumkreide, mit der wir in unserer Kindheit an die Tafel schrieben. Ein sehr einfaches chemisches Material. Auf der Nanoebene, unterhalb von 100, ist diese Kreide, dieser einfache chemische Stoff, hundertmal stärker als Stahl und sechsmal leichter. Seine Leitfähigkeit für Elektrizität ist gänzlich anders, seine Resonanz auf Druck ist anders, ebenso seine Farbe und Elastizität. Keine der Eigenschaften gleicht jenen auf der Makroebene. Aber die Kontrollbehörden behandeln es als das gleiche Ding, weil es die gleiche chemische Zusammensetzung hat. Diese Veränderung der Eigenschaften wurde lange übersehen, denn niemand hatte auf die Folgen geachtet, die aus der Größe des Materials entstehen. Erst in den letzten zwei Jahren haben die OECD und eine Expertenkommission aus 20 Ländern begonnen, Richtlinien und Verhaltensregeln zu erarbeiten.

Vor welchen Problemen stehen die Behörden dabei?
Es macht sich eine gewisse Panikstimmung breit. Wir verstehen ihre Sorgen besser, wenn wir daran denken, dass Industrie und Regierungen die Welt inzwischen schlichtweg nur noch als eine exotische Periodentafel der Elemente sehen. Denn das ist es, was Nanotechnologie bedeutet: Die Fähigkeit, mit diesen altbekannten Elementen zu arbeiten und sie fast beliebig zu multiplizieren. Im Makrobereich gibt es nur eine Periodentafel der atomaren Elemente. Doch wenn man von 100 Nanometer auf 70, 40, 10, ja bis 1 heruntergeht, bekommt man völlig neue Formen von Periodentafeln. Das bedeutet, das zum Beispiel die Charakteristiken von Zink auch von Karbon geleistet werden – nur eben auf einer anderen Größenskala. Das Gleiche gilt für alle anderen Elemente: Kupfer, ein weltweit entscheidender Rohstoff, kann plötzlich seine Bedeutung verlieren. Das hätte dramatische Folgen für die Länder, die diesen Rohstoff abbauen.

Bei den früheren technologischen Umwälzungen wurde meist nur ein Bereich revolutioniert. Mit der Nanotechnologie scheint es anders zu sein, weil eine Grundsubstanz viele Produkte berührt. Was heißt das für die Weltwirtschaft?
Es wird die wirtschaftlichen Strukturen völlig verändern. Die Kontrolle über die Patente wird das entscheidende Kriterium. Wer sie hat, kontrolliert den Weltmarkt. Es wurden beispielsweise schon Patente vergeben, die sich auf die nanotechnologische Manipulation von 33 Elementen auf der Periodentafel bezieht – alle in *einem* Patent. Es gibt andere nanotechnologische Patente, bei denen im Patentbrief steht, dass die Erfindungen für die Pharmazie, die Lebensmittelherstellung, die Kosmetikindustrie, die Luft- und Raumfahrt, die Computer- und die Werkstoffherstellung benutzt werden

können. Wenn also ein Unternehmen ein solches Patent hat, kann es über ganz andere Industriebereiche große Macht ausüben. Das wird enorme Konsequenzen bei den industriellen Zusammenschlüssen, Allianzen und internationalen Konzentrationsprozessen haben.

Wenn es um Macht und Geld geht, wird es dann auch Einfluss auf Armut und Unterentwicklung haben?

Selbst die vorsichtigsten Untersuchungen sprechen von einer völligen Umstrukturierung der Arbeitswelt. Die Europäische Union rechnet in ihren Expertisen wegen der Nanotechnologie mit einer zunehmenden weltweiten Arbeitslosigkeit. Das ist nicht unbegründet. Nehmen wir nur mal die Baumwolle als Beispiel. Weltweit sind rund 100 Millionen Menschen im Anbau und der Verarbeitung von Baumwolle beschäftigt. Gerade für viele arme Länder – von Bangladesh über Benin bis nach Bolivien – ist das ein ganz entscheidender Industriezweig. Gleichzeitig sind wir heute an einem Punkt, wo mithilfe der Nanotechnologie eine Karbonfaser hergestellt werden kann, die sich wie Baumwolle anfühlt, aber viel weicher und viel widerstandsfähiger ist. Noch ist sie zu teuer, aber in wenigen Jahren wird sie kostengünstiger als Baumwolle sein und sehr viel einfacher in der Herstellung. Was das aber für die 100 Millionen Beschäftigten weltweit bedeutet, kann man sich ausmalen. Und im Moment wissen weder sie noch ihre Regierungen, was da auf sie zukommt. Gleichzeitig muss man der Fairness halber natürlich sagen, dass auch der bisherige Baumwollanbau ökologisch und sozial ein großes Problem darstellt.

Aber gerade Ihre letzte Bemerkung führt zu einem zentralen Punkt: Setzen doch zahllose Ökologen große Hoffnung in die Nanotechnologie, weil sie damit rechnen, dass mit ihrer Hilfe große Umweltschäden in den Meeren, Böden und der Atmosphäre behoben werden können. Gar nicht zu reden von der Bewältigung des Hungers und der Krankheiten.

Diese Erwartungen sind in meinen Augen naiv. Natürlich wird jede fundamentale technische Neuerung Vor- und Nachteile bringen. Und es ist theoretisch durchaus möglich, dass diese Technik auch ökologischen Nutzen haben kann: beim Abbau der Umweltverschmutzung, bei der Heilung von Krankheiten, bei der Verringerung von Produktions- und Energiekosten sowie beim Verbrauch von Rohstoffen.

Kann man die Vor- und Nachteile der Nanotechnologie miteinander vergleichen – oder ist es schlicht eine Glaubensfrage?

Eigentlich geht es nicht um die Vor- und Nachteile, sondern um die Frage, was für eine Technologie wir für Umwelt und Gesellschaft wirklich wollen.

Die Nanotechnologie hat fraglos große Potenziale: Sie könnte die Effektivität von herkömmlichen Solarzellen verdoppeln. Es gibt sogar Ansätze, Dächer mit einer Nanofarbe anzustreichen, die wie Solarzellen arbeitet. Das wäre für die Energieversorgung gerade in der Dritten Welt hochinteressant. Spezialisten sprechen von enormen Einsparungen bei fossilen Brennstoffen. Es gibt beeindruckende Forschungsarbeiten über die Reinigung von vergifteten Abwässern und die Entsalzung von Meerwasser durch die Nanotechnologie. Die Verpackungsindustrie entwickelt Materialien, die Produkte über Jahre frisch halten. Auto- und Flugzeugfirmen arbeiten an Werkstoffen, die leichter und härter sind als die heutigen, was den Benzinverbrauch sinken lassen könnte. Es werden Fenster entwickelt, die nicht mehr geputzt werden müssen oder Kleidung, die selbstständig die Farbe wechselt und völlig reißfest ist. Aber wir müssen uns fragen, ob wir jenen, die im Besitz dieser Technologie sind, unser Vertrauen schenken, dass sie das Richtige damit anstellen …

… oder statt dessen die Technologie missbrauchen?

Genau! Die Arbeiten an reiß- und schussfester Kleidung aus Nanofasern wurde zum größten Teil vom amerikanischen Militär vorangetrieben, das seine Soldaten wie einen modernen Achill unverwundbar machen wollen. Das Gleiche gilt für nanotechnologische Neurochips, die man angeblich für Alzheimerpatienten entwickeln will, um ihr Gedächtnis zu erhalten. Aber das eigentliche Ziel scheint zu sein, die Fähigkeiten der Machtelite zu erhöhen und die Kampfkraft der eigenen Armeen zu stärken. Auch die nanotechnologischen Forschungen zur Blindheit gehen in diese Richtung. Vordergründig soll es den Blinden dienen. Die aber werden es sich kaum leisten können. Nutzen tut es den Soldaten, die dann vielleicht in der Nacht und durch Wände hindurchsehen können. An all dem wird gearbeitet, immer unter dem Vorwand, dass es den Blinden, Tauben und Lahmen diene, während es eigentlich primär militärischen Zwecken zu Gute kommt. Zudem wissen wir aus der Geschichte, dass neue Technologien, die in eine nicht wirklich gerechte soziale Ordnung hereingebracht wurden, jene mächtiger und reicher gemacht hat, die bereits Macht und Reichtum hatten. Sie werden auf der Krone dieser Welle reiten, der Rest wird nach Luft schnappen oder untergehen. Nanotechnologie als eine Methode zu verkaufen, um Armut, soziale Ungleichheit und Not zu beseitigen, ist absolut unglaubwürdig. Ich halte dieses Argument für einen Ausdruck schlichter Verzweiflung – dahinter steckt die fast religiöse Hoffnung, dass letztlich die Technik uns retten könnte. Nein, da wird Befreiungstheologie mit Befreiungstechnologie verwechselt. Das ist naiv und wird nicht funktionieren.

Was meinen Sie mit Befreiungstechnologie?
Heute sprechen gerade die Nanobefürworter davon, eine Technologie entwickeln zu wollen, welche die Armen erreicht. Statt wirklich etwas für diese Menschen zu tun – im Sinne sozialer Gerechtigkeit, Chancengleichheit oder Umverteilung des Reichtums, erfindet man einfach eine technologische Superlösung, die dann irgendwie schon allen zugute kommen und wie eine magische Wunderwaffe ihre Probleme lösen wird. Von solchen Vorstellungen gab es eine Menge in den letzten Jahrzehnten. Möglicherweise werden sich einige noch an das Loblied auf die Atomtechnologie erinnern, in dem betont wurde, wie diese all unsere Probleme mit einem Schlag lösen würde. Man erzählte uns, sie wäre billig, machte uns frei, würde auch die Hungerproblematik lösen. Nichts von diesen Prognosen ist eingetreten. Sie lagen alle falsch. Trotzdem besteht die akute Gefahr, dass die Regierungen der Dritten Welt auf diese neuen Versprechen reinfallen. Ich war erst kürzlich in Brasilien, Chile, Venezuela und Ecuador. Da geht es selbst den progressiven Regierungen mehr um die neuen Technologien als Mittel der Befreiung als um Befreiungstheologie.

Wenn Technologie zum Ersatz für Theologie wird, sind wir mittendrin in religiösen Fragen: Und mit der Nanotechnologie wird der Mensch ja noch einmal mehr zum Schöpfer einer neuen Welt, zum Schöpfer lebender Wesen. Was für ein kulturelles Bild steht dahinter?
Aus meiner Sicht zeigt es, dass wir keine Ahnung haben, wer wir Menschen eigentlich sind und welche Stellung wir in der Schöpfung haben. Die National Science Foundation in den USA hat ihrer Veröffentlichung zur Nanotechnologie den Titel »Die Verbesserung menschlicher Leistungsfähigkeit« gegeben, ganz so, als handle es sich bei Menschen um industrielle Werkzeuge, die man manipulieren dürfe. Da ist keine Rede von einer »Verbesserung des menschlichen Wohlbefindens«. Statt dessen planen sie, jene stärker, schneller, klüger zu machen, die es sich leisten können. Alle anderen und jene, die bleiben wollen, wer sie sind, werden zu Menschen zweiter Klasse werden. Ich habe den Eindruck, dass wir da mit hohem Tempo in eine Lage geraten werden, über die kaum jemand wirklich nachgedacht hat.

Wie weit ist die politische Planung, wie hoch sind die finanziellen Investitionen für diese Technologie tatsächlich?
Die politische Planung ist so weit, dass die europäischen Universitäten daran arbeiten, ihre naturwissenschaftliche Forschung im Bereich der Biologie, der Physik und der Chemie vollkommen auf die Nanotechnologie auszurichten. Die EU in Brüssel treibt diese Entwicklung massiv voran. Die Investitionen in diese Technologie steigen deshalb auch im Westen in einem unglaublichen Tempo. Noch vor ein paar Monaten schätzten wir die welt-

weite Summe auf sechs Milliarden US-Dollar. Dann veröffentliche das Weiße Haus eine Schätzung von acht Milliarden. Vor kurzem legte die Industrie selbst mit einer Schätzung von zehn Milliarden allein für 2005 nach. Das ist mehr Geld, als man ausgab, um den Flug zum Mond möglich zu machen und mehr als für das Manhattan-Projekt zum Bau der ersten Atombombe. Diese Technologie wird von Industrie und staatlichen Stellen so schnell vorangetrieben wie nichts anderes.

Aber die entsprechenden staatlichen Stellen müssten doch mit einem massiven Widerstand gegen die flächendeckende Einführung der Nano-Technologie rechnen.

Dem versucht man vorzubeugen. Im April 2004 gab es ein geheim gehaltenes Treffen von den Wissenschaftsberatern der Regierungen aller G8-Staaten. Dort entwickelte man eine gemeinsame Strategie zur Präsentation der Nanotechnologie gegenüber der Öffentlichkeit, die sehr allgemein als »Wissenschaft und Technik der Zukunft« umschrieben wird. Man diskutierte einen Kodex von Verhaltensregeln, wie Technik und Wissenschaft in der Zukunft operieren sollen. Bei einem Treffen im Juli 2005 konnte man sich jedoch noch nicht einigen, weil die US-Regierung sich einem Ethikkatalog verweigerte. Zudem trafen sich Ende 2004 Vertreter von 25 Regierungen für zwei Tage hinter verschlossenen Türen, um die neuen Entwicklungen zu diskutieren und herauszufinden, wie man am besten damit arbeiten kann. Es ging dabei vor allem darum, wie man mit den Reaktionen in der Gesellschaft am klügsten umgeht, vor allem mit möglichen öffentlichen Diskussionen. Die Strategie verläuft nach einem altbekannten Muster. Der Öffentlichkeit soll weis gemacht werden, dass die Nanotechnologie in der Lage sei, die meisten Probleme der Zukunft zu lösen. Einer der Hauptaugenmerke wird darauf liegen, eine Wissenschaftspolitik zu präsentieren, die angeblich speziell die Nöte der Entwicklungsländer lindern soll. Genau das geschah dann ja auch beim G8-Treffen in Edinburgh, wo die reichsten Staaten der Welt dem armen Rest generös den Segen der Moderne versprachen.

Wenn Wirtschaft und Staat da so eng zusammenarbeiten, was ist dann die Rolle der Zivilgesellschaft, die Rolle der Kirchen, die Rolle kritischer Akademiker? Was müsste passieren?

Das Allerwichtigste ist, dass die Gesellschaft anfängt, die möglichen Folgen dieser Technologie offen zu diskutieren. Das ist dringend und muss sofort beginnen! Man muss das Ganze in etwa verstehen lernen, damit sich Regierungen, Industrie und Wissenschaft nicht allein die Entscheidungen darüber anmaßen. Auch die Zivilgesellschaft muss hier mit entscheiden. Sie muss klären, was mit dieser Nanotechnologie geschehen soll. Denn die Zivilbevölkerung hat alles Recht, Bescheid zu wissen, um selber mit Ja oder Nein entscheiden zu können. Alles andere wäre weder fair noch sicher. Wenn die Gesellschaft nicht sofort damit beginnt, wird das Gewebe aus wirtschaftlichen und staatlichen Interessen schon innerhalb der nächsten drei Jahre so dicht werden, dass es kaum mehr zu beeinflussen ist. Zur Zeit gibt es noch ein hohes Maß an Unsicherheit und Verwirrung zwischen den einzelnen Industrien und bei den aufgeschreckten staatlichen Stellen. In dieser Atmosphäre der Unsicherheit hat die Zivilgesellschaft eine Chance, ein Moratorium zu fordern, in dem die Vor- und Nachteile in Ruhe abgewogen werden, und man sich dann gemeinsam entscheidet, wie es mit dieser Technologie weitergehen soll.

Welche Rolle hat die heterogene Zivilbewegung im Einzelnen?
Die Kirchen und vor allem auch die einzelnen Gemeinden müssen sich den Fragen zuwenden, was eigentlich »Mensch«, »Leben«, und »Natur« bedeuten und klar Stellung beziehen. Die Umweltbewegung muss sich bewusst werden, dass die internationalen Konzerne offen über künstlich erschaffene Ökosysteme und den Umbau der gesamten Natur reden und endlich entsprechend aktiv werden. Künstler müssen das Thema aufgreifen und in Theaterstücken, Filmen, Musik und Literatur verarbeiten. Die Dritte-Welt-Bewegung muss begreifen, dass die weniger entwickelten Länder von diesem technologischen Tsunami völlig überrollt werden. Sie sollten den Versprechungen der Industrienationen, die beim letzten G8-Treffen in Edinburgh gemacht wurden, es handle sich um eine »Wissenschaft zum Wohle der Ärmsten«, kein Vertrauen schenken. Im Gegenteil: Wenn die Führer der reichsten Nationen so was sagen, dann sollten wir aufpassen und sehr gut nachdenken!

Was ist die aktuelle Strategie und das Ziel Ihrer ETC-Group?
Wir machen vieles gleichzeitig, aber unser primäres Ziel besteht darin, zu verstehen, was eigentlich vor sich geht. Dazu muss man diese Wissenschaft verstehen, die Absichten der Konzerne, die Hinweise zusammenzählen und dies der Öffentlichkeit zur Verfügung stellen. Im letzten Jahr haben wir unser Wissen den großen Organisationen der Zivilgesellschaft präsentiert und sie gefragt, ob sie eigentlich wissen, was da auf sie zukommt? Wir haben mit dem Weltkirchenrat ebenso gesprochen wie mit der Gruppe der 77 ärmsten Länder, mit der Menschenrechtsbehörde der UN, der WHO, der Konferenz über Handel und Entwicklung. Wir haben mit Verbraucherverbänden, Gewerkschaften, Greenpeace oder Friends of the Earth gesprochen, um ihnen deutlich zu machen, dass sie alle gefordert sind.

Also wird es nach der Anti-Atom- und der Anti-Gentechnologie-Bewegung in Kürze eine Anti-Nano-Bewegung geben?
Ich hätte lieber eine Bewegung, die *für* etwas eintritt – eine Bewegung, die für eine Technologie und Gesellschaft eintritt, die dem Leben dient, anstatt es

zu gefährden. Aber so schnell wie die Dinge zur Zeit laufen, wird es wohl eine Anti-Bewegung werden müssen. Wobei ich noch mal betonen will, dass wir keinen Bann über diese Technologie fordern. Was wir wollen, ist Zeit, damit sich die Gesellschaft darüber informieren und dann verantwortlich entscheiden kann – also ein Forschungsmoratorium. Zudem brauchen wir eine internationale Konvention, die regelt, was gemacht werden darf und was nicht. Dafür bräuchte es eine Behörde bei den Vereinten Nationen, die weiß, woran gearbeitet wird, neue Entwicklungen prüft und zulässt oder ablehnt.

Wir haben schon über die theologischen Implikationen gesprochen. Gäbe es für so eine Behörde so etwas wie die Zehn Gebote?
Nein. Denn jede solche Regel bräuchte gleichzeitig ihre Ausnahmebestimmungen. Wir können zwar sagen, dass jede neue Technologie möglichst die Dezentralisierung fördern sollte, gegenseitiges Verständnis erhöhen, Gemeinschaft fördern sollte und sensibel für die Umweltfolgen sein muss. Aber was nutzt das, wenn die Verantwortlichen sich nicht daran orientieren. Wir können sagen, das Technik, die zentralisiert, bestehende Machtstrukturen festigt, Ressourcen vernichtet, schlecht ist. Aber gleichzeitig ist klar, dass nicht jede neue Technologie einfach über diesen Kamm zu scheren ist. Wir sollten statt dessen schlicht aus der Geschichte lernen und jeder voreiligen Umsetzung technologischer Ideen erst mal gründlich misstrauen. Wissenschaft ist ein menschliches Werkzeug, das achtsam und für die richtigen Zwecke benutzt werden kann. Es darf nicht länger wie ein Hammer verstanden werden, der planlos auf jeden Nagel einschlägt. Wenn sich die Wissenschaft den wirklichen Problemen der Welt widmen würde – der sozialen Ungleichheit, den Umweltrisiken – dann gäbe es kaum jemanden, der sie behindern wollte.

Welche Chancen sehen Sie, dass die gegenwärtige Entwicklung gebremst werden kann?
Vielleicht habe ich einen genetischen Defekt und bin mit einem Optimismusgen geboren worden, aber ich bin und bleibe optimistisch. Ich habe einfach Vertrauen in die Menschen. Ich bin fasziniert davon, wie schnell viele in wenigen Jahren dieses Thema erkannt und begriffen haben, was zu tun ist. Ich vertraue in unsere sozialen Institutionen, besonders die Zivilgesellschaft, das Thema aufzugreifen und vorwärts zu bringen. Vielleicht ist es naiv, aber Leben ist Hoffnung.

Das Gespräch führte Geseko von Lüpke

Helena Norberg-Hodge

Als die junge Linguistin Helena Norberg-Hodge sich 1975 ins isolierte nordindische Ladakh aufmachte, um das traditionelle Wissen und die Legenden des schriftlosen buddhistischen Bergvolkes aufzuzeichnen, rechnete sie damit, in einer der ärmsten Gegenden der Welt auf tiefstes Elend zu stoßen. Sie wurde vom Gegenteil überrascht. »Ich habe eine Gesellschaft kennen gelernt, in der es weder Verschwendung noch Luftverschmutzung gibt und in der Kriminalität buchstäblich nicht existiert. Die Gemeinschaften sind gesund und stark.« Doch innerhalb der 16 Jahre, in denen sie mit Unterbrechungen in Ladakh lebte, wurde die Linguistin zur Chronistin eines untergehenden Paradieses. Wie im Zeitraffer konnte sie den durch die »Entwicklungshilfe« des Westens provozierten weitgehenden Zerfall traditioneller und nachhaltiger Strukturen beobachten. Je mehr sich der Lebensstandard für Wenige verbesserte, desto mehr nahm gleichzeitig die Lebensqualität der Mehrheit ab.

Gemeinsam mit engagierten Ladakhi gründete sie daraufhin vor Ort die »Ladakh Ecological Development Group« (LEDeG), die sich erfolgreich für einen nachhaltigen Entwicklungsweg engagiert, in dem die Modernisierung behutsam und ohne den Verlust traditionellen Wissens und kultureller Identität realisiert wird. Zurück in Großbritannien initiierte sie die »International Society for Ecology and Culture« (ISEC), die sich weltweit für einen Nord-Süd-Dialog und das Recht auf eigenständige Entwicklung engagiert. Dies wiederum führte zur Gründung des »International Forum on Globalization« (IFG), einem Think Tank der Globalisierungskritiker, dem immer mehr Gehör geschenkt wird. Helena Norberg-Hodge arbeitet heute als weltweite Aktivistin und widmet sich neben den Fragen der Globalisierung, der Entwicklung und des Nord-Süd-Ausgleichs besonders der Landwirtschaft.

Internet
www.ifg.org
www.isec.org.uk

»Was wir brauchen, ist Vielfalt!«

Das Primat der Dezentralisierung

Zunächst war die globalisierungskritische Bewegung primär eine Protestbewegung, die vor der Globalisierung gewarnt hat. Mittlerweile ist man – auch durch das von Ihnen mitbegründete »International Forum on Globalization« – dazu übergegangen, an praktischen Alternativen zu arbeiten. Worin bestehen diese Ihrer Meinung nach?

Im Mittelpunkt aller Ansätze für eine andere Globalisierung steht die Regionalisierung und die Rückkehr zu lokalen Wirtschaftskreisläufen. Denn dadurch wird die ganze Systematik des globalisierten Systems umgedreht. Wofür wir also arbeiten, ist eine politische und ökonomische Wende, die im Kern darauf baut, all das vor Ort zu produzieren, was man lokal produzieren kann. Denn die Globalisierung besteht im Wesentlichen daraus, unnötigerweise Unmengen von Gütern durch die Welt zu transportieren und daran Geld zu verdienen.

Es scheint sich doch aber in einer freien Marktwirtschaft auch finanziell zu lohnen, so zu handeln?

Wir leben nicht in einer freien Marktwirtschaft, sonst wäre dieser Wahnsinn schon längst gescheitert. Wir leben in einem System, in dem diese enormen Transporte politisch so subventioniert werden, dass sie sich lohnen. Die meisten Leute wissen nicht, dass heutzutage ganz häufig dieselben Produkte importiert und exportiert werden. Das passiert mit Butter und Milch, aber auch mit Möbeln und allem möglichen anderen. Diese Produkte werden lokal produziert, aber dann 10.000 oder 20.000 Kilometer eigentlich unnötig um die Welt geschleppt. In Amerika exportiert man ungefähr 900.000 Tonnen Fleisch und importiert ungefähr 900.000 Tonnen. England exportiert ungefähr 100.000 Tonnen Milch und importiert ungefähr 100.000 Tonnen. Diese Transporte sind – auch angesichts der drohenden Klimaerwärmung durch Kohlendioxid – ein Wahnsinn. Doch davon hören wir viel zu wenig in den Medien, die immer öfter nur das berichten, was ihre Werbekunden in den großen Konzernen lesen wollen. Statt dessen reden die Medien dem einzelnen Menschen ein schlechtes Gewissen ein, dass er sich anders verhalten, anders einkaufen, anders leben müsste, wenn es keinen Hunger und keine Umweltzerstörung mehr geben soll. Das ist aber nur ein Bruchteil des Problems. Die Medien machen nicht deutlich, dass wir nicht nur als Individuen, sondern als Gemeinschaft, als Nation und in kooperativer internationaler Zusammenarbeit ganz neue Wege gehen müssen.

Was schlägt das Forum on Globalisation da konkret vor?

Wir sind uns darin einig, dass die Globalisierung begrenzt und gebremst werden muss. Über die konkreten Vorschläge gibt es verschiedene Meinungen. Und da würde ich lieber über meine Organisation, die »International Society on Ecology and Culture« (ISEC) reden und sagen, wofür wir sind. Wir sehen ein Hauptproblem im Mangel an alternativen Visionen. Das beruht auf einem Mangel an Information über die wahren Verhältnisse in der internationalen Ökonomie. Und deshalb sehen wir als den ersten Schritt die Weitergabe von Informationen: *education as action*. Die Menschen müssen nicht nur darüber Bescheid wissen, dass die Kartoffeln und Milchprodukte hin- und hertransportiert werden, sondern auch, dass all das mit ihren Steuern so subventioniert wird, dass der Preis im Markt ein falscher Preis ist. Wir brauchen dringend eine Diskussion über die Tatsache, dass unsere Steuergelder Massenprodukte und Massenhandel subventionieren: Nur dadurch werden schlechte Nahrungsmittel von der anderen Seite der Welt im Laden billiger als eine Kartoffel, die aus dem nächsten Dorf kommt. Das bedeutet, der Preis am Markt beruht auf einer politischen Entscheidung. Das Argument von der Effektivität der Massenproduktion ist nichts als ein gut gepflegter Mythos. Wir haben uns verdummen lassen und brauchen deshalb eine Alphabetisierung über Wirtschaftsfragen. Auf diesem Gebiet passiert viel zurzeit. Es macht sehr viel Hoffnung zu sehen, wie viele Dokumentarfilme, Bücher, Internetinformationen weitergegeben werden. Das könnte zu einer Wende führen. Sie wird unvermeidbar, wenn der Bürger sagt, wir wollen unsere Steuergelder anders verwenden, wir wollen in eine andere Zukunft investieren.

Wie sieht das Bild dieser anderen Zukunft aus?

Es ist eine Zukunft, in der kleine Bauernhöfe gefördert werden, statt Mammutunternehmen. Wenn wir Demokratie haben wollen, dann müssen wir unsere Wirtschaft dazu bringen, lokal zu produzieren und Handel zu treiben. Die Firmen müssen vor Ort klaren Gesetzen unterliegen, anstatt sich transnational aus der Verantwortung zu ziehen. Unnötiger Transport soll in dieser Zukunft überall vermieden werden, indem das genutzt wird, was lokal produziert wird. Es gibt jetzt schon eine Bewegung, die man *local food movement* nennen kann. Da sieht man: Wenn die

Abstände zwischen Produzent und Konsument verkürzt werden, findet der Bauer plötzlich einen Markt, der von ihm einfordert, Vielfalt anzubauen, anstatt nur Monokulturen. Das ist nicht nur Theorie. Es gibt jetzt Tausende von Beispielen dafür, dass die Bauern auf diesen lokalen Märkten mehr Geld für ihre Produkte bekommen als im Großhandel und dabei mehr biologische Vielfalt auf den Feldern haben. Das bedeutet, dass ganze Gemeinschaften sich von einem System lösen, das Kleinbauern gezwungen hat, immer größere Monokulturen anzulegen. Man hat ihnen mit Subventionen eine Landwirtschaft aufgedrängt, die nicht nur die Böden zerstört, sondern auch die ökonomische Selbstständigkeit der Bauern. Sie müssen sich immer mehr auf den Export ausrichten und werden dabei immer ärmer und abhängiger. Aber die Erde und der Boden ertragen auf Dauer keine Monokultur, selbst wenn man Chemikalien und Gentechnologie einsetzt. Die Natur zeigt uns immer wieder: So geht es nicht! Die Bauernhöfe müssen zusammen mit der Vielfalt von Pflanzen, Gemüse, Getreide, Bäumen, Büschen und Tieren ein ganzes System bilden, das funktioniert. Dann essen die Tiere das, was übrigbleibt, bringen den Dünger für den Boden und das ganze System funktioniert ökologisch ohne teure Inputs von außen. Diese Vielfalt der Produktion kann überleben, wenn der Bauer auf einem lokalen Markt verkaufen kann. Deshalb setze ich große Hoffnung in diese neue Bewegung.

Heißt das, der Bauer ist in der industrialisierten Welt in der gleichen Rolle wie die traditionellen Kulturen in der Dritten Welt?

Genau! Kleine Landwirte sind in unseren Industrieländern das, was dort die »*tribals*«, die Stammeskulturen sind. Die Kleinbauern sind es, die hier gerettet werden müssen. Gesundes Essen ist zudem eine Notwendigkeit, die wir nicht vernachlässigen können. Bauern haben die Möglichkeit, auf eine ökologische und nachhaltige Weise dieses Essen zu produzieren. Was es dafür braucht, ist Vielfalt. Dafür muss man weg von diesem Zwang zur Monokultur.

Diese Position stellt fest verankerte Mythen über die Funktionsweise der Weltwirtschaft auf den Kopf …

Wir haben Hunderte von solchen Mythen, die nichts weiter sind als gut gepflegte Vorurteile, die dazu dienen, das System zu stabilisieren. Zum Beispiel wird erzählt, dass man unbedingt Gentechnologie braucht, um die Armen in der so genannten Dritten Welt ernähren zu können und das Welthungerproblem zu lösen. Das Gegenteil ist der Fall. Es wird erzählt, dass wir egoistisch sind, wenn wir Arbeitsplätze hier nicht nach Indien oder China weggeben wollen. Genauso ein Unsinn. Und in der Dritten Welt ist es der Mythos über unser scheinbar so nachahmenswertes Leben, weil westlich dominiertes Fernsehen und Reklame so tun, als wenn wir in einem Paradies lebten. Da hört man nichts von unseren Umweltproblemen und über unsere sozialen Probleme.

Wie lassen sich diese falschen Mythen aufbrechen?
Durch eine Hinwendung zur Wirklichkeit auf beiden Seiten und ganz viel Information, möglichst aus erster Hand. Was wir in meiner Organisation machen, sind zum Beispiel *reality tours*: gut begleitete Reisen vom Westen in die Dritte Welt und auch aus der Dritten Welt nach dem Westen. Sie sind ein sehr wichtiger Teil dieser Wirtschaftsalphabetisierung, von der ich geredet habe. Wir brauchen Leute, die auf beiden Seiten der Welt Erfahrungen gemacht haben.

Ihr wichtigstes Buch heißt »Ancient Futures«. Brauchen wir den Blick zurück, um nach vorne gehen zu können?
Ich glaube, wir müssen die Vergangenheit besser verstehen, um überleben zu können. Denn unser Wirtschaftssystem, das sich schon vor 500 Jahren über die ganze Welt verbreitete, hat so viel zerstört, dass es sehr schwierig für uns ist, einen Blick, eine Vision zu bekommen für eine Zukunft, die wirklich das Leben und die weitere Evolution erlaubt. Das Wirtschaftssystem, das wir aufgebaut haben, zerstört schon seit 500 Jahren systematisch Vielfalt – biologische und kulturelle Vielfalt. Früher war das, was wir Kultur nannten, ein ausbalanciertes Verhältnis zwischen Mensch und Natur und es hat auf der Welt eine Vielfalt von Kulturen gegeben. Vor 500 Jahren haben die Europäer angefangen, die Welt zu erobern und das daraus entstandene Wirtschaftssystem lebt immer noch. Wenn wir zurückblicken, begreifen wir: Das Problem in der Welt sind nicht Verschiedenheit und Vielfalt. Das Problem ist die Monokultur.

Sie sprechen aber jetzt nicht nur von Artenvielfalt, sondern auch von kultureller Vielfalt?
Vielfalt ist biologisch wie kulturell notwendig für das Überleben. Wenn wir mit unseren Technologien und Denkstrukturen Vielfalt vernichten, ist diese Einsicht von zentraler Bedeutung. Die Zusammenhänge zwischen biologischer und kultureller Vielfalt sind noch nicht wirklich verstanden. In der urbanen Industriekultur glauben wir, eine große Vielfalt zu haben. Und das ist auch verständlich. Wenn man in München lebt, dann hat man italienisches Essen und französischen Käse. Auf den Straßen trifft man Inder und Chinesen. Es scheint eine gute Mischung von Kulturen zu sein. Man vergisst dabei aber, das sie alle mit derselben Technologie, denselben Massenmedien und Transportmitteln leben, die eine wirkliche Vielfalt zerstören. Wir halten die breiten Angebote in den Kaufhäusern für

Vielfalt, während es sich da nur um eine Vielfalt der Verpackungen handelt. Wir brauchen wieder eine wirkliche Vielfalt – kulturell und biologisch. Und das wird möglich, wenn wir uns wieder mehr an die Natur anpassen.

Was ist unter dieser Anpassung zu verstehen?
Das zu essen, das in der herrschenden Jahreszeit in unserer Gegend angebaut werden kann. Das anzuziehen, das das eigene Klima widerspiegelt. Mit dem zu heizen, was regenerativ hier gewonnen werden kann, nicht Erdöl aus weit entfernten Wüsten. Wir brauchen eine Anpassung an die jeweiligen lokalen Bedingungen. Das war bis zur Industrialisierung ja auch normal. Erst in den letzten 100 Jahren haben wir uns immer weiter davon entfernt. Das gilt für die Wirtschaft ebenso wie für Nahrung, Kleidung, Energieressourcen oder das Bildungssystem. Wenn man heute in Bayern zum Beispiel Bauingenieur wird, lernt man auf Grund der globalen Standardisierung dasselbe, wie ein Student auf der tibetanischen Hochebene oder in Neumexiko. Tatsächlich ist es aber so, dass die natürlichen Bedingungen, das Klima, die Rohstoffe und das Wissen, welche Materialien am besten angepasst sind, völlig unterschiedlich sind, und all das eine Rolle spielen müsste. In den Unis lernt man hingegen, wie man weltweit identisch mit Beton und Stahl und Plastikmaterialien umgehen soll. Das ist ineffizient und verschwenderisch.

Wohin führen uns dahingegen der herrschende Fortschrittsbegriff und die globalisierte Wirtschaft?
Das moderne Wirtschaftssystem drängt Menschen in die Städte, wo sie um das Leben kämpfen müssen. Wenn wir der Dritten Welt diese Wirtschaftsstrukturen aufzwingen, dann werden Millionen von Chinesen und Indern in die Großstädte getrieben und dort in eine Situation kommen, wo der Überlebenskampf, die Gewalt und ethnische Konflikte zunehmen. Wenn wir so weitermachen, werden irgendwann fast 100 Prozent der Menschen in den Großstädten leben. Das würde unter anderem heißen, dass jeder Mensch für seine Ernährung dreimal am Tag von Transport abhängig ist. Allein das zeigt uns: Diese Art von so genannter Entwicklung, von Fortschritt, kann einfach nicht funktionieren. Globalisierung heißt, dass man systematisch Bauern kaputt macht. Es gibt einen eindeutigen Zusammenhang zwischen der Globalisierung und der Urbanisierung. Heute müsste man genau das Gegenteil tun. Wir brauchen eine dezentralisierende Entwicklung.

Was sie jetzt sagen, läuft ja eigentlich darauf hinaus, dass das, was wir für Fortschritt halten, letztlich ein Rückschritt ist und wir unsere Lebensqualität abbauen. Wo liegt der Kern dieser völligen Fehleinschatzung von Fortschritt?

Vor 20 oder 30 Jahren hat man geglaubt, mithilfe der Technologie alles von überall her einführen zu können. Man glaubte, das Leben verbessere sich, wenn man die Möglichkeit habe, sich schneller fortzubewegen. Aber schon seit 25 Jahren ist klar: Wenn das Bruttosozialprodukt steigt, bedeutet das nicht, dass es uns besser geht. Wir haben heute pro Kopf weniger Geld, um das zu kaufen, was wir brauchen. In jeder Familie in England, Deutschland, Amerika, Schweden muss man heute länger pro Jahr arbeiten. Der Kaufwert des Geldes ist geringer geworden. Hinzu kommt, dass überall eine Beschleunigung und mehr Stress herrschen. Wenn man Arzt ist, muss man mehr Patienten pro Tag behandeln, wenn man ein Bauer ist, muss man mehr pro Tag produzieren. Und zur selben Zeit steigt die Arbeitsunsicherheit. Das produziert einen körperlichen und psychologischen Stress, wie es ihn noch nie gegeben hat. Gleichzeitig nehmen die Krankheiten zu, weil dass Immunsystem von allen möglichen Toxinen attackiert wird. Ich glaube, es ist sehr wichtig, dass wir verstehen, dass das, was wir heute als Fortschritt bezeichnen, unser Leben nicht verbessert hat.

Was geschieht dagegen, was muss getan werden?

Es ist wichtig, dass wir sehen, dass es andere Möglichkeiten und auch Leute gibt, die schon heute mit diesen Alternativen anfangen. Und dass sie, sobald sie anfangen sich für alternative Wege zu entscheiden, andere Menschen finden, die genauso denken und Lebensweisen finden, die das Leben reicher machen. Aber das heißt, man muss weg von der »Mainstream-Kultur«. Heute kann man erkennen, dass sich die Welt in zwei verschiedene Richtungen bewegt. Die eine kommt – fast wie ein Zwang – von den großen Konzernen, Finanzmaklern und von unseren Regierungen: Überall auf der ganzen Welt wird uns ein Wirtschaftssystem aufgezwungen, das sich »Globalisierung« nennt und mithilfe einer so genannten »Liberalisierung« funktionieren soll. Was wir damit aber erhalten, ist im Wesentlichen eine Beschleunigung, ein Wettbewerb und ein Stress, der Menschen und Natur kaputt macht. Gleichzeitig gibt es eine andere Entwicklung, die von unten kommt. Und das ist eine wunderschöne, hoffnungsvolle und inspirierende Richtung, die auch funktioniert, obwohl das System von oben versucht, uns in die andere Richtung zu zwingen. Aber Menschen, die in Rücksicht mit der Natur zusammen in ihrer Gemeinde auf lokaler Ebene etwas aufbauen, haben Erfolg. Für mich ist das ein Wunder, weil der Stress und Zwang von oben so stark ist. Wenn Menschen unter solchen Bedingungen Alternativen einfallen, dann zeigt das doch, dass nicht »die Menschen« oder irgendeine tiefe Gier oder eine evolutionäre Entwicklung das Problem sind. Genau das Gegenteil ist wahr.

Was braucht es, damit sich mehr Menschen dafür einsetzen, diese Fehlentwicklungen zu korrigieren?

Wir müssen das System, das das Leben und die Vielfalt und die Natur zerstört, besser verstehen. Denn das ist ein Prozess, in dem Technologie, Wissenschaft und Geld, große Konzerne, Regierungen und Finanzmärkte eine sich gegenseitig verstärkende Rückkoppelungsschleife bilden. Wir müssen das besser durchschauen, damit wir uns verweigern, damit wir uns besser ausdrücken, damit wir besser verständlich machen können, wie zerstörerisch das ist. Auf der anderen Seite können wir gleich heute damit anfangen, andere Kulturen aufzubauen. Und das passiert auf dem Land und in den Großstädten in Deutschland, ebenso wie in England und anderswo. Die Alternativen haben viele verschiedene Formen, aber immer geht es darum: Respekt vor Vielfalt, Respekt für Mensch und Natur, den Aufbau lokaler Beziehungen und Netzwerke. Auf Englisch sagen wir: *reweaving the local fabric*, das heißt in etwa, die lokale Struktur, das lokale Gewebe wiederzuerschaffen. Das schafft eine neue Kultur. Das bedeutet, dass man die Wirtschaftsprozesse verkleinern muss: *Small is beautiful*! Und deshalb sind die Initiativen, die Bauer und Konsument zusammenzubringen, so zentral wichtig.

Muss dieses Engagement global oder lokal ansetzen?

Ich glaube, dass viele der Probleme auf einer globalen Ebene bekämpft werden müssen. Eine Internationalisierung der Zivilbewegung in diesem Sinne ist dringend notwendig. Aber hier gibt es eine sehr wichtige Einschränkung: Ich glaube nicht, dass die Lösungen letzten Endes global sein können. Wenn wir vielmehr an vielen Orten lokale Lösungen angehen, wird die Wirkung ohnehin global sein. Und diese lokalen Lösungen müssen vielfältig sein. Ich glaube, dass die globalen Probleme erst durch diese Distanz zur Vielfalt der Natur zustande gekommen sind. Sie stammen aus einer Standardisierung, die Vielfalt gar nicht erlauben kann. Und dadurch, dass wir Gedankensysteme aufgebaut haben, die so weit von den spezifischen Konditionen entfernt sind. Das ist eine der größten Ursachen unserer Probleme. Letzten Endes hängen Lösungen damit zusammen, dass wir wieder näher an die kontextuelle Vielfalt und den lebendigen Prozess der Natur zurückkommen. Das heißt, viel mehr spontan, viel mehr flexibel und viel mehr ganzheitlich sein und denken. Ich nenne das auf Englisch *counter development*. Im Kampf gegen Standardisierung und Internationalisierung müssen wir auch zentralisierte und internationale Gruppen haben, um die Menschen informieren zu können. Aber die Aktionen und Projekte, die notwendig sind, müssen mehr lokal und angepasst sein.

Es scheint fast absurd, dass Sie Ihr neues Verständnis von Fortschritt in einem Land bekommen haben, welches auf der Liste der Entwicklungsländer ganz hinten steht, nämlich in Ladakh. Wie kam es dazu?

Es überrascht mich selbst, wenn ich daran denke. Als ich als Linguistin nach Ladakh oder »Klein-Tibet« kam, fand ich dort Menschen, die fast alle so strahlend waren wie der Dalai Lama selbst. Und es war spannend, mit ihnen zu leben: Es gab eine enorme Vitalität und Humor und viel Spaß. Das Leben war so lebendig, ich fühlte mich wohler als zu Hause. Was ich in dieser ersten Zeit begriffen habe, war: Wenn man Wirtschaftsstrukturen hat, die der Natur nahe und an die lokalen Verhältnisse angepasst sind, dann ist das Leben ganz anders. Gleichzeitig aber brach damals die »Modernisierung« in das bis dahin fast völlig isolierte Ladakh ein. Und ich konnte Schritt für Schritt miterleben, welche enorm zerstörerischen Einflüsse sich dadurch in Ladakh entfalteten. Deshalb begann ich gemeinsam mit den Ladakhi, dagegen etwas zu tun.

Sie haben den Alternativen Nobelpreis für Ihr Ladakh-Projekt bekommen. Hat jetzt dieses Projekt etwas bewegen können in diesem Land?

Wir haben eine einheimische Organisation, die »Ökologische Entwicklungsgruppe« aufgebaut. Sie hat mittlerweile viel Einfluss und beschäftigt 100 Angestellte und 3.000 ehrenamtlich aktive Frauen, die in vielen verschiedenen Bereichen daran arbeiten, den kulturellen Selbstrespekt und das ökonomische Selbstvertrauen zu erhalten. Wir arbeiten mit einer Reihe von angepassten Technologien, Solar-, Wind- und kleinen Wasserkraftwerken. Wir arbeiten auch in der Landwirtschaft, hauptsächlich, um gegen die neue industrielle Landwirtschaftspolitik der Regierung zu kämpfen. Ich habe zudem dabei geholfen, in Ladakh und in England verschiedene Organisationen aufzubauen, die in aller Welt Informationen sammeln, um deutlich zu machen, wie destruktiv die konventionelle Entwicklung ist. In Ladakh vollzieht sich die Arbeit in kleinen, aber wichtigen Schritten. Aber auch dort gibt es jetzt diese zwei Richtungen. Die zentralisierten Mächte erzwingen von oben immer noch eine sehr destruktive Entwicklung. Aber auf der anderen Seite wächst das kritische Bewusstsein sehr schnell. Es wird viel gemacht, was dieser Hauptentwicklung entgegenläuft. Die Menschen werden selbstbewusster. Wir unterstützen sie mit Informationen, die zeigen, dass das Lokale – was man isst, wie man aussieht, was man denkt und glaubt – schön und richtig ist. Dass man sich nicht den westlichen Rollenmodellen anpassen muss und sich selber respektieren und lieben kann. Dieser Selbstrespekt ist eine notwendige Voraussetzung, um andere lieben zu können. Es ist so tragisch, dass die globale Konsumkultur bei allen diesen Menschen den Selbstrespekt und diese Selbstliebe bedroht. Dass sie zu einem Selbsthass führt und in einen Teufelskreis der Gewalt. Wenn man das Gegenteil fördert – den Selbstrespekt und die daraus entstehende Möglichkeit, andere lieben zu können –, dann ist das sehr viel wert. Wir haben gesehen, dass diese Arbeit in Ladakh geholfen hat. Ich arbeite auch mit einer Gruppe, die sich ECOROPA, also »ökologisches Europa«, nennt und lokale Wirtschaftssysteme fördert: Warum sollen Kartoffeln aus Chile oder Neuseeland kommen, wenn man sie in Deutschland anbauen kann? Warum soll Wolle aus China oder der Mongolei kommen, wenn man sie hier auch hat? Handel ist dann nützlich, wenn man ein Produkt selber lokal nicht produzieren kann. Was wir aber wieder brauchen, ist eine Balance zwischen lokaler Produktion und Handel. Und zwar allein schon, um den Transport zu reduzieren.

Hier herrscht die Überzeugung vor, dass in traditionellen Kulturen nicht nur die Lebensqualität, sondern auch die persönliche Freiheit deutlich geringer wäre als bei uns …

Was ich von traditionellen Kulturen gelernt habe, zeigt mir, dass – und das ist schwer zu glauben für die modernen Menschen – die traditionellen Lebensformen letzten Endes zu einem tieferen und echteren Individualismus führen. Eine echte Individualität besteht darin, dass man sich so entwickeln kann, wie man ist, viel freier, ohne Zwänge, Druck und Angst, ob man jetzt die richtigen Nike-Schuhe anhat und sich der globalen Monokultur richtig angepasst hat. Für mich hängt kulturelle Vielfalt mit einem echten Individualismus zusammen, der von da aus in konzentrischen Kreisen zu Unterschieden in der Gemeinschaft führt, die dann auch die Natur vor Ort spiegeln. Dann führt das weiter zu regionalen und dann noch breiteren nationalen Unterschieden. Wir müssen nicht nur Unterschiede erhalten, sondern diese Unterschiede zwischen uns auch gegenseitig fördern.

Was ist Ihr zentraler Ratschlag für derartige Initiativen?

Versucht nicht alles als Einzelkämpfer zu machen! Versucht, eine echte Gemeinschaft aufzubauen, um eine neue Kultur aufzubauen! Wir müssen versuchen, wieder zusammenzukommen. Nicht in Massen, aber als Gruppe, die eine echte Unterstützung sein kann und wo man sich gegenseitig respektieren und lieben kann. Ich meine einfach echte Freunde, echte Gruppen, echte Solidarität. Eine Solidarität, die nicht nur über Internet läuft, sondern eine, wo man sich wirklich umarmen kann und helfen kann, wenn man es braucht.

Das Interview führte Geseko von Lüpke

ZUKUNFTSWEISENDE PROJEKTE

Wangari Maathai

Wangari Maathai wurde 1940 in Nyeri/Kenia geboren, studierte in den USA und Deutschland Biologie und wurde in den 1970er-Jahren die erste Professorin in Afrika. Am Welt-Umwelttag 1977 pflanzte sie für ihr Ziel der Wiederaufforstung Kenias symbolisch einen ersten Baum, was zur Initialzündung für die Gründung des »Greenbelt Movements« wurde. Als Präsidentin des kenianischen Frauenverbandes konnte sie eine große Zahl von Aktivistinnen zum Mitmachen bewegen. Mit den Pflanzungen ging nicht nur die Erosion zurück – es wurden neue Ressourcen verfügbar und die Initiative sorgte auch für neue Arbeitsplätze und eine Steigerung des weiblichen Selbstbewusstseins. Die »Grüngürtel-Initiative« wuchs schnell zu einer landesweiten Bewegung an, die in den letzten 25 Jahren mehr als 30 Millionen Bäume in dem ostafrikanischen Land pflanzte. Die Idee breitete sich auch auf Tansania, Zimbabwe, Uganda, Malawi, Lesotho und Äthiopien aus.

Die Bewegung hat mittlerweile mehr als eine Million Mitglieder und entwickelte sich zu einer starken politischen Kraft, die dazu beitrug, das autokratische Regime von Daniel arab Moi zu stürzen. Wangari Maathai engagiert sich weltweit für Umweltschutz und das Recht auf eigene Entwicklungswege der Dritte-Welt-Länder und gehört zu den wichtigsten Kritikern der Globalisierung und der Gentechnik. 1997 kandidierte sie bei den kenianischen Präsidentschaftswahlen. Trotz ihrer Prominenz als »Mama Miti«, Mutter der Bäume, war sie zuvor mehrfach verhaftet und bei Übergriffen verletzt worden. 2002 nahm sie eine Professur für globale nachhaltige Forstwirtschaft an der Yale-Universität an und wurde Ende des selben Jahres – nach dem Sturz des Diktators – ins kenianische Parlament gewählt. Seit 2003 ist sie stellvertretende Umweltministerin Kenias. Sie erhielt den Alternativen Nobelpreis 1984 und wurde 2004 mit dem Friedensnobelpreis ausgezeichnet.

Internet
www.greenbeltmovement.org

»Wer den Weg kennt, wird nicht müde!«

Ökologische Selbsthilfe im »Green Belt Movement« und ihre globale Bedeutung

Sie haben mit mehr als 30 Millionen gepflanzten Bäumen Kenia vor Erosion und Versteppung gerettet. Wie kam es zur Gründung der »Grüngürtel-Bewegung« in Kenia, mit der Ihre Arbeit begann?
Die Idee zum Greenbelt Movement entstand, als ich dem kenianischen Frauenverband als Präsidentin vorstand. Die Wurzel dieser Idee lag allerdings in der langjährigen Arbeit mit Frauen in den Armengebieten, den Slums und auf dem Land begründet, denn all diese Schichten waren im Frauenverband vertreten. All diese Erfahrungen verdichteten sich zu der Erkenntnis, dass die Nöte, welche die Armen in den Slums und auf dem Land immer wieder zum Ausdruck brachten, sich im Kern um einige zentrale Grundbedürfnisse drehten. Und ich hatte das Gefühl, dass diese Grundbedürfnisse am ehesten befriedigt werden könnten, wenn wir Bäume pflanzen würden. Natürlich hatte ich damals keine Ahnung, dass aus dieser Idee eine ganze Bewegung werden würde. Damals war es lediglich folgender Gedanke: Wenn es uns gelingen würde, den Armen ein Grundwissen über das Pflanzen von Bäumen zu vermitteln, dann könnten sie sich schon bald mit Feuerholz versorgen, würden über Baumaterialien verfügen, könnten Obst ernten und damit auch die Qualität ihrer Ernährung verbessern. Außerdem könnten sie einen Teil der Ernte verkaufen und damit ihre Armut verringern. Und bei all dem würden sie die Schönheit ihrer Umwelt erhöhen. Das waren die ursprünglichen Ideen dahinter.

Haben Sie denn den Menschen die Zusammenhänge zwischen Ökologie, sozialen Problemen und Armut vermitteln können?
Nein, am Anfang ging es überhaupt nicht darum, irgendwelche Theorien zu vermitteln. Am Anfang ging es nur darum, den Menschen ein Grundwissen über die Pflanzung von Bäumen zu geben, damit sie kleine Baumschulen gründen konnten. Also wandten wir uns an die Förster, damit sie den Frauen beibrachten, welche Samen sie kennen mussten, wie die Aussaat funktioniert, wie man eine Baumschule anlegt und pflegt, und schließlich, wie

man die jungen Bäume auf den eigenen Feldern einpflanzt oder auch seinen Nachbarn schenken kann. Das war der Anfang aller Lehren und Instruktionen. Wir haben gar nicht erst versucht, sie über ökologische Werte aufzuklären oder sie davon zu überzeugen, wie gut Bäume für die Umwelt sind.

Worum ging es stattdessen?

Es ging erstmal nur darum, etwas zu tun, was ihren Grundbedürfnissen entsprach. Aber natürlich wussten wir, welche Folgen damit einhergehen konnten. Denn wenn Bäume wachsen, dann passieren ein Vielzahl von guten Dingen: Die Vögel finden ein Zuhause, das Land wird grün und schön, es ist weniger Staub in der Luft, die Erosion des Bodens wird aufgehalten und die Menschen haben Freude an der Schönheit von Bäumen. Aber die Frauen pflanzten damals schlicht, weil es um ihr Überleben ging. Bis heute geht es dabei primär um die Grundbedürfnisse.

Trotzdem wurde aus dem Greenbelt Movement eine starke und auch politische Umweltbewegung …

Das wuchs mit den Bäumen. Erst nach vielen Jahren haben wir damit begonnen, den Menschen die Zusammenhänge zwischen der ökologischen Zerstörung des Landes und ihrer sozialen Situation aufzuzeigen. Dann konnten sie auch erkennen, dass sie selbst mitverantwortlich waren an der Umweltzerstörung und damit auch verantwortlich für eben die Probleme, die sie bejammerten. Wenn dieser Zusammenhang einmal klar wird, dann können die Menschen auch damit beginnen, woanders Bäume zu pflanzen oder mehr für die Umwelt zu tun, anstatt immer nur an sich selbst zu denken. Mittlerweile hat unsere Bewegung ein Stadium erreicht, in dem sich die Menschen nicht mehr nur um ihre eigenen kleinen Farmen kümmern und mehr als ihre existentiellen Grundbedürfnisse im Blick haben. Jetzt sehen sie vielmehr die Notwendigkeit, ganze Wälder zu schützen, Naturflächen zu erhalten. Jetzt haben sie auch damit begonnen, die Qualität des Saatguts zu verteidigen und als Kleinbauern ihre politischen Rechte einzufordern, damit sie von ihrer Arbeit auch leben können, ohne das Land bis auf den letzten Erdkrumen auszubeuten und damit die Böden, das Saatgut und die Ernte immer schlechter werden zu lassen.

Passiert diese Politisierung also ganz von allein, wenn Menschen beginnen, sich wieder um ihre Angelegenheiten zu kümmern?

Ja, denn wenn man einmal die Zusammenhänge begriffen hat, dann beginnt man automatisch, nicht mehr nur die Symptome zu behandeln, sondern nach den Wurzeln der Missstände zu fragen. Eben damit man irgendwann mal die Chance hat, dort mit der Heilung anzusetzen. Das ist der wesentliche Grund dafür, dass alle Umweltschützer und Sozialaktivisten irgendwann enorm politisiert werden. Denn wenn man die Gründe der Fehlentwicklung erforscht, muss man irgendwann politische Fragen stellen: Warum hat meine Regierung die Privatisierung des Landes und der öffentlichen Güter zugelassen? Warum hat sie Rodungen genehmigt, die nie hätten erlaubt werden dürfen? Wieso wurde die Landwirtschaft bis direkt an die Flussufer genehmigt? Wer diese Fragen stellt und tiefer und tiefer nachhakt, der landet irgendwann bei den Politikern, welche die nationalen Entscheidungen fällen. Und dann wird einem klar, dass man diese nationale Politik infrage stellen und die eigene Regierung kritisieren muss. Und das ist dann natürlich der Moment, wo eine Bewegung wie die unsere von eben dieser Regierung kritisiert, behindert und bestraft wird, weil sie an der Wurzel des Problems angekommen ist.

Sie haben aber nicht davor Halt gemacht, mehr als die kenianische Regierung zu kritisieren.

Wenn man auf der lokalen Ebene die Wurzeln der Fehlentwicklung anschaut, dann führt einen das zur Politik der eigenen Regierung und zu den Gesetzen, welche die Umweltzerstörung und Verantwortungslosigkeit legitimieren. Da geht es los. Aber natürlich sind viele der Probleme globaler Natur. Eine zentrale Wurzel des Übels ist die Globalisierung, die schrankenlose Öffnung der Märkte, die verborgenen Interaktionen zwischen unserer Regierung, der Weltbank, dem Weltwährungsfonds und anderen Regierungen. In dieser komplexen Interaktion wird es für die nationalen Regierungen immer schwieriger, die eigene Umwelt zu schützen, weil sie einem enormen Druck ausgesetzt sind – besonders durch die Verschuldung.

Welche Rolle spielt die Schuldenfrage für die ökologische Zerstörung der afrikanischen Länder?

Die Schuldenfrage ist etwas, das mir große Sorgen macht. Denn wenn wir es nicht schaffen, diese niemals zurückzahlbaren Schuldenberge der armen Länder aufzulösen, dann führt das überall dazu, dass die nationalen Regierungen diesen Druck an die kleinen Bauern weitergeben, die Wälder abzuholzen und die Ressourcen gnadenlos auszubeuten. Das führt dann buchstäblich dazu, dass die Umwelt ausgehöhlt wird und mit ihr die Fähigkeit dieser Länder, eine eigene funktionierende Landwirtschaft für die Zukunft zu erhalten. Deshalb versuchen wir, den Zusammenhang zwischen Schuldenfrage und der übermäßigen Ausbeutung der Böden deutlich zu machen, besonders durch die industrielle Landwirtschaft, die immer schneller immer mehr produzieren soll, damit unsere Regierung ihre Schulden zahlen kann. Der Schuldendruck führt zu massiven Investitionen in Pestizide und Düngemittel, um die Produktionsmengen zu erhöhen. Was ich sagen will, ist Folgendes: Manche der Gründe für die Zerstörung der Umwelt sind lokaler Natur und können auf dieser Ebene gelöst werden. Andere aber sind eindeutig global. Deshalb betone ich immer wieder: Es ist *ein* Planet, auf dem wir leben. Wenn wir ihn in Afrika oder Asien oder sonst wo zerstören, dann werden die Folgen – und sei es durch Armut und Schuldenfrage – auch in Ländern spürbar werden, in denen die Leute glauben, sie würden sich wunderbar um die Umwelt kümmern. Deshalb ist Umweltschutz nicht nur ein lokales Thema, sondern unbedingt ein globales. Wir betonen immer und immer wieder: Wir brauchen eine internationale Kooperation, damit alles, was wir vor Ort tun, Unterstützung findet und Wirkung zeigt.

Das klingt, als wäre aus Ihrer Sicht die nationale und lokale Selbstbestimmung das Fundament aller Lösungen?
Von da geht es aus. Auf der lokalen Ebene liegt die Initiative der Greenbelt-Bewegung darin, Bäume zu pflanzen, den Boden zu schützen, Erosion zu verhindern, die Vergiftung der Böden und Gewässer zu vermeiden und alles zu tun, damit die Länder nicht austrocknen. Auf der nationalen Ebene ist es enorm wichtig, dass sich die Regierungen der Nationalstaaten um eine gute Umweltgesetzgebung kümmern. Aber um sicherzustellen, dass weder die zuständigen Beamten, noch die Minister oder Präsidenten die Wälder und Bodenschätze als ihre persönlichen Besitztümer ansehen, brauchen wir auf der internationalen Ebene die Verpflichtung und den klaren Willen, die Umwelt zu schützen. Denn mit der zunehmenden Globalisierung wird die Forderung, sich für einen so genannten freien Markt zu öffnen, immer stärker. Ich bin fest davon überzeugt, dass es keinen freien Markt geben kann ohne den gleichzeitigen Schutz der Umwelt, der Böden, der Gewässer vor Ort.

Wie soll dieser Schutz aussehen?
Wir dürfen es nicht zulassen, dass Geschäftsleute auf Kosten der Umwelt tun und lassen können, was sie wollen. Es ist ganz wichtig, dass Umweltgesetze auch für die internationalen Unternehmen gelten, gerade für jene, die auf den Gebieten der industriellen Landwirtschaft, der Gentechnik und der Holzindustrie produzieren und verkaufen oder fossile Rohstoffe abbauen. Sie dürfen nicht nur das Recht auf freien Handel und Profite im Auge haben, sondern müssen zugleich ihre Verantwortung für die Umwelt und die kommenden Generationen ernst nehmen, die in diesen Ländern auch noch in Zukunft leben wollen.

Das klingt, als hätten Sie schlechte Erfahrungen gemacht.
Es gibt eine Menge Unternehmen aus Amerika, Japan und Europa, die in ihren Heimatländern enorm vorsichtig mit der Umwelt umgehen, die Interessen der Bevölkerung für eine gesunde Zukunft respektieren und die nationalen Gesetze sorgfältigst einhalten. Wenn sie aber in die afrikanischen Län-

der kommen, die meist unter korrupten und bestechlichen Regierungen leiden, dann nutzen sie das gnadenlos aus. Sie beuten die Regierung, die Bevölkerung und die Ressourcen aus, die Umwelt wird platt gemacht und zerstört, als wäre es vollkommen selbstverständlich und egal. Deshalb brauchen wir so etwas wie einen globalen ethischen Code, eine Art Benimm-Katalog. Es darf keine zwei unterschiedlichen Maßstäbe geben: Unternehmen müssen sich in den Ländern der Dritten Welt an die gleichen Regeln halten wie bei sich zu Hause, anstatt aus korrupten Regierungen Vorteile zu ziehen.

Ein wichtiges Element der Greenbelt-Bewegung ist die Emanzipation der Frauen. Wo begegnen sich Emanzipation und Ökologie?

Frauen waren schon immer der stärkste Arm der Greenbelt-Bewegung. Sie sind traditionell die Hersteller von Saatgut, sie sind die Pflanzerinnen, sie pflegen die Baumschulen. Aber wir sind uns der Tatsache sehr bewusst, dass sich auch unsere Männer emanzipieren müssen. Sie müssen in ihre Kraft kommen, sie müssen ebenso wie die Frauen eine Rolle beim Schutz der Umwelt spielen. Ich halte es aber für völlig falsch, die afrikanischen Männer mit den Männern in den entwickelten Ländern zu vergleichen. Natürlich ist es richtig, dass hier wie dort Frauen weniger Rechte haben, als Bürger zweiter Klasse behandelt werden und nicht wirklich beteiligt sind an den Entscheidungsprozessen der lokalen Ökonomie. Die Unterdrückung und mangelnde Gleichberechtigung afrikanischer Frauen liegt aber zu einem guten Teil an den politischen und sozialen Systemen, die noch aus der Kolonialzeit stammen. Dieses Erbe unterdrückt aber nicht nur die Frauen aufs Übelste, sondern auch die Männer. Und ich weiß aus Erfahrung: Männer brauchen Ermutigung genauso wie die Frauen.

Bislang wehte Ihnen in Kenia der Wind einer patriarchalen Gesellschaft ins Gesicht …

… und ich setze trotzdem auf die Kooperation. Man braucht sich bloß die Entwicklung in unserem Land anzusehen. Erst jetzt, nach 20 Jahren, beginnen unsere Männer den Wert der Arbeit zu begreifen, die wir Frauen initiiert haben. Wo könnten wir schon stehen, wenn wir früher begonnen hätten zusammenzuarbeiten! Was hätte alles getan werden können für die Gegenwart und die kommenden Generationen! Ich hoffe darauf, dass eines Tages unsere Männer die Kraft haben aufzustehen, um auch ihre eigenen Interessen zu schützen, anstatt sich zurückzulehnen und sich zu den korrumpierbarsten Menschen der Welt machen zu lassen, indem sie die Plünderung ihres Landes zulassen, sich selber auch noch daran beteiligen und die ganze Zeit vorgeben, Frauen und Kinder zu schützen. Jede Gesellschaft der Welt, in der Männer nicht in der Lage sind, ihre schwächsten Mitglieder zu schützen, braucht eine Menge Ermutigung und Emanzipation. Und wenn ich mich in Afrika umschaue, sehe ich, dass weder Frauen noch Kinder diesen Schutz bekommen. Also müssen wir uns den afrikanischen Männern widmen, die in der Geschichte durch so extrem erniedrigende Erfahrungen gegangen sind und sich in einem schrecklichen Ausmaß unterworfen haben. Das ist der Grund, weshalb andere ein so leichtes Spiel mit unseren Führern haben, mit unserem Land machen können, was sie wollen und die afrikanischen Männer behandeln können, als gäbe es sie gar nicht.

Sie haben geschafft, was alle für unmöglich hielten und mit fast 30 Millionen Bäumen weite Teile Kenias wieder aufgeforstet. Woher nehmen sie Ihre enorme Energie?

Da sind Information, Vernetzung und Hoffnung. Ich bin sicherlich in einer privilegierten Position, weil ich in Kenia, Amerika und Europa studieren und die ganze Welt bereisen konnte. Ich habe Unmengen von wunderbaren Menschen getroffen und mich mit zahllosen Menschen ausgetauscht. Deshalb bin ich mir im Klaren darüber, dass wir – auch wenn wir vieles getan und versucht haben – noch ganz am Anfang stehen. Man macht sich auf den Weg und kennt das Endziel, aber man weiß gleichzeitig, dass man dort nicht ankommen wird. Ich fühle mich oft wie Martin Luther King, der seinem Volk sagte: »Ich sehe das gelobte Land, aber es kann sein, dass ich es nicht mit euch betrete«. Auch wenn ich nicht dort ankomme weiß ich, dass ich unterwegs dahin bin. Und ich bin stolz darauf, unterwegs zu sein. Gerade wenn du weißt, wie weit das Ziel entfernt ist, musst du weitermachen, dein Bestes geben, andere ermutigen und von ihnen ermutigt werden. Es mag noch lange dauern, ans Ziel zu kommen – gerade deshalb heißt es: Weitergehen! Wer den Weg kennt, wird nicht müde. Das ist meine Energiequelle: Ich werde nicht müde, weil ich gar keine Zeit dazu habe.

Brauchen wir eine solche Vision wie Martin Luther King?

Ich glaube ja! Die Wahrheit ist doch: Wir sind alle nur für eine beschränkte Zeit auf dieser Erde. Vor uns gab es andere, nach uns wird es andere geben. Und es sind immer nur ein paar Menschen, die mit der Vision einer Zukunft begnadet sind, nach der es im Leben um mehr als Leiden geht – Leiden an unerfüllten Wünschen, Leiden an Kriegen, Leiden an Konflikten. Eine Vision, die sagt, dass unsere Existenz hier einen Sinn macht. Ich glaube immer noch an die biblische Vision vom Garten Eden. Ich vergleiche diesen Garten immer wieder mit unserem Planeten. Und ich sehe, wie wunderschön dieser Planet ist. Im Garten Eden wurden wir zu den Treuhändern ernannt, unsere Aufgabe war es, diesen Garten zu pflegen, damit er uns vollständig mit Freude füllen könne und Erfüllung gebe. Ich halte es für absolut möglich, dass wir diesen Garten Eden überall dort erschaffen können, wo wir sind. Aber um das schaffen zu können, muss das Gegenteil dieser Vision – nennen wir es das Böse – bekämpft werden, welche Form es auch annimmt.

Was ist in diesem Zusammenhang für Sie »das Böse«?

Was ich im Moment als das Böse sehe, ist jede Menge Gier, Selbstsüchtigkeit und Ignoranz. Ich beobachte sie täglich, dort wo ich lebe. Jene, die diese Gier und die mit ihr einhergehende Korruption bekämpfen wollen, müssen besser informiert sein. Denn die Information führt zu Ermutigung. Heute haben wir auch hier in Afrika Fernsehen, Radio und Zeitungen und damit zahllose Möglichkeiten, gut informiert zu sein für diesen Kampf um den Garten Eden. Natürlich werden an diese Vision nicht die sechs Milliarden Menschen dieser Erde glauben. Aber ich erinnere in diesem Zusammenhang gerne an die Anthropologin Margaret Mead. Sie hat mal gesagt: »Zweifelt niemals daran, was eine kleine Gruppe von wirklich engagierten Leute in der Welt verändern kann.« Sie sagte auch, dass in einem bestimmten Stadium der Geschichte so eine Gruppe noch so klein sein kann, wenn sie nur fest zu ihrer Absicht eines Wandels steht. Darin liegt für mich der Auftrag, weiterzumachen. Ich glaube, wenn wir von unserem Auftrag überzeugt sind, für die Umwelt einzustehen, dann werden wir eines Tages die Überhand gewinnen. Und dann werden wir in der Lage sein, künftigen Generationen eine ebenso wunderschöne Erbschaft zu hinterlassen, wie ich sie von meinen Eltern erhalten habe.

Wenn Sie Bäume pflanzen, dann schauen Sie weit in die Zukunft, denn Bäume wachsen sehr langsam. Hier in den Ländern des Westens und Nordens sind wir gewohnt in kurzen Zeiträumen von zwei, drei Jahren zu denken. Wie haben Sie es fertiggebracht, den Menschen im Greenbelt Movement einen so langen Atem zu geben?

Es stimmt, dass viele Menschen in sehr beschränkten Zeiträumen denken. Auch unsere Regierung macht höchstens Fünfjahres-Pläne. Das führt zwangsläufig zu Kurzsichtigkeit. Aber ich sehe auch, dass wir in unserer Situation – gerade in der Arbeit mit den Armen – nicht besonders weit in die Zukunft sehen können. Wir denken kurzfristig, aber indem wir kurzfristig denken, ermöglichen wir den Menschen, sich zu bewegen und längerfristige Horizonte zu öffnen. Als wir anfingen, gaben wir Anreize, die waren sehr kurzfristig, fast unmittelbar. Wir kauften Sämlinge für die Frauen, mit denen sie sich ein kleines Einkommen erwirtschaften konnten – ein unmittelbarer Anreiz, mit der Arbeit weiterzumachen. Wir pflanzten Obstbäume, die innerhalb weniger Jahre Früchte tragen. Vergessen Sie nicht, wie schnell Bäume in den Tropen wachsen können. In zwei bis drei Jahren tragen sie Früchte, in fünf Jahren schenken sie einem Bauholz, Stöcke, mit denen man etwas anfangen kann.

Es klingt trotzdem fast wie ein Wunder, dass Sie Millionen von Menschen in tiefster Armut bewegen konnten, ihr Schicksal in die eigenen Hände zu nehmen …

Das Wunderbare ist: Wenn Bäume wachsen, stellt man eine Beziehung zu ihnen her, denn sie sind etwas Lebendiges. Man mag sie, man will sie wachsen sehen, freut sich an ihnen, pflegt sie und entwickelt einen sehr persönlichen Bezug zu ihnen. Das habe ich immer wieder bei den Bauern beobachten können, sobald die Bäume gepflanzt waren. Sie lieben sie, sie pflegen sie, denn manche geben Feuerholz, andere geben Schatten, sie binden das Wasser für die Tiere, schenken den Kindern Früchte. Und diese Beziehung gibt der Hoffnung Kraft und verkürzt die Zeit. Die Bäume werden zum Träger einer Hoffnung auf ein besseres Leben. Und bevor man sich versieht, beginnen die Menschen, wirklich vorauszuschauen und nicht mehr nur ausschließlich ihre Grundbedürfnisse abzudecken, sondern sich den größeren Gütern der Gemeinschaft zuzuwenden: den Wäldern, den offenen Flächen, der Infrastruktur, den Wasserwegen. Denn mittlerweile haben die Menschen gelernt, weiter zu schauen, obwohl wir mit ganz kurzfristigen Anreizen begonnen hatten. Das ist das Prinzip, das mir so wichtig ist. Denn wenn man mit den Ärmsten so ein Projekt beginnt, dann kann man nicht langfristig planen. Aber nach einiger Zeit – und besonders wenn es um lebende Dinge geht – entwickelt sich diese langfristige Vision wie von alleine. Und plötzlich begreifst du, dass du nicht mehr alleine bist. Plötzlich sind da ganz viele, die mit dir in die Zukunft blicken.

Dass Umweltschutz und sozialer Friede zusammengehören, haben Sie im Greenbelt Movement bewiesen. Gilt das auch für Umweltschutz und den globalen Frieden?

Natürlich. Und das ist nicht erst so, seitdem ich den Friedensnobelpreis zugesprochen bekommen habe. Die moderne Welt befindet sich in einem Krieg gegen die Natur. Die Zahl der Opfer ist riesig. Schon heute sind mehr als die Hälfte der Flüchtlinge Umweltflüchtlinge. Und es wurden und werden zahllose Kriege um Bodenschätze und Ressourcen geführt. Das Problem ist hoch aktuell, weil zahlreiche Ressourcen immer knapper werden. Wenn wir es schaffen, nachhaltiger mit unseren Ressourcen umzugehen, können gegenwärtige und künftige Konflikte entschärft werden. Der Schutz der globalen Umwelt steht in direkter Beziehung zur Friedenssicherung.

Hier im Westen lautet der kulturelle Mythos »Wachstum, Konkurrenz und Leistung«. Kann sich Afrika davon abnabeln?

Ich glaube, das ist nötig – gerade in Zeiten der Globalisierung. Ich glaube, dieser falsche Mythos begann hier in Afrika vor rund 100 Jahren mit der

Kolonialisierung. Die Kultur unserer Vorväter wurde damit zu etwas, was die entwickelte Welt als primitiv bezeichnete. Unsere Völker wurden dazu ermutigt, ihre eigenen Traditionen aufzugeben und stattdessen die Kultur anzuerkennen, die der Kolonialismus mitgebracht hatte. Dabei war das noch nicht einmal die wirkliche »westliche Kultur«, sondern nur ein Gebräu, das die Kolonialisten bei den Eingeborenen gerne sehen wollten. Und letztlich ist es dieses Gebräu, was nun im globalisierten Maßstab verbreitet wird. Es ist eine Kultur des extremen Konsums, es ist eine Kultur des Individualismus, es ist eine Kultur des reinen Materialismus. Es ist eine sehr harte und sehr ausbeuterische Kultur. Und eine Kultur, die keinen Blick für die Zukunft hat, weil sie so individualistisch ist.

Was wäre dem gegenüber eine afrikanische Kultur?

Die Kultur unserer Vorväter war eine kommunitäre Kultur, sie kümmerte sich um den Nächsten, war nicht so Besitz ergreifend, besonders nicht gegenüber solchen natürlichen Gütern wie Wasser, Luft und Wäldern. Sie ging davon aus, dass diese Ressourcen zwar durch die gegenwärtig lebenden Menschen genutzt werden dürften, aber es hatte höchste Priorität sicherzustellen, dass sie auch für die kommenden Generationen bewahrt würden. Das war unsere Kultur. Und das war der Grund, weshalb die Kolonialisten, als sie hierher kamen, einen Kontinent vorfanden, der von Wohlstand, biologischer Vielfalt, Wäldern, wilden Tieren und Savannen strotzte, ebenso von Menschen, die zwar materiell nicht viel besaßen, was sie als fortschrittlich erscheinen lassen konnte, die aber nichtsdestotrotz glücklich waren. Heute beginnen wir langsam zu begreifen, dass der wichtigste Teil unseres Lebens eben dieses Glück ist. Wir erkennen, dass sich selbst Menschen mit viel Geld eigentlich nichts sehnlicher wünschen, als glücklich zu sein. Also beginnen wir im Moment – nicht nur in Afrika, sondern auch im Westen – kulturelle Werte wiederzuentdecken, die eine Fülle im Verzicht betonen, eine Zufriedenheit mit wenig, und sich vom extremen Materialismus und Individualismus abgrenzen. Werte, die das Gemeinwohl im Blick haben und sicherstellen wollen, dass auch künftige Generationen eine hohe Lebensqualität genießen können.

Sind das christliche oder traditionelle afrikanische Werte?

Diese kulturellen Werte wurden vom Christentum verdammt. Hier hat, glaube ich, Europa einen Fehler gemacht. Sie wollten, dass jeder mit Haut und Haaren erst mal Europäer wird, bevor er dem christlichen Glauben folgen konnte. Damit wurden so viel afrikanische Mentalität, afrikanische Psychologie, afrikanische Würde und afrikanischer Selbstrespekt zerstört. Denn man teilte ihnen immer wieder mit, dass sie – um gute Christen sein zu können – ihren gesamten bisherigen Lebensstil und ihre alten Werte aufgeben müssten.

Heißt das: Abschied vom Westen und Rückkehr zu afrikanischen Werten?
Nein. Ich will damit ja auch nicht sagen, dass alle Werte der traditionellen afrikanischen Kultur perfekt waren. Kultur ist nicht etwas statisches, sondern etwas höchst dynamisches. Kultur muss sich verändern und das geschieht immer durch die Interaktion mit anderen Kulturen. Dennoch hat jede Kultur etwas Spezifisches, das ihr aus der Vergangenheit überliefert und mitgegeben ist. Und das ist es, was uns ein Gefühl dafür gibt, wer wir sind. Das ist es, was uns Sicherheit gibt und Identität. Wir brauchen dieses Gefühl der Identität, um in der Auseinandersetzung mit dem Rest der Menschheit unsere eigene Nische zu finden. Und diese Identität sollte dabei nicht zur Quelle von Konflikten werden. Vielmehr muss sie auf der Akzeptanz von kultureller Vielfalt aufbauen.

Statt globalisierter Einfalt betonen Sie also die Unterschiede.
So hat Gott uns doch erschaffen: Mit all unseren Unterschieden. Überall in der Natur finden wir enorme Vielfalt. Deshalb sagen wir Nein zu Monokulturen bei Pflanzen, bei Tieren und unter Menschen. Wir können nicht eine globalisierte Menschheit mit einer Kultur werden, die wir gar nicht anerkennen wollen. Wir müssen lokales Selbstvertrauen entwickeln, müssen wissen, wer wir sind und uns selber wertschätzen. Wenn wir unseren eigenen Wert kennen, können wir auch der Natur und kommenden Generationen einen eigenen Wert zubilligen. Tun wir das nicht, dann reduzieren wir uns zu reinen Konsumenten, abgetrennten Einzelkämpfern, die ihren Lebenssinn im Kaufen finden und nur für den Moment leben.

Was kann der Westen von traditionellen Kulturen lernen?
Viele der so genannten primitiven Kulturen – von denen wir ja ausnahmslos alle abstammen – waren in dem Sinne nachhaltig, dass sie die Weitergabe des Lebens ehrten. Diese Ehrfurcht fehlt unserer heutigen globalisierten Konsumkultur mit all ihrer Gier und Korruption, in der wenige ganz viel und die meisten ganz wenig haben. Und sie ist mit Sicherheit alles andere als nachhaltig. Deshalb betone ich: Jene, die davon überzeugt sind, dass wir Vielfalt brauchen, um auf diesem Planeten zu überleben, müssen sich gegen eine Globalisierung auflehnen, deren Antriebskräfte Gier, Selbstsüchtigkeit und Intoleranz sind. Sie ist letztlich der Ausdruck einer Monokultur, die uns alle zu Konsumgütern herabwürdigt.

Wie geht Ihre Arbeit nach dem Friedensnobelpreis weiter?
Zunächst geht es darum, die Arbeit des Greenbelt Movements nicht nur in Kenia weiterzuentwickeln, sondern auch in anderen Ländern Afrikas und in der Welt. Dann sehe ich es als meine Pflicht an, andere zivilgesellschaftliche Organisationen, die sich auf den Gebieten Umwelt, Demokratisierung und

Frieden engagieren, mit meiner Erfahrung zu inspirieren und zu unterstützen. Dann arbeiten wir zurzeit daran, mit dem Preisgeld die Wangari-Maathai-Stiftung zu gründen, um sicherzustellen, dass unsere Arbeit nachhaltig ist und auch in der fernen Zukunft fortgesetzt werden kann. Und schließlich halte ich es für ganz wichtig, ein internationales Forum zu schaffen, in dem Menschen ihre innovativen Ideen austauschen und sich gegenseitig befruchten können.

Wenn Sie sich vorstellen, in 500 Jahren zu leben und auf unsere Zeit zurückzuschauen, was wäre Ihr Ratschlag an die Gegenwart?
Wenn ich heute 500 Jahre zurückschaue, sehe ich, was meine Ahnen alles für mein Überleben getan haben. Ich nehme an, dass unsere Nachfahren in 500 Jahren das Gleiche von ihren Ahnen – also von uns – erwarten und sagen werden: »Ich wünschte, meine Ahnen hätten vor 500 Jahren unser Recht beschützt, auf dieser Erde zu leben und die Vielfalt des Lebens verteidigt, damit ich dieselbe Vielfalt hätte erleben können, wie sie damals! Ich wünschte, meine Ahnen wären nicht so geizig und selbstsüchtig gewesen und hätten begriffen, dass dieser Planet ein komplexes System bildet! Ich wünschte, meine Ahnen wären tolerant miteinander umgegangen, mit ihren Kulturen und Sprachen, sodass wir immer noch so eine Vielzahl von Kulturen und Sprachen vorgefunden hätten wie sie.« Das sind ein paar der Themen, die künftige Generationen in 500 Jahren ansprächen, wenn man sie fragte, was sie von uns erwartet hätten. Das ist es doch, wofür ich eigentlich arbeite. Ich wünsche mir von Herzen, dass – 500 Jahre weiter – ich meine Nachfahren sagen hören könnte: »Oh, wie gut, dass es da diese Leute gab, diese Umweltschützer, Aktivisten und Kämpfer für die Menschenrechte – Menschen, die wider aller Chancen aufgestanden sind und für eine bessere Welt gekämpft haben.«

Das Gespräch führte Geseko von Lüpke.

Ibrahim Abouleish

Im Jahr 2003 erhielt der ägyptische Unternehmer Ibrahim Abouleish kurz nacheinander hohe Auszeichnungen von zwei Institutionen, die sich ansonsten meiden wie Feuer und Wasser: Im Frühjahr stellte die Schwab-Foundation – Ausrichter des jährlichen World Economic Forums im schweizerischen Davos und Motor der Globalisierung – seine Unternehmensgruppe SEKEM als nachhaltiges Modellunternehmen weltweit heraus. Nur wenige Monate später erhielt Ibrahim Abouleish den Alternativen Nobelpreis für die Kombination von wirtschaftlichem Erfolg, Respekt für die Umwelt und seinem hohen menschlichen und ethischen Anspruch.

Sechsundzwanzig Jahre ist es her, dass der ägyptische Pharmazeut nach langen Jahren in Österreich und Deutschland in sein Heimatland zurückgekehrt war und 60 Kilometer nördlich von Kairo mitten in der Wüste die biologisch-dynamische Sekem-Farm gründete. Die landwirtschaftliche Nutzung beginnt mit dem Getreideanbau, wird aber bald auf Heilkräuter und Baumwolle ausgedehnt. Alle Gewinne, die das Unternehmen einfährt, werden nicht nur in neue Produkte, sondern vor allem in kulturelle und soziale Einrichtungen für die wachsende Zahl der Mitarbeiter reinvestiert. Sekems Entwicklung einer organischen Anbaumethode für Baumwolle im Jahre 1994 ist eine Revolution für das Baumwoll-Land Ägypten und führt dazu, dass die Vergiftung der Umwelt durch Millionen Tonnen von Pestiziden im ganzen Land gestoppt wird. Heute handelt Sekem nicht nur mit biologischen Nahrungsmitteln, Heilkräutern, Naturheilmitteln und Naturkosmetik, sondern auch mit Baumwolle und biologischen Kleidungsmitteln aus eigener Produktion. Dabei wird genau darauf geachtet, zu mindestens 50 Prozent den heimischen ägyptischen Markt zu bedienen und erst in zweiter Linie für den Export zu produzieren. Das Projekt gilt auch als islamisches Modell für Demokratie, Ökologie, Menscherechte und ganzheitliche Bildung.

Internet
www.sekem.com

Ibrahim Abouleish

Biologisch-dynamische Landwirtschaft als Modell ganzheitlicher Entwicklung

Einblicke in das ägyptische Projekt Sekem

Ich bin in Ägypten geboren; Mitte der 1950er-Jahre kam ich nach Europa, wo ich in der Begegnung mit Goethe meine zweite, geistige Geburt erlebt habe. Das war entscheidend für das, was ich hier berichten möchte. Schon in Ägypten wurde mein Blick durch meinen Vater auf diesen Kontinent gelenkt. Damals konnte ich den Namen Goethes nicht einmal richtig aussprechen. Als ich dann in Europa lebte, hat es noch lange gedauert, bis ich seine wunderbaren Schriften wirklich verstanden habe. Denn es reicht nicht aus, einfach nur Deutsch zu sprechen, um dieses Genie zu verstehen. Er ist in meinen Augen der bedeutendste Gründer einer mitteleuropäischen Kultur; er hat hervorragende Ideen entwickelt und Rudolf Steiner hat diese Ideen weitergeführt und in die Praxis umgesetzt. Dazu gehört die biologisch-dynamische Landwirtschaft, die erweiterte Heilkunde, die Pädagogik und die Anregungen zur Gestaltung des sozialen Organismus.

In Europa geschah mit mir auf der Bewusstseinsebene etwas sehr Wesentliches: Ich begriff zum ersten Mal in umfassender Weise, was in der Welt vor sich geht. Ich erkannte das erschreckende Ausmaß der Armut überall auf dem Planeten. Ich erkannte, was Globalisierung heißt, und dass sich gerade im 20. Jahrhundert vieles verkehrt entwickelt hat. Noch nie hat sich so viel Elend gezeigt wie in unserer Zeit. Die Anzahl der Reichen hat sich verzehnfacht und die Zahl der Armen ist überproportional angestiegen. Sie sind mehr denn je in der Armut stecken geblieben. Zwei Milliarden Menschen leben heute von weniger als zwei Dollar pro Tag und eine Milliarde Menschen sogar von weniger als einem Dollar. 26.000 Menschen sterben täglich, weil sie unterversorgt sind.

Als ich nach 20 Jahren in meine Heimat zurückkehrte, fand ich dieses Elend auf Schritt und Tritt vor. Das hat mich sehr berührt. Lässt man solche Tatsachen wirklich an sich heran, löst dies unweigerlich eine Veränderung aus. Das Ausmaß der Armut, des Analphabetismus und der Krankheit in Ägypten kann man sich in Mitteleuropa nicht wirklich vorstellen.

Hier genießt man die wunderbare Natur, wie auch die Kultur, also die Kunst und die Wissenschaft. Auf all das zu verzichten, ist nicht einfach. Eine meiner größten Herausforderungen war daher, mich der Armut gegenüber aufzuschließen und zu versuchen, mich von dort aus zu entwickeln.

Man weiß, dass die so genannten Entwicklungsländer zumeist nichts anderes sind als Spiegel dessen, was Amerika oder Europa vorleben. Sie kopieren die westliche Technologie und Wissenschaft, aber oftmals schlechter als in der so genannten Ersten Welt.

Was ist die Alternative, wenn man auf einem Kontinent wie Afrika lebt und mehr sein will als nur Konsument? Ich möchte in Antwort auf diese Frage ein Modell vorstellen, das wir in den letzten 27 Jahre in Ägypten aufgebaut haben. Das Modell heißt Sekem; das ist ein alt-ägyptisches Wort für die »sonnenhafte Lebenskraft«. Wir Ägypter leben in einem heißen Klima; aber wir sehen nie nur das Licht, das aus der Sonne kommt und auch nicht allein die Wärme, sondern die Lebenskraft, die aus dem Himmel wirkt. Das Wort dafür ist ›Sekem‹.

Ich fand den Namen für diese Initiative sehr wichtig, hoffend, dass aus ihr neues Leben für unser Land entspringt. In Deutschland, so scheint mir, sollte man sich auf Goethe besinnen, wenn man etwas Lebendiges erzeugen will. Was hat Goethe darüber gesagt? Ich zitiere: »Und keine Zeit und keine Macht zerstückelt geprägte Form, die lebend sich entwickelt.« Aber *wie* soll sich so etwas entwickeln? Goethes Antwort darauf lautet:

Müsset im Naturbetrachten
Immer eins wie alles achten;
Nichts ist drinnen, nichts ist draußen:
Denn was innen, das ist außen.
So ergreifet ohne Säumnis
Heilig öffentlich Geheimnis.
Freuet euch des wahren Scheins,
Euch des ernsten Spieles;
Kein Lebendiges ist ein Eins,
immer ist's ein Vieles.

Also, wenn man etwas Lebendiges aufbauen will, dann muss das vielfältig, *ganzheitlich* sein. Man muss möglichst alle Facetten der Wirklichkeit berücksichtigen, die es gibt. Es sollte die Wirtschaft genauso ins Auge gefasst werden wie die Kultur; der Geist genauso wie alle Rechtsformen. Ganzheitliche Entwicklung geschieht nicht, indem man Menschen Geld gibt oder Arbeit. Das wäre kein nachhaltiger Fortschritt.

Man kann keine Kultur auf Armut gründen! Gleichzeitig ist es daher notwendig, materielles Wachstum anzuregen. Das heißt, es muss eine nachhaltige Wirtschaft aufgebaut werden, die Profite erwirtschaftet. Dies können die Menschen in den Entwicklungsländern nicht alleine tun; zumeist auch nicht mit ausschließlich finanzieller Hilfe. Es werden Kooperationen und wirkliche Partnerschaften gebraucht, und die fand ich in Europa. Und so kamen einige Menschen aus diesem Kontinent mit mir in die Wüste und wir haben begonnen, mit der biologisch-dynamischen Methode zu arbeiten, um den Wüstenboden fruchtbar zu machen. Vieles haben wir dabei gelernt, und viel Heilsames für unser Land ist dadurch entstanden.

Heute gibt es in Ägypten rund 800 Farmen, die biologisch-dynamisch Heilpflanzen, Getreide, Gemüse und Früchte, auch Baumwolle und vieles andere anbauen. Gerade die jungen Menschen, die geholfen haben, haben von dieser Arbeit profitiert. Denn das Prinzip heißt arbeiten und lernen durch die Begleitung und Unterstützung europäischer Sachverständiger, die mit uns diese Partnerschaft eingegangen sind.

Menschen, die vorher keine Arbeit hatten, haben nun ein Einkommen. Doch das allein reicht nicht, man muss auch dafür sorgen, dass die Menschen lernen können. Die meisten Bauern hier sind Analphabeten. Die Ingenieure sind zwar akademisch gebildet, aber eigentlich sind auch sie nicht ausreichend ausgebildet, um die ökologischen Zusammenhänge zu verstehen. Deshalb gründeten wir in Sekem ein Institut für Erwachsenenbildung. Träger der sozialen und kulturellen Einrichtungen ist ein gemeinnütziger Verein, die »Ägyptische Gesellschaft zur kulturellen Entwicklung«. Für das Wirtschaftsleben gründeten wir Firmen, in denen die Rohstoffe zu Medizin, Lebensmitteln und Textilien verarbeitet werden.

Eigentlich hatten wir nie etwas mit Textilien zu tun gehabt. Doch dann geschah etwas, das vieles veränderte: Im Jahre 1991 mussten wir feststellen, dass in unseren Heilpflanzen, die wir natürlich ohne Chemie und ohne Pestizide anbauten, eben solche enthalten waren. Auf der Suche nach den Ursachen stellten wir fest, dass das Landwirtschaftsministerium jedes Jahr 35.000 Tonnen solcher Giftstoffe mit Flugzeugen auf die Baumwollfelder ausbrachte und der Wind diese Gifte über das ganze Land verbreitete.

Natürlich ist ein Minister überfordert, wenn man ihn bittet, so etwas einzustellen. Und was ist die Alternative? Für den verantwortlichen Agrarminister gab es keine. Das war eine große Herausforderung für uns bei Sekem. Wir begannen zu forschen und entwickelten eine wissenschaftlich fundierte Anbaumethode ohne Chemie, die die biologisch-dynamische Anbauweise um biologischen Pflanzenschutz für den Baumwollanbau ergänzt. Wir mussten diese Methode unter Aufsicht des Landwirtschaftsministeriums immer wieder auf Farmen in verschiedenen Landesteilen demonstrieren, bis die Verantwortlichen in der Regierung davon überzeugt waren. Als sich zeigte, dass die biologische Methode erfolgreich war, war das Ministerium interessanterweise beunruhigt, denn wir forderten jetzt ein Ende des Einsatzes chemischer Pflanzenschutzmittel. Dennoch blieb die Politik zögerlich.

Als wir in Kairo die erste internationale organische Baumwollkonferenz ins Leben riefen, kamen Menschen aus Landwirtschaft, Forschung, Textilverarbeitung und Textilhandel von überall und sahen nicht nur, dass es möglich ist, Baumwolle ohne Chemie anzubauen. Sie konnten sich auch davon überzeugen, dass dies die Erträge und die Qualität der Baumwolle erheblich verbessert. Auf dieser Konferenz verkündete schließlich der Landwirtschaftsminister die Einstellungen der Pestizidspritzungen per Flugzeug und die Einführung der biologischen Insektenkontrolle im Baumwollanbau. Ich erzähle dies, damit klar wird, dass wir nicht nur auf ökologischem oder wirtschaftlichem, sondern auch auf politischem Feld gewirkt haben.

Wir haben gleich zu Beginn eine Gruppe von Menschen aufgestellt, die kontinuierlich mit der Regierung zusammengearbeitet hat. Diese Gruppe war ständig mit der Regierung beschäftigt, auf dass die Entwicklungshilfegelder, die die Regionen erhalten, stimmig verteilt wurden. Diese Gelder müssen effektiv in Infrastrukturen investiert werden, also in Straßenbau, Wasser, Elektrizität, Kommunikation und so weiter. Wenn man die Regierungen hier nicht kontinuierlich antreibt, bleiben die Gelder am Ende des Jahres da oder dort hängen. Und so gibt es in der Wüste jetzt tatsächlich Asphaltstraßen, Wasser und Strom und Kommunikation. In dem Bundesland, in dem wir leben, konnten wir das alles glücklicherweise friedlich mit der Regierung organisieren.

Die wirtschaftliche Entwicklung verlief so gut, dass Partner aus der EU das Geschäft mit Sekem ausgebaut haben. Heute gibt es sieben Firmen, in denen allein in der Verarbeitung über 2.000 Menschen beschäftigt sind. Auf den Feldern kommen noch einige Tausend dazu; so sind es insgesamt vielleicht 10.000 Menschen, die die Rohstoffe liefern. Verarbeitet wird hier in Ägypten und vermarktet in aller Welt. Den Globalisierungsgegnern möchte ich in diesem Zusammenhang sagen, dass wir heute in keinem Dorf oder Land die Wirtschaft allein aufbauen können. In unserer Zeit ist ein weltwirtschaftliches System etwas sehr Notwendiges, auch für die Entwicklung der Länder der so genannten Dritten Welt. Sie müssen ihre Waren in aller Welt verkaufen oder vermarkten dürfen. Ich lege als Unternehmer also großen Wert darauf, die Idee der Partnerschaft zu verfolgen.

Auf dem anderen Gebiet, dem kulturellen Sektor, stehen uns nun aus den Warenverkäufen Gelder zur Verfügung, die für Bildungseinrichtungen und andere Aktivitäten eingesetzt werden können. Es gibt in Sekem Kindergärten, Schulen, Ausbildungsstätten und auch eine Sonderschule für

Seelenpflegebedürftige. Auch die medizinische Versorgung ist bei uns durch ein modernes Krankenhaus gewährleistet.

Und vor sechs Jahren war es dann soweit, dass wir die Forschung in eine Akademie ausgelagert haben. Seitdem gibt es die Sekem-Akademie für Angewandte Wissenschaft und Kunst, an der Wissenschaftler in Partnerschaft mit europäischen Freunden auf den Gebieten Pharmazie, Medizin, Agrarwissenschaft, Kunst und Sozialwissenschaft forschen. Wirtschaft braucht ständige Erneuerungen; man kann ein ökonomisches System nicht für alle Ewigkeit kultivieren. In der Akademie arbeiten daher Wissenschaftler, die immer wieder neue Modelle für Management und Verwaltung entwickeln.

Vor zwei Jahren haben wir einen Rat gegründet, um interessierten Politikern zu zeigen, welche Parameter notwendig sind, damit das Land sich weiterentwickelt. Also: Welchen Stellenwert haben Bildung und die Notwendigkeit einer Reform in Erziehung und Forschung? Was bedeutet ein Erziehungssystem für die Entwicklung des Landes und – auf der anderen Seite – welche Finanzierungsmöglichkeiten gibt es dafür? Wie viel Transparenz ist notwendig, damit sich die Dinge positiv entwickeln? Wie viele Frauen sind beispielsweise an der gesellschaftlichen Dynamik beteiligt? Wie viel Kinderarbeit gibt es im Lande? Und vieles mehr. Diese Daten standen uns von nun an zur Verfügung.

So können wir Auskunft über den Zustand anderer Staaten der Welt geben und einen internationalen Vergleich ziehen. Es ist erstaunlich, wenn man weiß, dass von den fast 300 Staaten nur 102 Staaten 92 Prozent des gesamten Sozialprodukts erwirtschaften. Von den 102 rangiert Finnland mit an vorderster Stelle, an siebter Deutschland, Ägypten liegt nur auf dem 62. Platz. Das alles zeigt sich in unseren Berichten; sie sind wichtig, um zu erkennen, was den Staaten fehlt, um wirkliche Entwicklung zu stimulieren. Dabei betonen wir immer wieder die Bedeutung der Bildung: Sie ist der Motor der Wirtschaft, der Motor von Ökologie und Politik.

Man kann sich gar nicht vorstellen, welche Begeisterung die Idee von Sekem unter den Menschen ausgelöst hat. Die Leute sahen etwas, was sie seit Jahrzehnten nicht für möglich gehalten hatten. Das Sekem Modell hat ja nun auch Chancen, denn es hat ein gutes Bildungssystem integriert. Viele interessierte Menschen kommen um unsere Schulen zu sehen. Die Bauern konnten kommen und einen Eindruck gewinnen, wie ökologische Landwirtschaft funktioniert. Sie konnten auch sehen, wie wir mit dem Geld umgehen. Wir beraten nun die Regierung in dieser Reformphase. Es hat sich in der kurzen Zeit sehr vieles getan und Entwicklung braucht im Grunde Jahrzehnte.

Ich hoffe, dass hiermit ein lebendiges Bild von Sekem entstanden ist. Es gibt aber auch noch andere Themen. Man erinnere sich, was im Mittelalter geschehen ist, in Spanien und in Süditalien. Da gab es die Begegnung zwischen islamischer und europäischer Kultur. Vieles von dem, worauf wir heute stolz sind, stammt aus dieser Begegnung. Begegnung ist die Voraussetzung, um konstruktive Entwicklung voranzutreiben oder überhaupt zu ermöglichen. Ich denke, dieser geistige Austausch, den ich selber erfahren habe, als ich die europäische Kultur wie ein Schwamm aufgesaugt und für lange Zeit meine eigene Tradition zurückgestellt habe, hat dazu geführt, dass ich weiß, wer ich bin, was mein Verständnis vom Islam ist und worauf ich sehr stolz sein kann. Ich erkannte auch meine Religion in tieferer Weise, gerade durch die Begegnung mit der abendländischen Kultur. Was die Welt braucht, ist nicht Geld allein, sondern auch geistige Begegnung.

Über alle materielle Armut in vielen Ländern der Welt darf nicht vergessen werden, dass ein armes Land auch Kultur und Geist braucht. Ein Wort, was sich nicht so leicht definieren lässt. An Begriffen wie Bildung und Geist lässt sich ermessen, was in Mitteleuropa erreicht worden ist. Die kulturellen Errungenschaften sind Spiegel eines aktiven Geisteslebens. Das kann in die Welt ausstrahlen und weiterhin sehr viele heilsame Früchte bringen.

Zusammenarbeiten, Kooperieren, Entwickeln

Herr Abouleish, Sie haben einmal gesagt, Goethe habe Sie aus Ägypten vertrieben. Wie ist das zu verstehen?
Als ich mit 16 Jahren Goethe kennen gelernt habe, seine Schriften, war ich so begeistert von diesem großen Geist, dass ich nach Europa kommen wollte. So ist das zu verstehen.

Sie haben den Alternativen Nobelpreis für Sekem bekommen. Ist das Besondere an diesem Projekt die gleichwertige Gewichtung von Kultur, Wirtschaft und Sozialem?
Dieser Impuls, Sekem, hatte eine Vision: Entwicklung. Entwicklung für die Erde, für den Menschen und für die Gemeinschaft. Kultur und Entwicklung können aber nicht aus Armut entstehen. Wir arbeiteten also mit einem ganzheitlichen Ansatz, der auch die wirtschaftliche, kulturelle und sozial-politische Entwicklung garantieren soll.

Gibt es eine kurze Erklärung, wie es funktioniert? Gibt es eine Erklärung für diesen erstaunlichen Erfolg, sechs Unternehmen zu gründen, die Wüste zu begrünen, Tausenden von Menschen Arbeit und Lebenssinn zu geben?
Um diese Vision zu verwirklichen, musste ich Institutionen schaffen – im wirtschaftlichen Bereich, also Firmen. Und die haben nicht nur erfolgreich zu wirtschaften, sondern auch nach ethischen, moralischen Prinzipien zu arbeiten.

Institutionen waren ebenso nötig im Geistesleben. Dafür gründeten wir die Sekem Development Foundation, die in den Bereichen der Forschung, Erziehung und Gesundheit tätig ist.

Und als Drittes haben wir für die soziale Entwicklung einen Verein gegründet, der die Menschenrechte der Mitarbeiter bewahrt und entwickelt – den Menschen bewusst macht, dass sie Rechte haben: Recht auf Arbeit und Bildung, auch das Recht auf Mitsprache und die Möglichkeit an den politischen Aktivitäten zu partizipieren. Natürlich haben sie mit diesen Rechten auch Pflichten. Die Kombination dieser drei Identitäten miteinander haben der Welt so ein Modell für Entwicklung im 21. Jahrhundert gegeben. Uns geht es um die Harmonie zwischen diesen drei Lebensfeldern. Wir müssen lernen, wie Wirtschaft, Kultur und Soziales miteinander ohne Konfrontation funktionieren können. Das erscheint mir als eine Hauptaufgabe der Menschheit: Dass es soweit kommt, dass diese drei Gebiete oder Glieder des sozialen Lebens miteinander zusammenarbeiten, positiv aufeinander eingehen und sich in ihrer Entwicklung fördern und nicht hemmen. Und dazu gehört selbstverständlich auch die Zivilgesellschaft mit ihren vielen kulturellen Aktivitäten, aber auch in Form von Menschenrechtsorganisationen.

Dann natürlich habe ich genau gewusst, dass ein Mensch allein das nicht schafft. Daher bat ich viele meiner Freunde in Ägypten und Europa, an dem Projekt mitzuwirken.

Ihr Grundansatz war ja, mit verschiedenen Kulturen, mit verschiedenen Traditionen, mit verschiedenen Menschen etwas gemeinschaftlich in die Welt zu bringen, was nicht auf Konkurrenz und Kampf und Bessersein basiert, sondern auf einer Synthese.

Auf Brüderlichkeit und auf Zusammenarbeit und Kooperation basiert das, ja! Und es sollte über die bisherigen Traditionen hinausgehen. Es gibt ja überall in den Städten und Dörfern soziale Formen, die schon seit Jahrhunderten bestehen. Die zu verändern ist sehr schwer. Deshalb hatte ich mich entschieden, in die Wüste zu gehen, an einen noch unberührten Ort, um neue soziale Formen zu schaffen. Dann können die Menschen von überall kommen und sich beteiligen an dem Neuen, das da entstehen will. Mit den gewonnenen Erfahrungen können sie wieder in ihre alten Verhältnisse zurückkehren und immer wieder den Unterschied zwischen Alt und Neu bemerken. Und vielleicht können sie dann auch mit der Zeit – aber mit viel Zeit – das Alte verändern. Man müsste eigentlich auch – ganz egal, wo man ist »Wüste fruchtbar machen« – neue Gebiete erschließen und sie verwandeln. Das wirkt, das überzeugt mehr, als wenn man tausend Bücher schreibt. Überzeugen tut das Modell, das man neu schafft.

Der neue Impuls begann ja damit, dass Sie die biologisch-dynamische Landwirtschaft nach Ägypten gebracht und in mühsamer Kleinarbeit die Wüste wieder fruchtbar gemacht haben auf Ihrem Gelände und dann angefangen haben, Heilkräuter, Lebensmittel und Baumwolle zu pflanzen …

… Ja, diese Vision brauchte verschiedene Stufen, um auf die Erde gebracht zu werden. Natürlich ist die biologisch-dynamische Landwirtschaft die Grundlage. Heute existieren 800 Farmen, die mit uns in Ägypten zusammenarbeiten und die biologisch-dynamische Methode praktizieren. Mittlerweile haben wir es sogar geschafft, dass auf Tausenden von Hektar in Ägypten biologisch Baumwolle angebaut wird, weil Sekem mit biologisch-dynamischen Ansätzen belegen konnten, dass es bessere Methoden gibt als diese schrecklichen Pestizide. Der biologisch-dynamische Ansatz war aber noch mehr, nämlich ein Kulturimpuls. Das heißt, er gilt nicht nur wirtschaftlich, sondern schließt vieles an neuen Ideen ein, um die Erde und das Leben nachhaltig fruchtbar zu machen.

Sie sagten eben, dass das ein kultureller Impuls war. Landwirtschaft wird bei uns ja oft missverstanden als ein rein ökonomischer Impuls. Aber für Sie war es praktisch die Quelle einer kulturellen Umwandlung, anders mit der Erde umzugehen.
Das kommt im englischen Wort »Agriculture« gut zum Ausdruck – es ist eine »Bodenkultur«. Bodenkultur entsteht, wenn wir die Qualität der Erde mit unseren Fähigkeiten nachhaltig verbessern. Das beinhaltet mehr als nur profitable Wirtschaft, wie Ökonomie heute meist noch verstanden wird. Die Landwirtschaft liefert die Rohstoffe, und erst durch die Verarbeitung und Veredelung wird der Mehrwert geschaffen. In Sekem werden die Rohstoffe zu Heilmitteln, zu Nahrungsmitteln oder zu Kleidung weiterverarbeitet und vermarktet.

Sie haben mittlerweile eine ganze Reihe von Unternehmen gegründet, die miteinander vernetzt arbeiten und einen großen Teil ihrer Einkünfte und Profite reinvestieren in Kultur, in Bildung, in inneres Wachstum der Menschen. Da fragt man sich natürlich in einer Zeit, in der es allen Unternehmen schlecht geht, wie geht das und warum machen Sie das?
Warum? Weil Sekem Verantwortung für die Entwicklung der Erde, des Menschen und der sozialen Gemeinschaft trägt – und ich glaube, dass dies von dem all umfassenden Geist »Allah« kommt.

Wenn wir tüchtig wirtschaften, erschaffen wir Mehrwert und damit Profite. Das funktioniert nach den Gesetzmäßigkeiten der Ökonomie. Es müssen klare Ziele gesetzt werden, wo wir forschen und entwickeln, produzieren und vermarkten. Das braucht moderne Technologie und modernes Management. Die Profite gehen zum Teil in die kulturelle Entwicklung. Und das ist ja eigentlich das Beispielgebende heutzutage in der Welt: dass man nicht diese Gelder für sich sammelt in Aktien und Fonds und so weiter, sondern dass sie der Entwicklung der sozialen Gemeinschaft zugute kommen.

Beobachter haben Ihren Ansatz »Ökonomie der Liebe« genannt …
… Freunde, die mit uns Landwirtschaft betreiben und die Partner, die unsere Produkte vermarkten, prägten diesen Begriff der »Ökonomie der

Liebe«. Das basiert auf Folgendem: In Sekem treffen sich einmal im Jahr alle beteiligten Partner – vom Bauern bis zum Geschäftspartner in Europa oder Amerika. In diesen Zusammenkünften geht es um die Vorausschau: Was wollen die Konsumenten haben, zu welchem fairen Preis? Da werden dann von allen Beteiligten Pläne gemacht. Da erfährt der Bauer genauso wie der Händler in Deutschland, zu welchem Preis was verkauft wird und welche Preise der Bauer für sein Produkt bekommt. Das heißt, die Sache ist von A bis Z transparent, jeder hat jeden im Blick. Deswegen nannten sie das die »Ökonomie der Liebe«. Ich sehe das als ein Beispiel für Brüderlichkeit im Wirtschaftsleben.

Dabei trennen Sie offenbar nie zwischen wirtschaftlichem und zivilgesellschaftlichem Engagement?

Sekem beinhaltet all das. Sekem beinhaltet die Zivilgesellschaft in Form des Vereins für kulturelle Entwicklung (Sekem Development Foundation), der die Schulen und Fortbildungen organisiert. Dann gibt es im wirtschaftlichen die Sekem-Group – das ist die Holding mit den Firmen, in der viele Menschen arbeiten. Und dann gibt es auch den Menschenrechtsverein (Kooperative der Sekem-Mitarbeiter).

Wir müssen aber die Trennung zwischen all diesen Bereichen überwinden. Es gibt auch gar keine andere Hoffnung für Entwicklungsländer als eine starke und engagierte Zivilgesellschaft. Das heißt letztlich: Nicht nur Regierungen sollen über uns entscheiden, sondern wir können selber unser Schicksal in die Hand nehmen, wir Bürger überall in der Welt. Wir können neue, bessere Ideen für unsere Gemeinschaft entwickeln und umsetzen. Aus dieser Position heraus können wir dann auch die Regierungen beraten. Regierungen suchen diesen Austausch mit der Zivilgesellschaft. Die Zivilgesellschaft könnte die Ökonomie noch viel mehr beeinflussen, indem die Konsumenten bei den Unternehmen gute Produkte einfordern. Ich glaube, dass heute mit dem Engagement der Zivilgesellschaft es eine gute und nachhaltige Entwicklung geben kann.

Die Situation ist ein bisschen verrückt, dass Sie als Ägypter nach Europa gingen, weil Sie die europäische Kultur als Vorbild sahen und dann wieder nach Ägypten zurückgehen und dort ein Vorbild schaffen für uns.

Ja, wenn Sie das so sehen – das ehrt mich. Aber wir schauen nach wie vor nach Europa, das für uns Vorbild ist: wie dort Demokratie geschaffen wurde, die Qualität der Wissenschaft und Kunst und Forschung. Gleichzeitig ist es das, was Sekem sein will – ein neues funktionierendes Modell für die Welt.

Auch in Europa läuft ja vieles verkehrt, was sich nicht nachzumachen lohnt. Haben Sie eine Kritik oder Empfehlung für Europa?
Mit Recht sollten Sie auch hier auf Ihr Leben und Wirken kritisch schauen, das ist klar. Nichts ist vollkommen. Ich habe jetzt nur zwei Stufen und zwei Länder verglichen. Aber natürlich gibt es in Europa viel zu tun. Und ich würde den Europäern raten zu untersuchen »Was braucht Europa?« und »Was braucht die Welt?«. Da gibt es sehr vieles, was Europäer schaffen können durch ihre qualitativ hervorragende Bildung.

Sehen Sie da so ein Netzwerk aus neuen Projekten entstehen, abseits und durchaus auch im Widerspruch zu dem, was wir als globalisierte Wirtschaft begreifen und was uns Angst macht?
Globalisierung ist heute eine Tatsache im Wirtschaftlichen. Es geht darum, Globalisierung im Sinne einer gerechten nachhaltigen Entwicklung zu gestalten und zu nutzen. Sie sollte nicht nur im Wirtschaftlichen, sondern auch im Rechtlichen, im Zwischenmenschlichen und auch im Kulturellen entwickelt werden. Wir in Ägypten haben mit Sekem dafür jetzt einen Samen gesetzt: Da versuchen wir an diesen 800 Farmen, die auch immer mehr wachsen, deutlich zu machen, dass nicht nur Landwirtschaft und Ökonomie, sondern auch Kultur entwickelt werden muss.

Unser Bild von der arabischen Welt ist momentan sehr stark geprägt durch die Auseinandersetzung mit dem islamischen Fundamentalismus. Sehen Sie den Islam als Quelle auch für ein nachhaltiges Ägypten?
Natürlich! Schauen Sie, ich sprach oft mit Fundamentalisten. Diese Leute nehmen wahr, dass wir in der arabischen Welt eine Invasion westlicher Werte und Einflüsse haben. Fast alles, was es in den arabischen Ländern an Neuem und Modernem gibt, stammt aus dem Westen. Die Menschen hier suchen sich selber, aber sie wissen nicht, wo sie ihre Identität finden können. So greifen sie zu den Fundamenten, zu dem Alten, was aber heute so nicht mehr gelten kann. Sie stehen also vor einer schlechten Wahl: einerseits der Westen und andererseits der Fundamentalismus. Beides wäre für uns eine dumme Antwort. Aber was gibt es in der Mitte? Was gibt es heute als Impuls für Erneuerung? Jenseits der Extreme existiert ein Riesenvakuum: Was gilt heute? Das ist es, was wir in Sekem versuchen zu beantworten. Und zwar, indem wir den Islam neu interpretieren und ein modernes Verständnis entwickeln – nicht nur mit vielen Büchern, sondern indem wir ihn auch tatsächlich überzeugend ausführen und umsetzen. So können die Menschen sehen, dass der Islam moderne Antworten auf die Fragen von heute gibt. Und dass es nicht nötig ist, fanatisch in der Vergangenheit zu suchen, wie die Fundamentalisten es tun.

Was ist der nächste große Schritt?
Wir planen seit Jahren die Gründung der Sekem-Universität. Sie wurde nun von der ägyptischen Regierung genehmigt und öffnete im Herbst 2006 ihre Pforten. Es wird eine Universität, in der zahlreiche Fakultäten vertreten sein werden, von der Technik über die Naturwissenschaften bis zur Kunst. Ein Ort, wo traditionelle Weisheit und modernes Wissen zusammenkommen, wo junge Menschen selbstständig reflektieren, lernen und aus Freiheit die soziale Verantwortung übernehmen und wo Forschungszentren sich an internationalen Standards ausrichten und ein »Center of Excellence« schaffen. Das soll eine moderne Denkschule werden. Aber wo es um Menschheitsentwicklung geht – muss man in Generationen denken. Und diese Entwicklung über viele Generationen, die haben wir uns vom ersten Tag an vorgenommen.

In den langfristigen Visionen nehmen Sie sich die Zeit?
Da haben wir Jahrhunderte Zeit.

Und sind am Anfang …?
… Obwohl wir schon vieles geleistet haben, müssen wir noch vieles tun, um der Vision nahe zu kommen, denn Menschenentwicklung braucht viele Generationen. Entwicklungen sind Prozesse, die Zeit brauchen.

Das Gespräch führte Geseko von Lüpke.

Michael Succow

Im Januar 1990 hatte die letzte DDR-Regierung kurz nach der Maueröffnung den kritischen Ökologen zum stellvertretenden Umweltminister berufen. Der Botaniker nutzte die Gunst der Stunde und drückte kurz vor dem Zerfall des zweiten deutschen Staates 14 Großschutzgebiete durch, die in den Wiedervereinigungsvertrag aufgenommen wurden. Ein Geniestreich, für den er mit dem Alternativen Nobelpreis ausgezeichnet wurde. Ab 1991 baut er nach diesem Muster in Georgien einen ersten Nationalpark auf. Es folgten Einsätze in Kirgisistan, der Türkei, auf der russischen Halbinsel Kamtschatka, in Jakutien, in Usbekistan, der Mongolei, Aserbaidschan sowie China. Mittlerweile kann der Botaniker auf die Umsetzung von 20 Großschutzgebieten mit mehr als 20 Millionen Hektar zurückblicken.

Succows Ansatz ist dreigliedrig: Einerseits plädiert er für Großschutzgebiete, deren Kernzonen von Wirtschaft, Besiedlung und Erschließung vollkommen unberührt bleiben und nur von den indigenen Völkern vor Ort genutzt werden dürfen. Wo das nicht möglich ist, spricht er sich für Nationalparks aus, die für den Tourismus geöffnet werden, aber von exzessiver wirtschaftlicher Nutzung verschont bleiben. Der dritte Ansatz besteht im Aufbau von Biosphären-Reservaten, die historisch gewachsene Kulturlandschaften mit einschließen können, sich aber in Rücksicht auf die Natur nachhaltig entwickeln sollen. Durch die Entfaltung regionaler Wirtschaftskreisläufe sollen hier ökologische, soziale und ökonomische Bedürfnisse so verknüpft werden, dass eine dauerhaft umweltverträgliche Entwicklung möglich wird. Die Wildnis ist in diesem Konzept nicht mehr länger das Gegenbild zu menschlicher Kultur, sie wird vielmehr selbst zum schützenswerten Kulturgut. Statt Zivilisation mit der Zerstörung von Natur und Wildnis gleichzusetzen, sollen sich Kultur und Wildnis gegenseitig durchdringen.

Internet
www.succow-stiftung.de

Michael Succow

Zapovedniki – das Gebot, Wildnis zu schützen

Internationale Naturschutzarbeit in den Weiten des Ostens

Naturschutzgebiete von der Größe der Schweiz, in der Braunbären, Schneeleoparden, Wölfe und Luchse leben? Paradiesische Moorlandschaften, eingebettet in niemals durchforstete Urwälder, über denen Adler und Geier kreisen? Endlose Steppengebiete mit Gazellenherden? Naturschutzgebiete, die sich nur in Millionen Hektar messen lassen? Regierungen, die bereitwillig weite Teile ihres Territoriums für künftige Generationen schützen und von jeder wirtschaftlichen Nutzung ausschließen? All das gibt es – dort, wo es keiner vermutet: in Aserbaidschan, Tadschikistan, Kasachstan, Kirgisistan, Turkmenistan, in den Weiten Sibiriens, den sanft geschwungenen Hügeln der Mongolei, ja sogar im Nordwesten des fernen Chinas. Über solche unbekannten »Projekte der Hoffnung«, mitinitiiert durch die Michael-Succow-Stiftung, soll hier berichtet werden.

Von der Elbe und vom Böhmerwald im Westen bis zum Amur und zur Beringstraße im Osten, vom Nördlichen Eismeer bis zur Wüste Gobi und zum Kaukasus im Süden erstreckt sich der riesige Erdraum des früheren sowjetischen Machtbereiches. Die Umweltsituation in den ehemaligen Ostblockländern könnte widerspruchsvoller nicht sein: Einerseits sind Natur und Landschaft in unberührter Großartigkeit und Dimension erhalten geblieben, die mit mitteleuropäischen Maßstäben nicht zu fassen sind, andererseits gibt es Krisengebiete mit schwersten Umweltschädigungen. Zu diesem traurigen Erbe zählen chronische Probleme von Luft- und Wasserverschmutzung im größeren Umkreis von Industriezentren, die Zerstörung südsibirischer und zentralasiatischer Steppen durch groß angelegte Neulandprogramme, zählt die Tragödie des sterbenden Aralsees und anderer Wüstenseen. Ebenso gehören die tief greifenden Entwässerungen ausgedehnter Feuchtgebiete im Baltikum, in Weißrussland und in der Ukraine dazu wie auch die großflächigen Kahlschläge in den Wäldern von Karelien und Süd- und Ostsibirien, die weiträumigen Ölverschmutzungen vor allem in Westsibirien sowie die radioaktive Verseuchung von Teilen Kasachstans, Sibiriens, im Südural und in arktischen Regionen.

Dass trotzdem zahlreiche herausragende Naturlandschaften erhalten geblieben sind, ist wohl mit der räumlichen Weite und dem teilweise extremen Klima des Landes, mit der trotz aller Anstrengungen relativ geringen Wirtschaftskraft und mit dem geringen materiellen Wohlstand während der Sowjetzeit zu begründen – Faktoren, die eine flächendeckende Erschließung nicht zuließen und die Errichtung ausgedehnter Schutzgebietssysteme erlaubten. Aber auch die Bemühungen zahlreicher, im Naturschutz engagierter Wissenschaftler, Schriftsteller und Künstler haben in hohem Maße dazu beigetragen, dass Natur von Zerstörung verschont blieb.

Zu den herausragenden Schätzen des Naturerbes Osteuropas, Nord- und Zentralasiens gehören:

- die gewaltigsten Ströme der Nordhalbkugel in unreguliertem Zustand und ungebrochener Naturdynamik: Ob, Irtysch, Jenissei, Lena, Kolyma, Amur,
- der Baikalsee als tiefster und ältester See der Erde, der über zwanzig Prozent der Süßwasserressourcen der Welt beinhaltet,
- die größten zusammenhängenden naturnahen Waldgebiete der nördlichen Hemisphäre, die sibirische Taiga, die fünfundzwanzig Prozent des Waldbestandes der Erde umfasst,
- die letzten großen intakten Steppenlandschaften der Erde in der Mongolei,
- die ausgedehnten winterkalten Wüsten- und Halbwüstengebiete Mittel- und Zentralasiens mit ihrer traditionell nomadischen Weidewirtschaft,
- die Hochgebirge des Kaukasus und Pamir, des Tienshan und des Altai, die zu den pflanzen- und tierartenreichsten Erdräumen der nördlichen Hemisphäre zählen,
- die ausgedehntesten lebenden Moore der Welt in Westsibirien, in Nordwestrussland und auch auf Kamtschatka,
- die endlosen unerschlossenen Weiten arktischer Tundra im hohen Norden Russlands und Sibiriens,
- die kaum besiedelte Halbinsel Kamtschatka mit aktivem Vulkanismus im Fernen Osten und
- Rückzugsgebiete global bedrohter Tierarten wie Schneeleopard, Sibirischer Panther und Sibirischer Tiger, Amurleopard, Wildkamel, Kulan (Wildesel), Schneekranich, Riesenseeadler und Rothalsgans sowie Rosenmöwe und Dünnschnabel-Brachvogel.

Nicht nur unberührte Natur sondern auch traditionelle Kulturen konnten unter extremen Lebensbedingungen in Zentral- und Nordasien überleben. Allein in der Russischen Föderation existieren über 170 kleine Völker, von denen viele als indigene Völker unter extremen klimatischen Bedingungen der Arktis, der sibirischen Dauerfrostregion, der Wüsten und Hochgebirge bis heute in der Tradition schonenden Umgangs mit Natur leben. Das auf Naturreligionen (Schamanismus, Animismus) beruhende Verhältnis zur Natur wird durch den Grundsatz bestimmt, Naturgeister zu achten und von der Natur nicht mehr zu nehmen, als für das Leben notwendig ist. Diese in hohem Maße naturverbundenen Kulturen haben sich nach dem Zusammenbruch der Sowjetunion stark für großflächige Naturschutzgebiete engagiert, was in der westlichen Welt bislang aber kaum wahrgenommen wurde.

In den vergangenen eineinhalb Jahrzehnten haben manche dieser indigenen Völker ein neues Selbstbewusstsein entwickelt und ihren Anspruch auf Fortführung ihrer traditionellen Lebensweise in von der Industrie-Zivilisation unberührten Landschaften formuliert. Naturschutz in Zentral- und Nordasien muss die Interessen indigener Völker berücksichtigen und in ihnen Verbündete bei der Bewahrung von Naturerbe sehen. So sichern beispielsweise die Schutzgebietsprogramme der Republik Sakha (Russische Föderation), in Kirgisistan und der Mongolei großräumige Gebiete auch als Lebensgrundlage der dort in traditioneller Weise lebenden Bevölkerung. Pflege traditioneller Kultur und Schutz von Natur verfolgen ein gemeinsames Ziel: die Bewahrung und Weitergabe von kulturellen und natürlichen Werten, die sich weder in Rubel noch in Dollar ausdrücken lassen, sondern von Ehrfurcht vor dem Leben getragen werden.

Dabei ist die Einrichtung von Naturschutzgebieten in diesen Regionen nichts Neues. Sie baut vielmehr auf einer langen Tradition auf, die hier kurz dargestellt werden soll, weil im Westen wenig darüber bekannt ist. Erste Bestrebungen, durch Unterschutzstellung wertvolle Gebiete durch den Staat zu sichern, gab es bereits vor der russischen Revolution zur Zeit Peter des Großen (1695–1725). So wurde 1703 ein erstes Waldschutzrevier verfügt. Ende des 19. und Anfang des 20. Jahrhunderts wurde von Wissenschaftlern der Petersburger Akademie angeregt, repräsentative Gebiete der verschiedenen geographischen Zonen auszuwählen, in denen die Natur völlig sich selbst überlassen bleiben soll. Daraus entstand die Idee der Zapovedniki – abgeleitet vom russischen Wort zapoved, das bedeutet »biblisches Gebot« beziehungsweise »aufbewahren, schützen«.

In dieser Zeit entstehen in Estland und im Ostkaukasus (Georgien) die ersten neuzeitlichen Schutzgebiete im russischen Zarenreich. 1916 wurde auf Initiative der Geographischen Gesellschaft Russlands ein erstes Naturschutzgesetz erarbeitet und verabschiedet und im gleichen Jahr das Bargusinskij-Zapovednik am Baikal mit zunächst 248.000 Hektar eingerichtet. Nach der Revolution folgten große Zapovedniki im Wolgadelta, im Ural, der Ukraine, darunger riesige wie der Sibirische Altai mit 8,8 Millionen Hektar. 1940 gab es 128 Zapovedniki, die zusammen zwölf Millionen Hektar Fläche einnahmen. Das Zapovednik war damit zur zentralen Kategorie des Naturschutzes in der Sowjetunion geworden. Erstaunlicherweise hat sich dieser der Bibel entlehnte Begriff auch in der Sowjetterminologie fest eingebürgert.

Nach dem zweiten Weltkrieg erlitt dieses in sich schlüssige und wissenschaftlich fundierte System strenger Schutzgebiete durch den Stalinschen »Generalplan zur Rettung der Wirtschaft« einen massiven Rückschlag. Fünfzig der 128 Zapovedniki wurden 1952 aufgelöst, die übrigen um durchschnittlich dreißig Prozent reduziert und in ihrer Zielstellung geradezu pervertiert. Die Fläche wurde von zwölf Millionen auf 1,5 Millionen Hektar reduziert. Zapovedniki sollten nun Gebiete sein, »in denen Wissenschaftler die Natur beherrschen lernen, um die Bedürfnisse der Ökonomie zu befriedigen«. Nach dem Tode Stalins wurden die alten Zapovedniki nach und nach wieder eingerichtet. Angesichts ihres Umfangs mit Durchschnittsgrößen von rund 330.000 Hektar ist das System der Zapovedniki weltweit einmalig. Das sowjetische Schutzgebietssystem war damit das größte, eines der ältesten und bis vor kurzem sicher auch eines der am besten gesicherten der Welt. Denn Zapovedniki sind staatliche Naturschutzgebiete, die Totalschutz genießen. Über die Hälfte der Russischen Föderation ist noch »Wildnis«, unberührt von sichtbaren menschlichen Einflüssen! Weltweit wohl einmalige, lückenlose wissenschaftliche Aufzeichnungen oft über 50 bis 60 Jahre dokumentieren die Naturausstattung, aber auch die Populationsentwicklungen zahlreicher Arten in den Zapovedniki. Hinzu kamen seit 1961 zahlreiche neue Nationalparke im Gebiet der ehemaligen Sowjetunion, die heute zusehends an Bedeutung gewinnen, besonders in touristisch attraktiven Naturräumen und in der Umgebung der Großstädte. Viele der seit 1983 eingerichteten Nationalparke entsprechen eher den UNESCO-Kriterien für Biosphärenreservate und weniger den strengen IUCN-Kriterien für Nationalparke mit mindestens 75 Prozent nutzungsfreien Flächen. Nach der politischen Wende hat es einen deutlichen Aufschwung bei der Ausweisung von Schutzgebieten gegeben.

Die radikale Umgestaltung der ehemaligen Sowjetunion und die damit verbundenen wirtschaftlichen Probleme haben auch für das Weiterbestehen der Zapovedniki schwer wiegende Konsequenzen. Bedrohungen von außen auf der einen Seite (Umweltverschmutzung, Ausbeutung von Ressourcen usw.) und chronische finanzielle und personelle Engpässe sowie mangelnde Ausstattung auf der anderen Seite geben Anlass zu ernster Sorge. Deshalb gab es zahlreiche Anstrengungen, den bedrohten Gebieten als Weltnaturerbe der Menschheit oder als Biosphärenreservate internationale Anerkennung zu geben. Dieses höchste internationale Zertifikat für herausragende Naturlandschaften verpflichtet nationale Regierungen und die Weltgemeinschaft, dieses Erbe langfristig für die Menschheit zu sichern. Zum anderen unterstützen Geldgeber bevorzugt international zertifizierte Landschaften. Während der Status Welt-Naturerbe die wirtschaftliche Inanspruchnahme eines Gebietes ausschließt, integriert das UNESCO-Konzept der Biosphärenreservate den wirtschaftenden Menschen in seiner Wirkung auf Landschaft ausdrücklich. Biosphärenreservate sollen Schutzfunktion, logistische Funktion und Entwicklungsfunktion miteinander verbinden. Biosphärenreservate sind keine Naturschutzgebiete im klassischen Sinne, sondern Modellregionen für nachhaltige Entwicklung, Modelle für eine Art und Weise des Wirtschaftens, wie sie eigentlich in großem Stil auf ganzer Fläche erfolgen sollte. Damit können die großen Biosphärenreservate in und außerhalb der GUS aber auch Modelle für einen Landschaftsschutz in den Ländern des Westens werden.

Bei der Sicherung und dem Erhalt von Natur- und Kulturlandschaften erweist sich eine internationale Kooperation und die damit verbundene Nutzung von Synergien zwischen Wissenschaft, staatlichen und privaten Organisationen und Stiftungen als unabdingbar. Ostdeutsche Wissenschaftler, die heute zum Teil Mitglieder des Stiftungsrates der Michael-Succow-Stiftung zum Schutz der Natur (gegründet 1999) sind, hatten, nachdem das ostdeutsche Nationalprogramm im Jahre 1990 verabschiedet worden war, Kontakt zu Naturschützern und Wissenschaftlern in Ländern der in Auflösung begriffenen Sowjetunion aufgenommen. Daraus konnten im Laufe der Jahre in mehreren Ländern gemeinsame Projekte entwickelt werden, die die jeweiligen nationalen Bemühungen um die wirksame Sicherung von bedeutendem Naturerbe unterstützen sollen.

Mitunter liefen wir offene Türen ein, wenn Naturschutzbehörden, Wissenschaftler und neu geschaffene Nichtregierungsorganisationen intensiv an nationalen Schutzgebietsprogrammen arbeiteten und Teile bereits realisiert hatten. Wir erlebten, unter welch harten und schwierigen Bedingungen die Verantwortlichen für Schutzgebiete heute arbeiten, welchem Druck sie standhalten müssen. Beratung und Unterstützung sowie das an der Entwicklung dieser Länder gezeigte Interesse wurden sowohl von staatlicher Seite als auch von Nichtregierungsorganisationen angenommen. Besonders die Unterstützung beim Aufbau von nichtstaatlichen Naturschutzorganisationen muss in Zukunft noch stärker im Mittelpunkt stehen. Hier leistet der Naturschutzbund Deutschland (NABU) in Kasachstan, Kirgisistan und Aserbaidschan Hilfe.

Insbesondere die eigenständigen, meist von der indigenen Bevölkerung geführten Republiken und Regionen sind es heute, die positive Zeichen setzen. Das Beispiel Jakutien (Republik Sakha) gibt besondere Hoffnung. Jakutien ist Teil der Russischen Föderation und erstreckt sich auf einer Fläche so groß wie Westeuropa in den Weiten Ostsibiriens. Eine weise Regierung, getragen von ethischen Prinzipien, setzt trotz vielfältiger wirtschaftlicher Not mit Unterstützung des WWF International und anderer Organisationen gegenwärtig ein Naturschutzprogramm um, das bis zum Jahre 2005 eine

Landesfläche von 25 Prozent unter strengen Schutz stellte. Dazu gehören die produktivsten und an Naturressourcen reichsten Naturräume des Landes, zum Beispiel das Lena-Delta, große Teile der südlichen Taiga, Teile des Hauptstromgebietes der Lena. Eine Fläche von insgesamt mehr als der Fläche der Bundesrepublik Deutschland wird somit von den Jakuten als Naturerbe für die ganze Menschheit gesichert – wahrlich ein »Geschenk an die Erde«, wie es der damalige Präsident Jakutiens Nikolajew formulierte. Nachfolgend soll über die Arbeit der letzten 15 Jahre in den »Weiten des Ostens« berichtet werden:

Georgien

Ein 1990 in Georgien/Kaukasus mit georgischen Wissenschaftlern und Nichtregierungsorganisationen eingeleitetes und 1992 von Parlament und Regierung verabschiedetes Nationalparkprogramm brachte die Ausweisung von sieben Nationalparkregionen. Neben streng geschützten, wirtschaftlich nicht zu beeinträchtigenden unbesiedelten Arealen sind in diesen potenziellen Großschutzgebieten – im Sinne von Biosphärenreservaten – Kulturlandschaften mit noch intakter traditioneller Wirtschaftsweise enthalten. Bei vollständiger Umsetzung dürfte der Fortbestand sowohl eines Teiles der endemischen Moore und Überflutungswälder der Kolchis, der Bergwälder des Kleinen und Großen Kaukasus, als auch von Bergbauernkulturen des Hohen Kaukasus und der winterlichen Weidekulturen in den transkaukasischen Steppengebieten an der aserbaidschanischen Grenze gesichert werden können. Die Arbeiten wurden anfangs insbesondere durch den WWF Deutschland finanziert und sind inzwischen Teil staatlicher deutscher Entwicklungshilfe unter Einbeziehung der Kreditanstalt für Wiederaufbau. In drei dieser Schutzgebietsregionen konnten bisher Nationalparke mit entsprechender Infrastruktur errichtet werden.

Mongolei

In der Mongolei wurden nach der politischen Wende 1991 die Weichen für ein umfassendes Schutzgebietsprogramm gestellt und 1992 acht neue große Schutzgebiete festgelegt. Der WWF hat als erste internationale Naturschutzorganisation die Bedeutung dieses Landes für die biologische Vielfalt Eurasiens erkannt und das zukunftsweisende mongolische Schutzgebietsprogramm seit 1992 unterstützt. Es wurden ein ständiges Projektbüro in Ulaanbaatar eingerichtet, Regierung und Parlament beraten, Materialien für Öffentlichkeitsarbeit produziert, acht große Regionen als repräsentative Landschaften der verschiedenen geographischen Zonen (Gebirgstundra, Taiga, Waldsteppe, Steppe, Wüstensteppe, Wüste) für die Entwicklung von Schutzgebieten vorgeschlagen. Auch konnten andere Organisationen wie die GTZ für die Förderung von Projekten gewonnen werden.

Die Mongolei hat im Rahmen der weltweiten WWF-Kampagne »Der lebende Planet« 1997 als Ziel erklärt, dreißig Prozent des Territoriums als »Geschenk an die Erde« unter besonderen Schutz zu stellen. Bereits heute nehmen 42 Schutzgebiete (30 davon wurden nach 1992 eingerichtet oder erweitert) 18,25 Millionen Hektar ein, das entspricht elf Prozent der Fläche der Mongolei und mehr als der Hälfte Deutschlands.

Kirgisistan

Im ehemaligen sowjetischen Mittelasien, speziell Kirgisistan, begannen 1994 in einer Gemeinschaftsarbeit des NABU mit kirgisischen Wissenschaftlern und Nichtregierungsorganisationen Aktivitäten zur Ausweisung einer Biosphärenregion. 1999 erfolgte über eine Präsidialverordnung die endgültige staatliche Sicherung dieses Schutzgebietes, das den Zentralen Tienschan einschließlich des Issyk-Kul-Sees umfasst. Diese so genannte Biosphärenregion beinhaltet mit über einer Million Hektar fast ein Viertel des Territoriums Kirgisistans und ist das größte Biosphärenreservat der nördlichen Hemisphäre, vergleichbar der Größe der Schweiz. Es ist inzwischen zu einem nationalen Projekt geworden. Öko-Tourismusunternehmen konnten erfolgreich etabliert werden. Im Rahmen eines von der Volkswagen-Stiftung finanzierten Forschungsprojekts arbeiten Wissenschaftler verschiedener Universitäten Deutschlands an der Erforschung der Ökologie der einmaligen Walnuß-Wildobst-Wälder am Westabhang des Tienshan. Eines unserer Ziele ist deren Ausweisung als Welt-Naturerbe der Menschheit

Gegenwärtig laufen Arbeiten zur Entwicklung eines weiteren grenzüberschreitenden Großschutzgebietes im westlichen Tienshan, gefördert von der Weltbank und dem TACIS-Programm der EU. Auf den Bergketten des Tienshan befindet sich eine der größten Gletscherregionen der Erde. »Schnee oder Gold« – so umschrieb der Schriftsteller und ehemalige EU-Botschafter Kirgisistans, Tschingis Aitmatov, die anstehenden Konflikte in seinem Land. Schnee, das steht für das ewige Eis im Hochgebirgsland Kirgisistan, gleichzeitig Quelle des lebensnotwendigen Wassers für die Menschen ganz Mittelasiens. Gold steht dagegen für die kurzfristigen Wirtschaftsinteressen und den schonungslosen Raubbau an der Natur – konkret gilt das für den Goldabbau in Kumtor in über 4.000 Metern Höhe. Um an das Gold zu gelangen, werden Gletscher gesprengt! Welch ökologische und letztendlich ökonomische Unvernunft!

Kasachstan

1995 begannen wir auch in Kasachstan, dem siebtgrößten Staat der Erde mit der Größe des westlichen Europas, ebenfalls mit Unterstützungsarbeiten für die Ausweisung von internationalen Schutzgebieten. Den Ausgangspunkt bildete eine erste gemeinsame Konferenz des Umweltministeriums, einheimischer Nichtregierungsorganisationen sowie des NABU. Es konnte ein Programm für die Ausweisung von Biosphärenreservaten, verteilt über alle Landschaftszonen (Waldsteppe, Steppe, Halbwüste, Wüste, Hochgebirge) ausgearbeitet werden. Mit Unterstützung von Stiftungen der Schweiz sowie des Global Nature Fund soll das Tengis-Seengebiet in Zentralkasachstan mit einer Größe von derzeit 240.000 Hektar in nächster Zeit das internationale Zertifikat als Biosphärenreservat der UNESCO (dann rund eine Millionen Hektar) und Welterbe der Menschheit bekommen. Der NABU hat zur Unterstützung der Arbeiten ein Projektbüro in Kasachstan eingerichtet. Inzwischen arbeiten weitere internationale Organisationen in diesem Land, um herausragende Naturräume mit ihrer primären Tier- und Pflanzenwelt zu erhalten.

Usbekistan

Usbekistan, ebenfalls eine junge aus der Sowjetunion hervorgegangene Republik in Mittelasien, ist durch seine Fluss-Oasen-Kultur mit Baumwollmonokultur besonders stark von Umweltproblemen betroffen. Auch hier ist die Regierung interessiert, Großschutzgebiete mit internationaler Zertifizierung durch die UNESCO einzurichten. Ausgehend von Zapovedniki aus sowjetischer Zeit wird im Nuratau-Gebirge und seinem Vorland am Rande der großen Wüsten in Gemeinschaftsarbeit mit dem NABU seit 1997 ein Biosphärenreservat entwickelt, das Schutz der Natur und regionales Wirtschaften zusammenführen soll. Mit der Finanzierung durch die Weltbank wurde begonnen. Mit diesem Schutzgebiet soll unter anderem die Restpopulation eines Steppenschafes (*Ovis amon severzovii*) in seinem angestammten Lebensraum gesichert werden. Eine weitere Schutzgebietsregion (Welt-Naturerbe der Menschheit) wird gegenwärtig im Dreiländereck mit Kirgisistan und Kasachstan konzipiert. Dieser Raum dürfte die Urheimat vieler unserer in Gärten kultivierter Zwiebelgewächse sein, wie beispielsweise Tulpen, Lilien, Iris, Krokus und Steppenkerze.

Russische Föderation

Im Auftrag des russischen Umweltministeriums begannen 1994 unter Federführung von Greenpeace Russland, unter Mitarbeit des NABU und mit finanzieller Unterstützung vom Stifterverband für die Deutsche Wissenschaft und dem Bundesamt für Naturschutz Arbeiten zur Ausweisung eines Netzes von Welt-Naturerbe-Gebieten. Dieses auf rund zehn Jahre konzipierte Programm hatte zum Ziel, die herausragendsten 15 bis 20 Räume in den verschiedensten Regionen der Russischen Föderation zur Aufnahme in die Welterbeliste anzumelden. Bisher sind sieben Gebiete durch das Welterbe-Komitee der UNESCO anerkannt worden, darunter ein Schutzgebiet bestehend aus fünf Einzelarealen von insgesamt über drei Millionen Hektar auf Kamtschatka. Gegenwärtig stocken die Nominierungsarbeiten für fünf weitere Gebiete in Bearbeitung, so etwa für den »Grünen Gürtel Fennoskandien« entlang der finnisch-russischen Grenze sowie für zwei riesige Schutzgebiete in Jakutien (Ostsibirien): das Lena-Delta und die Lena-Felsen. Die gegenwärtige Regierung ist an der Fortführung des in der Jelzin-Zeit so hoffnungsvoll begonnenen Programms offenbar kaum noch interessiert.

Weißrussland

1995 startete das Weißrussland-Projekt zum Schutz von Natur- und alten Kulturlandschaften. Finanziert durch die Michael-Otto-Stiftung für Umweltschutz wurde 1997 eine erste Naturschutzkonferenz in Minsk abgehalten, die Vertreter des Umweltministeriums, der Wissenschaft und Nichtregierungsorganisationen zusammenführte. Große Schutzgebiete wurden ausgewiesen, entsprechende Verordnungen durch die Regierung verabschiedet. Die Finanzierung durch die Michael- Otto-Stiftung und inzwischen auch andere internationale Sponsoren (RSPB, Darwin-Foundation) wird fortgesetzt. Die Pribjet-Auen konnten inzwischen als Nationalpark gesichert werden. Bemerkenswerte Moorschutzprogramme wurden umgesetzt. Gegenwärtig erfolgt die Wiedervernässung von rund 50.000 Hektar einst kultivierter Niedermoore.

Aserbaidschan

Das vergleichsweise kleine Land Aserbaidschan, etwa von der Größe Österreichs, gehört zum Gebiet mit der wohl höchsten Biodiversität in Europa. Es weist eine große Vielfalt von Naturräumen auf: vom Hochgebirge des Kaukasus im Norden und den Küsten des Kaspischen Meeres im Osten bis zu den Steppen und Halbwüsten im zentralen und westlichen Teil des Landes. Die wirtschaftliche und soziale Situation des Landes ist angespannt. Aserbaidschan ist bisher weitgehend von westlicher Entwicklungshilfe vernachlässigt worden. Die westliche Gemeinschaft muss jedoch Mitverantwortung tragen, das wichtige Naturpotenzial zu erhalten, zumal Naturressourcen zunehmend durch französische, italienische, amerikanische und deutsche Erdölfirmen ausgebeutet werden.

Die aserbaidschanische Regierung räumt dem Erhalt der noch verbliebenen Naturräume einen hohen Stellenwert ein. Die streng geschützten etwa zwölf Zapovedniki bilden auch heute noch das Kernstück des Naturschutzes. Ein neues Naturschutzgesetz, das auch die Einrichtung von Nationalparken vorsieht, wurde vom Parlament verabschiedet. Die Michael-Succow-Stiftung unterstützt seit nunmehr fünf Jahren das Ministerium für Ökologie und Naturressourcen bei der Umsetzung der ersten Nationalparkplanungen des Landes: nachhaltige Regionalentwicklung, naturverträglicher Tourismus, Biomonitoring, Erarbeitung von Managementplänen. Mit Stand 2006 sind sechs Nationalparke durch Regierung und Parlament ausgewiesen, zwei weitere sind in Vorbereitung. Gegenwärtig erarbeitet unsere Stiftung eine Potenzialanalyse des Naturschutzes für das Land nach Standards der Europäischen Union.

Versuchen wir ein Fazit:
Die Problematik ist bei allen regionalen Besonderheiten letztlich doch überall ähnlich, ob in Georgien oder Aserbaidschan, in Kirgisistan, Kasachstan oder Usbekistan, in der Mongolei, in Weißrussland oder selbst in der Russischen Föderation: reiche, oft großartige Natur, von Menschen durch generationenlange Nutzung geformte Kulturlandschaften und zumindest Reste traditioneller, angepasster Lebens- und Wirtschaftsweise auf der einen Seite – wirtschaftliche Not, Auflösung sozialer Strukturen und gesellschaftliche Polarisierung, zunehmender Nutzungsdruck, politische Turbulenzen, wachsendes Interesse internationaler Unternehmen an der Ausbeutung von Ressourcen, insbesondere Öl, Holz, Gold, Pelzen oder Heilmitteln auf der anderen Seite.

In dieser Situation bemühen sich verantwortungsbewusste Politiker, Künstler, Wissenschaftler, Schutzgebietsbetreuer und die lokale Bevölkerung um die Bewahrung regionaler und nationaler Identität, suchen nach Wegen, das Natur- und Kulturerbe ihrer Länder vor dem ausbeuterischen Zugriff der globalisierten industriellen Hochzivilisation zu bewahren. Ihnen Zuspruch und Unterstützung zu geben, ist ein Gebot der Stunde. Es besteht die Gefahr, dass sie im Gefolge der desolaten ökonomischen Situation vieler dieser Länder im Verbund mit dem enormen Ressourcenverbrauch der reichen Welt durch vordergründige Wirtschaftsinteressen zerstört werden. Internationale Zusammenarbeit, das heißt Globalisierung auch im Naturschutz, ist daher dringend erforderlich. Die Ausweisung von Schutzgebieten wie Nationalparke und Biosphärenreservate ist dabei von zentraler Bedeutung, auch die Zertifizierung von Welt-Naturerbe-Gebieten. Für diese Großschutzgebiete müssen integrative Konzepte entwickelt werden, die dauerhaft umweltgerecht, sozial verträglich und wirtschaftlich tragfähig sind. Es wird darauf ankommen, neben der Sicherung der Naturlandschaften die Akzeptanz der Schutzgebiete in der Bevölkerung zu erhöhen und den Menschen mit seinen Nutzungsansprüchen in die Schutzkonzepte einzubeziehen. Naturschutz kann so auch zur regionalen Stabilisierung in Krisen- und Grenzgebieten beitragen.

Mit vergleichsweise geringen finanziellen Mitteln können hier weltweit einmalige Naturräume für die nächsten Generationen erhalten werden. Entsprechend der in Rio 1992 verabschiedeten Konvention über die Biologische Vielfalt tragen die Industrienationen eine hohe Mitverantwortung für den weltweiten Schutz der Natur und ihre nachhaltige Nutzung. Es gilt die Wirren der Transformation zu überdauern und mit Schutzgebieten den Kapitalstock Natur für künftige Generationen zu sichern!

Tapio Mattlar

Der finnische Dorfaktivist Tapio Mattlar ist als Alternativer Nobelpreisträger ein typischer Repräsentant der engagierten Zivilbewegung, in der Menschen – oft auch ohne jede akademische Vorbildung – ihr Leben in die eigene Hand nehmen und vor Ort für die Verbesserung der Lebensbedingungen eintreten. Tapio Mattlar lebt und arbeitet mit seiner Frau und seinen Kindern auf einem ökologischen Bauernhof 200 Kilometer nördlich von Helsinki und ist seit vielen Jahren im finnischen »Village Action Network« engagiert.

Schon zu Beginn der 1970er-Jahre bildeten sich im europäischen Norden, besonders in Finnland, sogenannte ›Dorf-Komitees‹, um die Welle der Abwanderung in die Städte zu bremsen. In weniger als 10 Jahren wuchs ihre Zahl von 50 auf 2.000. Ende der 90er-Jahre gab es in drei Vierteln der finnischen Dörfer Komitees des ›Finish Village Action Network‹, in denen mehr als 30.000 Menschen mitarbeiteten und die Lebensbedingungen von einer halben Million Menschen beeinflussten. Die Komitees dieser größten finnischen Volksbewegung engagieren sich für die Erhaltung der traditionellen Kultur, kreative Freizeitgestaltung, eine verbesserte ländliche Kommunikationsstruktur, kooperative Dienstleistungen, den Bau von Gemeinschaftseinrichtungen und eine regionale ökologische wirtschaftliche Entwicklung.

Auch wenn das relativ reiche skandinavische Land sich nicht direkt mit Nationen wie Bangladesh vergleichen lässt, so zeigte sich doch, dass der Einfluss der globalisierten Wirtschaft auf die ländliche Entwicklung auch im oberen Drittel der Wohlstandsleiter ähnlich zerstörerisch war. Hier wie dort geht es darum, sich aus der Fremdbestimmung der Metropolen zu befreien und eine Gegenkultur aufzubauen, die sich nicht an den industriellen Konsumidealen orientiert, sondern am Gemeinwohl und den Grundbedürfnissen der Menschen. Auch in den ländlichen Gebieten der ›Ersten Welt‹ geht es um regionales kooperatives Wirtschaften, eine Rückkehr zum Leben in Gemeinschaft, kulturelle Vielfalt und persönliches Wachstum, einen nachhaltigen Lebensstil mit weniger Konsum sowie einer gesunder Umwelt und Ernährung bei hoher Lebensqualität.

Internet www.village-action.fi

Tapio Mattlar

Die Macht des Regionalen

Die Bewegung der Dorfaktivisten in Finnland

Die letzten zehn Jahre haben deutlich gemacht, dass die Globalisierung nicht nur in der so genannten Dritten Welt, sondern auch in den wirtschaftlich entwickelten Ländern der so genannten Ersten Welt regionale Strukturen, kulturelle Identität und funktionierende wirtschaftliche Kreisläufe zerstört. Die Konsequenzen sind zunehmende ländliche Arbeitslosigkeit, die Aufgabe von bäuerlichen Betrieben, der Zerfall der regionalen Infrastruktur und die Abwanderung in die Städte. Mit dem Verlust regionalen Selbstbewusstseins wird nicht nur die Vielfalt regionaler Kultur immer mehr durch globalisierte Einfalt ersetzt, sondern auch das soziale und ökologische Engagement der ländlichen Zivilgesellschaft untergraben. In der globalisierungskritischen Bewegung herrscht deshalb weitgehende Einigkeit darüber, dass eine Regionalisierung und Dezentralisierung wirtschaftlicher Kreisläufe und politischer Strukturen unabdingbar ist, um der Macht transnationaler Konzerne etwas entgegenzusetzen. Die enorme Unterschiedlichkeit der Regionen bringt es aber mit sich, dass lokales Engagement wider die Globalisierung und ihre Folgen nicht nach einem festen Schema erfolgen kann, sondern je nach den lokalen Bedingungen eine enorme Vielfalt und Unterschiedlichkeit aufweisen muss.

Wer die Zerstörung regionaler Strukturen und die kreativen Ansätze, diesen entgegenzuwirken, verstehen will, muss die Geschichte der Regionen kennen und berücksichtigen. In Finnland begann im 14. Jahrhundert mit den ersten dörflichen Siedlungen die Umformung der finnischen Waldwildnis in Kulturland. Zweihundert Jahre später gab es im ganzen Land kleine Dörfer, welche die kleinsten Verwaltungseinheiten bildeten – alle Kultur ging damals vom Dorf aus. Bis zum Jahr 1865 bildeten sie die politische und administrative Struktur des Landes, bis ein neues Gesetz die Gemeinden zur untersten Verwaltungsebene machte. Dennoch blieben die Dörfer natürlich wichtige Basiseinheiten, wenn sie auch ihren offiziellen Status verloren hatten. Traditionelle Feste und das jeweilige lokale Kulturerbe trugen dazu bei, die gemeinschaftliche Atmosphäre in den Dörfern zu erhalten.

Der Prozess der Verstädterung setzte in Finnland später ein als in den meisten anderen westeuropäischen Ländern. Als nach dem zweiten Weltkrieg Finnland weite Gebiete an die Sowjetunion verloren hatte, stand die Regierung vor der Herausforderung, für über 400.000 Flüchtlinge Wohnungen finden zu müssen. Damals errichtete man keine Flüchtlingslager. Stattdessen wurden die Leute zuerst einmal bei jenen untergebracht, deren Häuser intakt waren – und das waren die Bewohner der ländlichen Dörfer. Eine extensive Landreform ermöglichte schließlich die Ansiedlung der Flüchtlinge: Das zur Verfügung stehende Land wurde unter denen, die alles verloren hatten, aufgeteilt. Die Dörfer bekamen auf diese Weise viele neue Einwohner – das trug bis in die 60er-Jahre des zwanzigsten Jahrhunderts hinein zu einem starken und unabhängigen Dorfleben bei. Dennoch kam Mitte der 60er-Jahre die Meinung auf, dass ein modernes Leben nur in den Städten möglich sei und deshalb die Dörfer wohl früher oder später aussterben würden. Das städtische Leben galt allgemein als zeitgemäß und schick, das Bauernleben auf dem Land hingegen als überholt. Die Politiker, Unternehmen und Behörden investierten folglich nicht mehr in die Dörfer und begannen stattdessen, sich auf die große Wanderung in die Städte und Städtchen einzustellen. Doch die erwartete Landflucht fand niemals wirklich statt. Die Finnen hatten nämlich bald gemerkt, dass das Leben in einem winzigen Appartement in einem Wohnblock keinesfalls ihren Vorstellungen von einer hohen Lebensqualität mit ausreichend Platz entsprach. Die intensive Periode der Urbanisierung dauerte deshalb nur ein knappes Jahrzehnt bis in die Mitte der 70er-Jahre hinein. Dann verlangsamte sich der Prozess und kehrte sich bald ganz um: Seitdem sind jedes Jahr mehr Menschen von den Städten auf das Land gezogen als umgekehrt. Finnland ist noch immer das provinziellste Land der Europäischen Union.

Als ich in den beginnenden 80er-Jahren mit meiner Familie von Helsinki in ein kleines Dorf 200 Kilometer weiter nördlich – und 70 Kilometer von der nächsten Stadt – zog, schienen die Aussichten für die Zukunft der ländlichen Dörfer noch nicht allzu rosig. Der ökonomische Wert der Landwirtschaft und anderer traditioneller Methoden des Broterwerbs schwanden dahin. Neue Berufsfelder schienen nur in den Städten zu entstehen. Von den modernen Kommunikationsmitteln schienen auch nur die städtischen Menschen zu profitieren und von Dingen wie Computern oder dem Internet konnten wir auf dem Land nicht einmal träumen. Dennoch war man in vielen Dörfern – und auch in meiner Familie – zuversichtlich, früher oder später Möglichkeiten zu finden, um unseren Lebensunterhalt zu bestreiten und unsere Dörfer am Leben zu erhalten.

Zu dieser Zeit meldeten sich einige aktive und stolze Dörfer zu Wort: Sie wollten ihren schleichenden Tod nicht hinnehmen. Dort entstanden damals die ersten »Dorfkomitees«, die sich zum Ziel setzten, das Dorfleben auch ohne die Unterstützung der lokalen Behörden zu erhalten und weiterzuentwickeln. Die vereinzelten Initiativen wuchsen erstaunlich schnell zu einer Bewegung an: Schon in den späten 70er- und frühen 80er-Jahren gab es ungefähr 3.000 Dorfkomitees im ganzen Land, in denen mehr als 30.000 Menschen mitarbeiteten und die das Leben von mehr als einer halben Million Menschen unmittelbar beeinflussten. Man hat dieses eindruckvolle Beispiel für die Selbstorganisation eines Volkes *Finnish Village Action Movement* genannt, formal müsste es vielleicht die »Finnische Bewegung dörflicher Eigeninitiativen« heißen. Zu Beginn waren diese Komitees absolut unabhängig und vertraten zum Teil sogar anarchistisches Gedankengut. Sie gehörten keiner Organisation an und lehnten es auch ab, sich als offizielle Körperschaften eintragen zu lassen. Vielleicht war das der Grund dafür, dass Gemeindepolitiker und Verwaltung ihr Treiben oftmals mit Argwohn betrachteten. Die Dorfaktivisten hatten in der organisierten Gesellschaft den Ruf von Rebellen. Denn neben ihren Versuchen, das kulturelle und traditionelle Leben wiederzubeleben und gemeinsam ihre Dörfer zu verschönern, galten ihre Aktivitäten vor allem dem Widerstand gegen die staatlichen Kürzungen der Investitionen für die ländliche Entwicklung und dem Abbau der Infrastruktur. Gemeinsamer politischer Widerstand und individuelle wie solidarische kreative Gegenentwürfe gingen also von Anfang an Hand in Hand. »Wir kämpfen für Windmühlen, nicht gegen sie!«, lautete der erfolgreiche und doppeldeutige Slogan jener Jahre.

Doch die Position der permanenten Außenseiter ließ sich nicht halten: In den kommenden Jahren wurden die Dorfkomitees mehr und mehr als legale Bestandteile der Gesellschaft akzeptiert – was ihrem Wunsch nach Integration ja auch durchaus entsprach. Die meisten Komitees haben sich mittlerweile als dörfliche Entwicklungsgesellschaften eintragen lassen, was ihnen unter anderem die Möglichkeit eröffnet hat, Zuschüsse zu erhalten und Entwicklungsprojekte in der Region voranzutreiben. Dies war insbesondere seit Finnlands EU-Beitritt im Jahr 1995 wichtig, weil seit diesem Zeitpunkt eine Menge Fördergelder für dörfliche Entwicklungsprojekte zur Verfügung standen. Aus weitgehend spontanen und kreativen Widerstandsformen waren zivilgesellschaftliche Institutionen entstanden, die aktiv an der politischen Gestaltung der Regionen mitwirken wollten. Dafür schufen die einzelnen Dorfkomitees und -gesellschaften auf der lokalen wie auf der Kreisebene auch kooperative Strukturen. Mit ihrer Hilfe wurden regionale Projekte, Aktivistentreffen und die Wahlen zum Dorf des Jahres organisiert. Nach dem Prinzip des »Bottom-up« – der Organisation von unten nach oben – entstand auch eine nationale Dachorganisation der finnischen Dorfinitiativen mit dem Namen *Suomen Kylätoiminta ry*, die von verschiedenen nationalen zivilgesellschaftlichen Organisationen aufgebaut wurde. Diese unterstützt die Arbeit der Dorfkomitees und die mit ihnen kooperierenden

Organisationen. Das Village Action Movement war zu diesem Zeitpunkt auf etwa 40.000 Aktivisten angewachsen und beeinflusst das Leben von über zwei Millionen Menschen in so unterschiedlichen Feldern wie Kultur, Freizeit, Kommunikation, Dienstleistungen, Hausbau und wirtschaftlicher Entwicklung positiv.

Die finnische Bewegung der Dorfaktivisten kann zwar durchaus Anregungen für andere von Landflucht und regionaler Desintegration betroffenen Länder geben, trotzdem war der große Erfolg der Bewegung eng mit den Besonderheiten und regionalen Bedingungen in Finnland verknüpft. Finnland wurde aber trotzdem – wie alle anderen Länder und Regionen – von den Folgen der wirtschaftlichen Globalisierung hart getroffen. Auch die finnischen Dörfer erwiesen sich als nicht abgelegen genug, um von den gewaltigen Auswirkungen der Globalisierung verschont zu werden. Einige Dinge wandelten sich zum Besseren, einige zum Schlechteren. Den finnischen Aktivisten ging es zunächst darum, sich flexibel an die neuen Bedingungen anzupassen, statt sich ihnen nur in den Weg zu stellen. Sie sagen erneut: »Wenn der Wind bläst, der die Veränderungen bringt, sollte man keinen Windschutz bauen, sondern Windmühlen!« Und es scheint so, als seien wie immer einige Leute besonders erfolgreich darin, die neuen Möglichkeiten aufzunehmen und die sich ergebenden Schwierigkeiten zu vermeiden. Wir Bewohner der finnischen Dörfer haben einerseits sehr stark vom Globalisierungsprozess profitiert. Zum Beispiel hat uns das Internet einige Dienstleistungen wiedergebracht, die wir in den 80er- und 90er-Jahren verloren hatten. Wir verloren damals das dörfliche Zweigstellensystem der Banken, doch nun können wir uns per Online-Banking um unsere finanziellen Angelegenheiten kümmern, ohne in die nächste Stadt fahren zu müssen. Es kümmert uns auch kaum noch, dass das örtliche Postamt geschlossen wurde, seitdem wir von Zuhause E-Mails in die ganze Welt versenden können. Wir haben dank dem Internet, der Mobiltelefone und anderer neuer Technologien sogar neue Dienste hinzugewonnen. Wenn die Welt kleiner wird, rücken sogar die abgelegensten Ortschaften mental näher an die Zivilisation. Dabei bleiben sie jedoch physisch abgelegen genug, um ihren Bewohnern immer noch Ruhe, frische Luft, genug Platz und Natur bieten zu können.

Ein unschöner Aspekt der Globalisierung ist fast überall, dass multinationale Konzerne kleine lokale Unternehmen vom Markt verdrängen. Doch sind diese Multis kaum an Gebieten interessiert, in denen zu wenig Menschen wohnen. Ich bin ziemlich sicher, dass McDonald's in unserem 200-Seelen-Dorf niemals ein Restaurant eröffnen wird, sodass der einzige Laden und die einzige Kneipe weiterhin regionale Produkte ohne internationale Konkurrenz verkaufen können. Die größten Bedenken gegen die Globalisierung gibt es in Finnland vermutlich unter den Landwirten. Wegen des nördlichen Klimas können sie ihre Produkte niemals so billig produzieren wie ihre

Kollegen in den südlichen Ländern. Dennoch sind die finnischen Konsumenten soweit sehr loyal gegenüber ihren Bauern gewesen, indem sie die lokalen Lebensmittel auch dann den importierten vorzogen, wenn Letztere billiger sind. Für einige Konsumenten ist das vor allem eine Frage der Qualität. Im nördlichen Klima brauchen die Bauern weniger Chemikalien als im Süden und die extrem langen Sommertage lassen die Pflanzen vitaminreich und aromatisch werden. Wenn die finnischen Landwirte weiterhin auf die Qualität ihrer Produkte setzen, werden sie wohl keine Probleme haben, lokal mit dem globalisierten Nahrungsmittelangebot konkurrieren zu können.

Die besondere Bedeutung der regionalen Identität

Die Finnen besitzen eine überaus starke nationale Identität. Das wird sicherlich einer der Hauptgründe sein, warum Finnland in internationalen Vergleichen oft so erfolgreich abschneidet. Das Land ist wirtschaftlich eines der leistungsstärksten und am wenigsten von Korruption betroffenen der Welt. Und auch das Erziehungssystem ist bekanntlich im internationalen Vergleich ganz weit vorne. Unsere nationale Identität beruht dabei stark auf der finnischen Sprache, die sich von den anderen europäischen Sprachen sehr stark unterscheidet. Finnisch unterscheidet sich so sehr vom Englischen, dass moderne international gebräuchliche Ausdrücke für gewöhnlich nicht in unsere Aussprache oder Grammatik passen. Die kulturelle Gefahr des Verlustes der eigenen Sprache im Prozess der Globalisierung ist hier nicht gegeben. Da wir in unserer Sprache solche Laute und Buchstaben wie b, c, d, f, g, q, w, x und z nicht kennen, müssen wir neue finnische Begriffe für fast alle neuen Erfindungen bilden. Zum Beispiel hat das englische Wort Computer in fast allen Sprachen Eingang gefunden, nicht jedoch im Finnischen. Wir nennen Computer »*tietokone*«, eine Wissensmaschine. Auf der anderen Seite sind die regionalen Identitäten in Finnland eher schwach ausgebildet. Das mag daran liegen, dass die finnische Kultur vergleichsweise jung ist. Die relativ späte Besiedelung hat die regionalen Unterschiede nicht so groß werden lassen wie in anderen europäischen Staaten. Die finnischen Menschen fühlen sich selbst in erster Linie als Finnen, ganz unabhängig davon, in welcher Region sie leben.

Mir scheint allerdings, dass eine all zu große regionale Identität auch gar nicht erstrebenswert ist, weil sie leicht in einen weltabgewandten Lokalpatriotismus umkippen kann, der alle neuen Einflüsse ablehnt. Wir Finnen lassen uns gewöhnlicherweise von neuen Dingen inspirieren und adaptieren technologische Innovationen rasch für den allgemeinen Gebrauch. Diese Mentalität lässt zugleich die ganze Gesellschaft inklusive der Dorfbevölkerung fortschrittlich und flexibel sein. Auch Rassismus und ultrakonservative Werte, die leicht aus einer einseitigen Überbetonung des Lokalen entstehen können, sind in Finnland nicht sonderlich populär. Bei den letzten Wahlen traten einige ultrakonservative Parteien mit derselben Programmatik wie die erfolgreichen nationalistischen Parteien in Belgien, Dänemark, Frankreich oder Deutschland an. Doch keine von ihnen schaffte es, einen Kandidaten in das Parlament zu bringen. Die finnische Art zu Denken ist ziemlich liberal und egalitär. Es scheint bei der Stärkung der Regionen also um eine gesunde Mischung aus regionaler Identität und Weltoffenheit zu gehen.

Von den 4.000 finnischen Dörfern haben bislang 3.900 in Eigeninitiative ein Dorfkomitee oder eine Dorfgesellschaft ins Leben gerufen. Die meisten von ihnen können hierbei beeindruckende und ganz unterschiedliche Ergebnisse vorweisen. Es scheint so, als läge das Rezept für den Erfolg der Komitees vor allem in der Fähigkeit der Leute begründet, zusammenarbeiten zu können, ohne dabei vordergründig eigennützige Motive zu verfolgen. Eine solche Haltung hat unter den ländlichen Bewohnern Finnlands eine lange Tradition – was vermutlich auch maßgeblich zur Gründung und raschen Verbreitung der Bewegung beitrug. Die Dorfkomitees waren Ausdruck der Überlegenheit des kleindimensionierten Kollektivismus gegenüber dem reinen Individualismus.

Noch im 19. Jahrhundert waren während der langen kalten Winter viele Finnen der Gefahr des Verhungerns ausgesetzt, wenn sie es im Sommer nicht schafften, ausreichend Nahrung für Familie und Vieh zu sammeln und zu erzeugen. Unter diesen harten Bedingungen lernten die Nachbarn, einander zu helfen. In den Dörfern war deshalb das Wort »*talkoot*« von großer Bedeutung. Man könnte es als »freiwillige gemeinnützige bzw. gemeinschaftliche Arbeit« übersetzen. Damit gab es eine bewährte Tradition kooperativen Denkens und Handelns, die dem konkurrenzbetonten Individualismus der Globalisierung gegenüberstand. Dadurch, dass Dorfbevölkerung »*talkoot*« ausriefen und organisierten, schafften es schon unsere Vorfahren, die Ernte rechtzeitig einzufahren, Straßen und Zäune zu bauen, Dorfschulen zu etablieren und zahllose weitere wichtige Projekte zu realisieren.

Seitdem Traktoren und Erntemaschinen einen großen Teil der Arbeit auf den Höfen erledigen, war die Talkoot-Tradition vom Aussterben bedroht – doch mit der Bewegung der dörflichen Eigeninitiativen erhielt diese schöne Idee eine neue Bedeutung. Nun wird in den Dörfern »*talkoot*« ausgerufen, um Kulturhäuser oder Sommertheater zu errichten, die Umwelt schöner und attraktiver für Touristen zu machen, Kinderbetreuung und Altenpflege zu organisieren, Wassersysteme zu bauen oder was auch immer gerade anliegt. Das Prinzip des »*talkoot*« besteht dabei darin, dass niemand für die Arbeit bezahlt wird, aber derjenige, der die kooperative Maßnahme vorbereitet und davon profitiert, für das leibliche Wohl der Arbeiter sorgt. Heute wird mitunter »*talkoot*« nur aus dem Grunde ausgerufen, den dörflichen Gemeinschaftsgeist zu stärken und die Freude zu verspüren, die entsteht, wenn man gemeinsam etwas Sinnvolles erschafft. Der Aufbau und die Pflege solcher kooperativen Zellen könnte auch für andere Länder zum Modell für eine Stärkung der Regionen werden.

Die Möglichkeiten derartiger Initiativen sind weitreichend: In der Ortschaft Eskola haben die Einwohner einen alten Lokschuppen zu einem Gemeindehaus umgebaut. Dann begannen einige, in diesem Haus Essen und Veranstaltungen für die Alten zu organisieren. Später entschied das Dorfkomitee, im Gemeindehaus einen Kindergarten einzurichten und ringsherum weitere Häuser für Familien und Angestellte zu bauen. Der Cateringservice für die Senioren und der für die Kinder wurde dann zusammengelegt. Heute will keiner von den Alten in Eskola mehr in das Altersheim des Landkreises umziehen; sie möchten alle so lange wie möglich in ihrem eigenen Dorf bleiben.

Wenn die Dorfkomitees in den Anfangsjahren der Bewegung Geld für ein Projekt brauchten, riefen sie auch hierfür »*talkoot*« aus. Einige Dörfer unterhalten noch heute ihr eigenes Sommertheater, in denen sie mit selbstgeschriebenen Stücken erstaunliche Geldmengen für die Dorfentwicklung einnehmen. Der Ort Kaivola im südwestlichen Finnland ist ein Beispiel dafür, wie aus einer die Identität stärkenden Dorftheatergruppe heraus die Initiative für ein Dorfkomitee entstand. Die Theatergruppe war gegründet worden, um die Renovierung einer Windmühle zu finanzieren. Nach der Realisierung dieses Projektes wollte die Theatergruppe aber nicht mehr aufhören zu spielen und sie hat seitdem das Geld für verschiedene andere Dorfaktionen gesammelt. Dazu gehört unter anderem der Kauf von 20 Hektar Land für ein Dorfhaus und als Baugrund für neue Siedler.

Die gegenwärtige Rolle der EU

Gleichzeitig mögen unsere Erfahrungen mit zentralisierter Entwicklungshilfe für andere regionale Initiativen von Wert sein: So gibt es heute diverse EU-Förderprogramme, die es den finnischen Dorfgesellschaften ermöglichen, nicht unerhebliche finanzielle Unterstützung für ihre Projekte zu erhalten, beispielsweise das Leader-Programm. Die Dorfgesellschaften waren sofort nach dem finnischen EU-Beitritt 1995 bereit, diese Gelder mit ihren Projektideen abzurufen – während andere Beitrittsländer noch lange überlegten, wie sie diese Angebote in Anspruch nehmen könnten. In meinem Dorf hatten wir Ende der 1990er-Jahre alleine fünf solcher Projekte: ein Projekt um den Tourismus anzukurbeln, eines um den Badestrand auf Vordermann zu bringen, eines um aus dem Sommerfest ein nationales Sommerfestival entstehen zu lassen, eines um einen Naturlehrpfad zu bauen und eines zur Pflege des Dorfbildes.

Dabei hat sich in vielen Dörfern Finnlands erwiesen, dass Geld nicht unbedingt immer glücklich macht. Während die Aktivisten jahrelang fast ohne jede Hilfe von außen die unterschiedlichsten Projekte verwirklicht hatten, waren die zum Teil recht umfangreichen Geldsummen aus den Förderprogrammen mitunter dazu geeignet, neue Probleme entstehen zu lassen. Die Leute zeigten sich nämlich nicht länger interessiert, sich an »*talkoot*« zu beteiligen, wenn an diesem Projekt auch bezahlte Leute mitarbeiteten. Da wurden schnell Zweifel laut, ob das viele Geld wirklich in der bestmöglichen Weise ausgegeben worden war oder ob einige Arbeiter nicht zu viel Aufwandsentschädigung erhalten hatten. In einigen Dorfgesellschaften wurde so viel gestritten, dass die Projekte komplett scheiterten. Mittlerweile haben die meisten Dörfer jedoch gelernt, den Fördergeldern gegenüber eine entspanntere Haltung einzunehmen, sodass diese Probleme weniger werden. Es ist für regionale Initiativen also von großer Bedeutung, achtsam mit der Förderung zentralisierter Institutionen umzugehen, weil dadurch schleichend die Fähigkeit zur kooperativen Selbsthilfe zerstört werden kann.

Die Mitgliedschaft in der Europäischen Union hat jedoch nicht nur solche Probleme gebracht, sondern den Dörfern und der ländlichen Politik der Regierung auch eine neue Art Denken auferlegt. Zum Beispiel stehen Umweltfragen heute viel mehr im Mittelpunkt als zuvor. Weil wir in Finnland keine größeren Umweltprobleme hatten, wurden dörfliche Umweltprojekte vor 1995 von der Regierung kaum unterstützt. Nun, da diese Fragen mehr Bedeutung erlangt haben, steht auch mehr Geld dafür zur Verfügung. Während die finnische Regierung solche Aktivitäten niemals in irgendeiner Weise gefördert hat, tut die EU das sehr wohl. Wir sind sehr froh darüber und hoffen, dass das auch in Zukunft so bleibt.

Ein Netz aus dezentralen Einheiten

Während der vergangenen Jahre hat es einen konstanten Zustrom neuer Bewohner in die ländlichen Dörfer Finnlands gegeben. Viele von ihnen sind in der Stadt geboren, sodass man hier nicht von »Rückkehr aufs Land« sprechen kann. Dahinter steht vielmehr die Überzeugung, dass die Lebensqualität auf dem Land einfach höher ist als in der Stadt. Kürzlich druckten die Zeitungen eine Statistik zu den innerfinnischen Wanderungsbewegungen des vergangenen Jahres. Der größte Verlierer war demnach die Hauptstadt Helsinki (minus 1.462 Einwohner). Die Gewinner waren die Dörfer um die Städte herum.

Und doch verlangt die demographische Stärkung der Dörfer gleichzeitig neue Organisationsformen. Familien, die aufs Land ziehen, folgen einer starken Vision, das Landleben am Leben zu erhalten. Allerdings entsteht das Problem, dass die neuen Landbewohner sich über das ganze Land verteilen. Für sie wäre es einfacher, all die neuen Fähigkeiten gemeinsam zu erlernen, die das Landleben von ihnen verlangt. Deshalb sind wir neuen Landbewohner gezwungen, per E-Mail und über Internet-Mailinglisten zu kommunizieren. Manchmal treffen wir uns auch auf Versammlungen oder besuchen uns gegenseitig.

Neben diesen eher virtuellen Zusammenschlüssen gibt es auch einige internationale Netzwerke, über die man in Kontakt mit Leuten kommen kann, die Ideen für ein anderes Leben auf dem Land vertreten. Eines davon ist das *Global Ecovillage Network* – Sektion Europa. In Finnland gibt es zudem einen Verband der Farm-Kommunen, die sich gegenseitig unterstützen. Unsere Farm wird im Sommer so etwas wie eine internationale Kommune: Dann ist es für interessierte Menschen möglich, gegen Kost und Logis auf unserem Land zu arbeiten. Durch diese Form der internationalen Kooperation findet ein grenzübergreifender Austausch über die unterschiedlichen Lebensstile in der modernen Gesellschaft statt.

Das regionale Engagement ist dabei weit mehr als nur Stadtflucht. Vielmehr wird das Land zum Nährboden für neue gesellschaftliche und kulturelle Werteinstellungen. Die Menschen, die das Landleben vorziehen, haben eine große Bandbreite an Motiven hierfür. Einige wollen sich so weit es möglich ist selbst versorgen, andere möchten Reitpferde halten, einige wollen so oft es geht angeln oder jagen und wieder andere wollen einfach nur ihre Kinder in einer gesunden Umgebung aufwachsen sehen. Alle verbindet sie jedoch zwei gemeinsame Gedanken: Sie sind nicht bereit, wirtschaftliche Werte über ihre Lebensqualität zu stellen und sie glauben nicht, dass Zentralisierung in einer modernen Welt notwendig ist.

Zentralismus kann mitunter aus finanziellen Gründen vernünftig erscheinen, aber er kann auch für Menschen beklemmend und gewaltsam sein. Die Krise der städtischen Gesellschaft kann somit zur Aufwertung regionaler Dorfstrukturen beitragen. Umfragen haben gezeigt, dass mittlerweile die Hälfte der finnischen Stadtbevölkerung von einem Leben auf dem Land träumt und dass von diesen ungefähr zehn Prozent ihren Traum innerhalb der nächsten Jahre wahrmachen wollen. Die meisten von denen, die nicht auf das Land ziehen möchten, verbringen zumindest ihre Ferien dort. In Finnland haben wir mehr Sommerferienhütten als irgendwo sonst auf der Welt und manche Dörfer verdoppeln während der Saison ihre Einwohnerzahl. Der Verband der Dorfkomitees in meiner Region hat nun eine Kampagne gestartet, um den Leuten zu helfen, ihren Traum von einem Leben auf dem Land wahr zu machen. Ihr Motto lautet: Das Glück lebt auf dem Land!

Fazit

1992 wurde der Finnischen Bewegung der Dörflichen Eigeninitiativen der Alternative Nobelpreis dafür verliehen, dass diese einen »dynamischen Weg zur Wiederbelebung ländlicher Gegenden, zur Dezentralisierung und zur Stärkung der Bevölkerung (empowerment of the people)« aufgezeigt habe. Die Dorfaktivisten sind noch immer aktiv in den finnischen Dörfern, wenn sich auch ihre Projekte von denen aus den Anfangsjahren unterscheiden. Heute gleichen die Aktivitäten in den Dörfern eher den Entwicklungsprojekten anderer Nichtregierungsorganisationen. Dennoch herrscht in den unabhängigen Dorfgesellschaften noch immer ein ganz besonderer, anarchischer Geist. Wenn wir eine gute Idee haben, können wir theoretisch gleich morgen früh mit der Umsetzung beginnen, ganz ohne irgendwelche Planungstreffen und ohne irgendjemanden um Erlaubnis bitten zu müssen. Das ist ein großer Unterschied zu bürokratischen Institutionen, die landesweiten Dachverbänden angehören. Dieser besondere Geist der dörflichen Eigeninitiativen könnte durchaus auf andere Länder übertragbar sein. Dennoch scheinen die speziellen Umstände in Finnland so einzigartig, dass es sich möglicherweise als schwieriges Unterfangen herausstellen könnte, unseren Ansatz woanders 1:1 kopieren zu wollen. Die Formen der Aktivitäten sollten von Land zu Land jeweils neu gefunden werden, um sicherzugehen, dass sie den drängendsten Bedürfnissen der Dorfbewohner wirklich entsprechen.

Das Allerwichtigste ist dabei, dass die Menschen, die in den Dörfern leben, davon überzeugt sind, dass die Zukunft ihres Ortes sich verbessern kann, wenn sie heute anfangen gemeinsam dafür zu arbeiten. Sie dürfen nicht darauf hoffen, dass Hilfe von außerhalb kommt. Sie müssen anfangen, ihre Probleme selbst zu lösen – wenn sie dabei später Hilfe erhalten, ist das immer noch eine schöne Überraschung. Eine Gruppe von Leuten kann dabei naturgemäß immer viel mehr erreichen, als ein oder zwei Menschen alleine. Am Anfang muss deshalb eine Idee oder ein Traum stehen, für dessen Verwirklichung viele Menschen bereit sind sich einzusetzen. Dann sollte ein Plan gemacht werden, wie das Ziel erreicht werden kann und schließlich sollte regelmäßig daran gearbeitet werden, zum Beispiel ein- oder zweimal in der Woche. Das betrifft nicht nur gemeinsame Bau- oder Erntearbeiten, sondern auch unterschiedlichste kulturelle Aktivitäten.

In meinem Dorf sind wir beispielsweise dabei, Material für eine Dorfchronik zu sammeln. An jedem zweiten Samstag treffen wir uns und sichten alte Fotos, Landkarten und anderes Material, das wir von Dörflern und Ex-Dörflern bekommen haben. Bei diesen Treffen lesen wir auch Erinnerungen aus dem Dorfleben vergangener Tage und diskutieren mit viel Spaß, welche davon wert sind, in unserer Chronik abgedruckt zu werden. Dabei geht es um nichts weniger, als sich vor Ort neu zu verwurzeln und sich damit um so selbstbewusster, stabiler und unabhängiger von den Vorgaben des globalisierten Marktes regional zu entwickeln.

POLITIK, WIDERSTAND & NEUE SPIRITUALITÄT

Sulak Sivaraksa

Der 1933 in Thailand geborene Sozial- und Umweltaktivist, buddhistische Lehrer, Autor von über 100 Büchern und Begründer zahlreicher zivilgesellschaftlicher Organisationen gilt nicht nur als einer der wichtigsten Pioniere nachhaltigen Denkens und Handelns in Asien, sondern auch als wichtiger Brückenbauer zwischen spiritueller Disziplin und politischer Aktion. Gemeinsam mit dem 14. Dalai Lama und dem exilierten vietnamesischen Zenmönch Thich Nath Hanh rief er das »International Network for Engaged Buddhism« (INEB) ins Leben, um Projekte zur Lösung globaler Probleme zu initiieren und die Zusammenarbeit mit anderen religiösen Traditionen und sozialen Bewegungen zu koordinieren.

Sulak Sivaraksa wuchs in Thailand auf, studierte in England und Wales und gründete 1961 nach seiner Rückkehr die »Social Science Review« als intellektuelle Zeitschrift gegen die Militärdiktatur. Bald schon wandte er sich aber von der rein akademischen Arbeit ab und begann mit Bauernorganisationen, engagierten buddhistischen Mönchen und studentischen Aktivisten zusammenzuarbeiten. In den 1970er-Jahren wurde er zur Schlüsselfigur der thailändischen Demokratiebewegung, gründete die »Slum Childcare Foundation«, die »Interreligiöse Kommission für Entwicklung«, das »Asian Cultural Forum on Development«, das »Spirit in Education Movement« sowie sein »Santi Pracha Dhamma Institute«. Mit diesem »Institut für Frieden, partizipative Demokratie und Gerechtigkeit« engagiert er sich gegen die Globalisierung und für die Förderung regionaler Entwicklung, kultureller Vielfalt, ganzheitlicher Erziehung und spirituellen Wachstums. Zur Arbeit des engagierten Buddhisten gehört die Friedensarbeit, der Umwelt- und Tierschutz, der Schutz von Minderheiten und politisch Verfolgten, die soziale Unterstützung Bedürftiger sowie die Sozialarbeit mit Jugendlichen, Randgruppen, seelisch Kranken und Sterbenden. Zahlreiche Verhaftungen und versuchte Anschläge haben ihn nicht vom seinem kompromisslosen Pazifismus abgebracht.

Internet
www.sulak-sivaraksa.org

Politische Spiritualität

Engagierter Buddhismus und gewaltfreie Aktion

Im Buddhismus erzählen wir gerne folgende lehrreiche Geschichte: Eines Tages kam ein Mönch zu Buddha und erzählte dem Erleuchteten stolz, dass er seit Jahren meditiere, um die magische Kraft zu entwickeln, auf dem Wasser über den Fluss laufen zu können. Doch Buddha kommentierte den Bericht nur mit den Worten, wie dumm es von dem Mönch sei, für etwas so sinnloses derartig viel Zeit zu verschwenden. Wenn er über den Fluss wolle, solle er die Fähre nehmen und dem Fährmann ein paar Münzen zahlen.

Im Buddhismus – das erzählt diese Anekdote – besteht Magie nicht darin, über das Wasser zu laufen oder durch die Luft zu schweben. Als »magisch« – oder vielleicht besser als »wunderbar« – wird die Fähigkeit verstanden, in voller Achtsamkeit auf der Erde zu gehen. Denn wenn wir die Erde nicht ausbeuten, wird die Natur für sich selbst sorgen und den Menschen dabei unterstützen, physisch, geistig und spirituell zu wachsen.

»Spirituell« heißt für uns also nicht, sich von der Welt abzuwenden. Wer einen spirituellen Weg geht, kümmert sich um sich selbst, aber damit auch um das Wohl der Gesellschaft, der Welt, der Umwelt und der kommenden Generationen. Jene, die sich zur reinen mystischen Innenschau in Klöster zurückziehen, werden sicher auch gebraucht. Aber sie müssen in der Minderheit bleiben. Wenn wir alle die großen Mystiker nachahmen wollten, würden wir selbstsüchtig handeln. Es kann nicht angehen, nur das eigene Haus in ein wunderschönes Meditationszentrum zu verwandeln. Denn dann bleibt man Teil des Systems, welches die Armen unterdrückt, Konsum anheizt, schrankenloses Wachstum propagiert und die Zukunft gefährdet.

Dabei kann Meditation in der richtigen Form durchaus Sinn machen: Wenn wir uns in tiefer Achtsamkeit einer Blume widmen, dann erkennen wir eine sehr einfache Magie: nämlich, dass diese Blume aus Elementen besteht, die weit über diese Blume hinausgehen. Im gegenwärtigen Moment mag sie frisch und schön sein, bald schon aber wird sie welken und sterben. Sie wird zu Kompost werden und als Düngemittel in einer anderen Pflanze wiedergeboren werden, die erneut Blumen für all jene hervorbringt, die ihre Schönheit genießen. Das ist die wirkliche Magie des Lebens! Genauso wie die Tatsache, dass wir alle eines Tages sterben und begraben werden und dann ebenso Teil dieses Kreislaufes werden. Was erkennen wir dabei? Ohne *Dich* oder ohne das *Andere*, kann es kein *Ich* geben, kein Individuum. Das *Du* und das *Ich* sind auf das engste miteinander verbunden, sie bedingen sich gegenseitig. Der vietnamesische Zen-Mönch Thich Nath Hanh spricht deshalb nicht von »Sein« oder »Nicht-Sein«, sondern von »*Interbeing*«, von »gegenseitigem Sein«: Jeder von uns besteht aus nichtmenschlichen Elementen – wir sind die Sonne, der Mond, die Erde, der Fluss, der Ozean, die Bäume. Denn ohne all diese Dinge könnte der Mensch weder entstehen noch bestehen. Die klassische Naturwissenschaft ignoriert das und beschreibt uns als Maschinen. Sie sieht im Universum nur eine Ansammlung toter gefühlloser Materie. Diese reduzierte Sichtweise ist aus der Perspektive des »engagierten Buddhismus« der tiefere Grund dafür, dass wir die Welt, Mutter Erde, zerstören und zum Beispiel ihre Wälder rücksichtslos roden, um im Namen des Wirtschaftswachstums reich zu werden.

Zwar war die menschliche Zerstörung der Natur schon seit Jahrhunderten ein Thema, sie bekam aber eine völlig neue Dimension, nachdem René Descartes ihr mit dem Satz »Ich denke, also bin ich« auch eine philosophische Basis gab. Mit dieser Grundaussage wurde gleichzeitig konstatiert, dass jedes andere Wesen, das scheinbar nicht zu denken in der Lage ist, minderwertig sei und deshalb durch die »Denkenden« ausgebeutet werden dürfe. Und selbst unter den denkenden Wesen setzte sich die Überzeugung durch, dass die besser denkenden Schlauen das Recht hätten, die Schwächeren auszubeuten.

Aber der Prozess des Denkens bedeutet noch mehr: Je mehr wir uns auf das Denken konzentrieren, desto mehr gleicht unser Gehirn einem Schrank voller Schubladen. Je tiefer das intellektuelle Denken wird, desto größer wird die Gefahr, das Leben selbst darunter zu begraben. Dann sehen wir den Wald vor lauter Bäumen nicht mehr und sind nicht mehr fähig zu einer holistischen, ganzheitlichen Wahrnehmung. Das wiederum führt dazu, dass wir die Produkte unseres Denkens und unsere Experimente mit der Materie gar nicht mehr infrage stellen. Mit der globalisierten Konsumgesellschaft hat sich das Problem noch einmal weiter verschärft. Mittlerweile haben wir den Satz »Ich denke, also bin ich« in das Motto »Ich kaufe, also bin ich« verwandelt. Hypnotisiert vom Konsumrausch gibt es für die meisten nur noch zwei Ziele im Leben – einerseits Geld zu verdienen und es andererseits für all das wieder auszugeben, was ihnen die Werbung zu kaufen befiehlt. Doch diese Werbestrategen sind nichts anderes als die süßlich verfärbte Stimme der transnationalen Konzerne, die längst mehr Einfluss auf unser Leben haben als jeder Nationalstaat. Ihre eigentliche Absicht aber besteht schlicht darin, Menschen und natürliche Ressourcen unbarmherzig zu ihrem Nutzen auszubeuten.

Buddha dürfte in seiner Zeit durchaus als subversive Person gegolten haben. Er widersprach den herrschenden sozialen Normen, lehnte das Kastensystem ab und sah in jedem Wesen das Potenzial der Selbstverwirklichung. Er trat als Erster für gleiche Rechte von Mann und Frau ein. Er bezeichnete Reichtum, Macht und Erfolg als Illusion und propagierte einen einfachen Lebensstil. Das waren und sind durchaus subversive Ansichten. Wenn heute jemand Buddha treffen würde und ihn nach einer Lösung für die Probleme des Cartesianischen Dualismus und des globalisierten Konsums fragen würde, erhielte er möglicherweise eine ganz einfache Antwort, die uns aber ermöglichen würde, aus dem Gefängnis der Moderne ausbrechen zu können. Er würde den Satz vorschlagen »Ich atme, also bin ich!« Das mag für einen Aktivisten in der modernen Welt überraschend klingen. Aber der Buddhismus versteht »Spiritualität« nicht als etwas Übernatürliches. Er greift vielmehr auf das entsprechende Sanskrit-Wort zurück, dass zugleich »Atem« heißt. Der moderne Mensch ignoriert die Bedeutung des Atems. Er ignoriert, dass wir vom Moment unserer Geburt bis zum Tode atmen. Er vergisst, dass wir unweigerlich sterben, wenn wir fünf Minuten die Luft anhalten. Tatsächlich ist das Atmen das wichtigste Element unseres Lebens – und das gilt für alle Lebewesen. Es passiert Tag und Nacht, 24 Stunden am Tag, sieben Tage die Woche. Trotzdem wird diesem Urgrund des Lebens von den meisten Menschen kaum Achtsamkeit geschenkt. Was Atmen heißen kann, soll in folgender Meditation von Thich Nath Hanh deutlich werden:

Einatmend beruhige ich meinen Körper.
Ausatmend lächle ich.
Verweile im gegenwärtigen Moment
und erkenne die Schönheit des Jetzt.
Einatmend weiß ich, dass ich einatme,
ausatmend weiß ich, dass ich ausatme.
So tief wie ich einatme,
so langsam atme ich auch aus.
Das Einatmen gibt mir Ruhe,
das Ausatmen gibt mir Leichtigkeit.
Einatmend lächle ich,
ausatmend lasse ich los.
Einatmend gibt es nur diesen Moment,
ausatmend ist es ein wundervoller Moment.

Diese bewusste Zuwendung zum Atem nennt man *samatha bhavana* oder auch die »ruhige Hingabe an das Gesetz des Lebens«. Sie hilft dabei, innere Ruhe zu entwickeln und in sich selbst Samen des Friedens zu säen. Wer darüber verfügt, kann das entwickeln, was wir im Buddhismus *vipassana bhavana* nennen – die »Meditation der Innenschau«, um eine kritische Achtsamkeit gegenüber sich selbst zu entwickeln und das Ego nicht mehr so ernst zu nehmen. Man wird dadurch weniger selbstsüchtig und beginnt sich an Werten wie Frieden und Gerechtigkeit zu orientieren – und hat dabei ein wirkliches Verständnis seiner selbst und der Welt. Damit beruft man sich nicht mehr auf übernommene Meinungen über Gefühle wie Liebe, Hass, Angst oder Täuschung. Die buddhistische Zauberformel ist also so gesehen etwas wie ein Gebet für den Weltfrieden, für soziale Gerechtigkeit, eine ökologische Balance, die aber immer bei uns selbst – und unserem bewussten Atmen – beginnt.

Ruhig einatmen und achtsam ausatmen – wenn ich dadurch einen Samen des Friedens und Glücks in mir pflanze, führt mich die Entwicklung dieser Pflanze zu einer Abnahme von selbstsüchtigen Bedürfnissen und klärt mein Bewusstsein. Wenn ich dadurch freier von meinen eigenen inneren Themen werde, bin ich in der Lage, die strukturelle Gewalt in der Welt klarer zu sehen und besser zu verstehen. Und indem ich durch Achtsamkeit Herz und Hirn verbinde, kann ich die Welt als ein holistisches Gewebe wahrnehmen lernen, von dem alle Lebewesen ein Teil und so mit mir verbunden sind. Aus diesem Verständnis folgt ganz von alleine das Bedürfnis, aus Liebe zum Ganzen an einer gewaltfreieren Welt mitzuarbeiten. Deshalb entscheide ich mich für ein einfaches Leben und widme es denen, die unterdrückt sind. Also werde ich, gemeinsam mit anderen und orientiert an einem inneren Ideal der Achtsamkeit, zum Teil einer großen Bewegung, die das Leiden in der Welt vermindern will, sodass sie für alle empfindungsfähigen Wesen wieder zu einem harmonischen Lebensraum wird.

Insofern ist der Buddhismus etwas sehr politisches, weil er sich unmittelbar mit den sozialen Krankheiten in der Welt beschäftigt. Seine »Vier Edlen Wahrheiten« – das Leiden, die Wurzeln des Leidens, das Aufhören des Leidens und das praktische Beschreiten des Weges zur Beendigung des Leidens – machen letztlich die soziale und ökologische Aktion zu einer Übung der Achtsamkeit. Auch darin liegt eine ganz einfache Magie, für die niemand über das Wasser laufen muss.

Darüber hinaus führt der bewusste Atem auch zu der Einsicht, wie die soziale Not in der Welt an der Wurzel mit dem »Bösen« in uns verbunden ist – namentlich mit Gier (*lobha*), Hass (*dhosa*) und Ignoranz (*moha*). Schon auf der ganz persönlichen Ebene kann uns das Verständnis dieser drei menschlichen Grundübel dabei helfen, Schmerz und Verwirrung zu überwinden. Im sozialen Kontext aber hilft uns das, zum Kern der Probleme vorzudringen und gibt uns gute Hinweise darauf, wie wir auf sie reagieren können. Er wird damit zur Basis einer Strategie des sozialen Widerstands und des sozialen Ungehorsams.

Der Konsumwahn und der globalisierte Kapitalismus sind die stärksten modernen Ausdrucksformen jenes Grundübels, das Buddha als *lobha*, als Gier gekennzeichnet hat. Durch den Konsum versuchen wir nichts anderes, als die Leere in unseren Herzen mit einem ständigen Mehr an Konsum und Produkten zu füllen. Solange wir dieses innere Geheimnis hinter allen Werbestrategien nicht erkannt haben, werden wir zu ihren Opfern. Das führt zwangsläufig zu Interessenkonflikten und Ausbeutung. *Dhosa* oder Hass findet seine deutlichste Ausdrucksform im Phänomen des Militarismus. Die Lust an der Macht, die zu vielfältigen Menschenrechtsverletzungen führt, ist ein klares Beispiel dafür, wie Hass das Denken Einzelner manipuliert und sie dazu bringt, ungerechte soziale Strukturen zu erschaffen. Das dritte Grundübel, die Ignoranz oder Unwissenheit, wird durch ein zentralisiertes Bildungssystem sozial verewigt: Schüler und Studenten lernen heute nicht holistisch, sondern nur in Schubladen zu denken und tragen so zu Erhaltung der existierenden zerstörerischen Normen und Werte bei. Das ist einer der Gründe für die Schwäche der Studentenbewegungen und Bürgerinitiativen. Denn man bringt den jungen Menschen lediglich das Handwerkszeug bei, mit dem sie zu erfolgreichen Mitarbeitern multinationaler Konzerne werden, wo sie, einmal angeheuert, nichts anderes tun, als ihre Mitmenschen und die Ressourcen ihrer Heimat auszubeuten.

All dieses Leid, das ich hier aufliste, kann reduziert oder sogar abgeschafft werden durch eine tiefe Einsicht in die wahre Natur der Dinge. Da ist der buddhistische Ansatz wirklich einzigartig, weil er nicht auf das Vertrauen in irgendeinen Glauben, sondern auf die Praxis baut. Denn er behauptet: Um Einsicht zu gewinnen, muss man erst mal mit den wirklichen Wahrheiten selbst experimentieren.

Dabei fordert der Buddhismus keine Zurückhaltung. Er will durch die Praxis vielmehr dieses *Interbelonging*, jene »gegenseitige Zugehörigkeit«, die alles Leben miteinander verbindet und jedem seinen Platz im Netz des Lebens gibt, erfahrbar machen. Er will helfen, sich daran zu erinnern, dass wir »Freunde im gemeinsamen Leiden« sind, wie es in einer buddhistischen Redewendung heißt. Insofern beginnt mein buddhistisches Modell der Entwicklung immer mit der Alltagspraxis der eigenen Selbsterkenntnis. Wir nennen diesen Weg *citta sikkha* oder die »Kontemplation über den Geist«. Kontemplation oder Meditation sind extrem wichtig für die Einsicht, die wiederum die Qualitäten von Wachsamkeit und Kritikfähigkeit weckt. Kritisches Selbstbewusstsein ist ein zentraler Wert im engagierten Buddhismus. Von diesem kritischen Verständnis unserer Selbst ausgehend, kommen wir zu einem kritischen Verständnis der Gemeinschaft, der Gesellschaft, der Nation und der Welt. Wir entwickeln eine kritische Beziehung zur Regierung und analysieren ihre Institutionen, eben um zu verstehen, wie die Mechanismen von Gier, Hass und Unwissenheit auf der strukturellen Ebene der Gesellschaft zum Ausdruck kommen.

Zudem hilft der buddhistische Ansatz dabei, eine Art größerer Identität zu empfinden, in die alle fühlenden Wesen eingeschlossen sind. Wir glauben daran, dass jedes lebende Wesen seine innere »Buddha-Natur« hat und damit das Potenzial, höchste Einsicht zu erlangen. Wenn man so denkt, fühlt man sich ebenbürtig mit allen – unabhängig von Rang und Status. Daraus folgt für mich, dass die Armen, wenn sie um ihre Rechte kämpfen, den gleichen Anspruch auf Würde haben wie die Reichen und Mächtigen. Daraus folgt auch, von den Armen und Unterdrückten zu lernen. Ihre Buddha-Natur anzuerkennen und zu fördern, stärkt die eigene Handlungskraft und macht sie zu einem wunderbaren Werkzeug sozialen Wandels. Und dann wird Engagement nicht von Zorn und Hass motiviert, sondern von Freude und Anmut.

Aus diesem Denkansatz sind alle sozialen Projekte entstanden, in denen ich mich seit 30 Jahren engagiere. Wir begannen, indem wir mit der Landbevölkerung arbeiteten und weiteten unser Arbeitsgebiet dann nach und nach auch auf internationale Themen aus. So bestand ein Projekt darin, zunächst in Thailand die Inter-Religious Commission for Development (TICD) zu gründen, um bei den buddhistischen Mönchen das Bewusstsein für soziale und ökologische Fragen zu erhöhen. In den letzten zehn Jahren führte das dann gemeinsam mit dem Dalai Lama und dem vietnamesischen Zen-Mönch Thich Nath Hanh zur Gründung des Internationalen Netzwerkes für engagierten Buddhismus (INEB), um den Ansatz des engagierten Buddhismus weltweit zu verbreiten.

Aber es ging auch um zahllose ganz handfeste Initiativen – beispielsweise den Widerstand gegen eine Gaspipeline, die von internationalen Konzernen wie TOTAL von Burma nach Thailand gebaut wurde und nicht nur die Wälder, sondern auch die Menschenrechte in Burma zerstörte. Denn mit den Einnahmen wusch das dortige Militärregime ihre Drogengelder und kaufte Waffen, um den politischen Widerstand zu brechen. Also besetzten und blockierten wir die Baustelle und wurden immer wieder verhaftet.

Die buddhistische Lehre durchzieht letztlich alle meine Aktivitäten. Es ist diese sehr simple Magie, die mit dem bewussten Atmen beginnt. Ein Teil dieser Magie ist das, was wir aus dem Atem machen: Nämlich der Weisheit der einfachen Bevölkerung eine Stimme zu geben. Dazu gehört auch all die kulturelle Schönheit, die zum Bestandteil des Aktivismus wird – die alten Texte und Skulpturen und Kunstwerke, die uns als Werkzeuge des sozialen und politischen Wandels dienen können. Kultur ist nicht etwas, das durch nationale Grenzen begrenzt werden kann. Vielmehr kann das Wissen und die Wertschätzung der eigenen Kultur uns dabei helfen, andere Kulturen, Traditionen und Religionen zu respektieren – ist es doch die Toleranz untereinander, die uns ermöglicht, eine friedvolle Gemeinschaft aufzubauen. Eine vielfältige und lebendige Kultur bildet das Herz allen Engagements gegen die Monokultur, die überall auf dem Vormarsch ist.

Ein anderer wesentlicher Aspekt des engagierten Buddhismus ist das Prinzip der Gewaltlosigkeit. Gewaltlosigkeit ist weit mehr als die Abwesenheit von Gewalt: Wer einen Gewaltakt miterlebt oder zulässt und nichts dagegen unternimmt, ist aus der Perspektive des engagierten Buddhismus selber gewalttätig. Das macht das Thema der aktiven Gewaltlosigkeit sehr breit, wobei der individuelle praktische Ansatz eine große Bandbreite haben kann.

Thich Nath Hanh ist einer der großen buddhistischen Lehrer der Gewaltlosigkeit. Seine Praxis entstand während des Vietnamkrieges, einer Zeit extremer Gewalt und intensiven Leidens in seinem Land. Er erkannte während des Krieges, dass er nicht meditierend im Kloster bleiben konnte, während draußen die Bomben einschlugen und Menschen starben. Er konnte sich nicht vom Leiden abwenden, er musste vielmehr Antworten darauf finden. Aber seine kompromisslose Gewaltlosigkeit machte ihn zum Feind beider Konfliktparteien. Die Vietcong verdächtigten ihn der Kollaboration mit den Amerikanern, während ihn die Amerikaner für einen Kommunisten hielten. Es war also eine Situation, die großen Mut forderte und aus sehr viel mehr bestand, als nur aus dem eigenen Verzichten auf gewaltsame Mittel.

Alle buddhistischen Schulen basieren auf fünf moralischen Grundregeln. Sie haben nicht den Charakter strikter Gesetze, sondern vielmehr Richtlinien für ein Leben, das auf Mitgefühl basiert. Das erste Gebot verlangt, nicht zu töten, und hat seine Wurzeln in der Gewaltlosigkeit und dem Ansatz des Mitgefühls. Thich Nath Hanh formuliert das so: »Im Bewusstsein des Leidens, das aus der Zerstörung des Lebens entsteht, verpflichte ich mich, Mitgefühl zu üben und Wege zu erlernen, das Leben von Menschen, Tieren, Pflanzen und Mineralien zu schützen. Ich entscheide mich, nicht zu töten, andere nicht töten zu lassen und keinen Akt des Tötens zu legitimieren, weder in meinem Denken, noch in meiner Art zu leben.« Hinter dieser weitreichenden Selbstverpflichtung steht die Einsicht, dass wir leicht Teil des Tötens werden, wenn wir nicht achtsam sind oder die Gewalt in uns selbst noch nicht überwunden haben. Das macht die Achtsamkeit zu einem zentralen Bestandteil der Gewaltlosigkeit. Thich Nath Hanh interpretiert das so: »Wir können jeden Tag durch die Art, wie wir trinken, essen, das Land, die Luft oder das Wasser nutzen, zum Teil des Tötens werden. Wir glauben, wir sind gewaltlos, aber das Gegenteil ist der Fall. Also müssen wir gegenüber jeder Handlung Achtsamkeit walten lassen.« Diese Aussage impliziert die Achtsamkeit für alle Ebenen der strukturellen Gewalt.

Jeder Gewaltakt hat seine Wurzeln in unserem Denken. Wer töten will, braucht zwar körperlichen Einsatz, aber die Intention dafür entsteht im Denken. Der buddhistische Orden Thich Nath Hanhs hat sich 14 Friedensgebote gegeben, aber erst das zwölfte Gebot bezieht sich auf das physische Töten. Im ersten Gebot heißt es hingegen: »Im Bewusstsein des Leidens, das durch Fanatismus und Intoleranz entsteht, verpflichten wir uns, uns keiner Ideologie, Doktrin oder Theorie zu unterwerfen, auch keiner buddhistischen. Wir benutzen die buddhistischen Ansätze lediglich als Werkzeug für tiefe Einsicht und um unser Mitgefühl zu entwickeln. Aber es sind keine Doktrinen, für die es sich zu töten und sterben lohnt.« Und im Weiteren heißt es: »Wir nehmen meist fälschlicherweise an, dass das Töten ein körperlicher Akt ist. Aber ein fanatischer Intellekt kann den Tod von nicht nur einem Menschen, sondern von Millionen verursachen.«

Nur die wenigsten sind in das physische Töten involviert, aber wir alle nehmen durch die Produkte, die wir täglich nutzen, und unsere Lebensweise indirekt am Töten teil. Mit einem Teil der Steuern, die wir zahlen, wird das Militär finanziert, das einen nicht unbedeutenden Anteil am Töten hat. Unabhängig davon also, wie achtsam und friedvoll wir meditieren, leben wir in einer Welt voller struktureller Gewalt, die meist ausgeklammert wird. Es geht darum, diese Struktur zu ändern, nicht nur gegen irgendeinen Regierungschef vorzugehen. Deshalb fordert der Dalai Lama von seinem Volk, seine Feinde zu lieben. Denn sie sind in Unwissenheit gefangen: Ihre Handlungen bauen auf Illusionen, die ihnen ihr Geist vorgibt. Der wirkliche Feind liegt *in* ihnen. Mit anderen Worten: Im buddhistischen Verständnis kann die Gewaltlosigkeit nur durch die Beschäftigung mit unserem Geist wirklich realisiert werden. Während die Gewalt letztlich immer in Ärger, Gier und Unwissenheit aus den Köpfen entsteht, entwickelt sich Gewaltlosigkeit aus dem Mitgefühl, das sich nicht nur auf die uns Nächsten, sondern auf alles Leben bezieht.

Auch unser Blick auf die Geschichte von Krieg und Frieden ist häufig auf den Kopf gestellt. Fast jede Stadt besitzt ein Monument für ihre Kriegshelden. Welche aber hat ein Denkmal für die Aktivisten der Gewaltlosigkeit? Kennt man den Namen des Mannes, der sich mit bloßen Händen den Panzern am Tiananmen-Platz in den Weg stellte? Das 20. Jahrhundert mag extrem blutig gewesen sein, zugleich aber war es auch eine Zeit höchst erfolgreicher Gewaltlosigkeit: Der gewaltlose Sturz des Marcos-Regimes auf den Philippinen, die Bürgerrechtsbewegung Martin Luther Kings in Amerika, der gewaltlose Widerstand der Dänen gegen die deutsche Besatzung und die Wirkung der Gewerkschaft Solidarität unter Lech Walesa sind nur ein paar Beispiele dafür. Diese Geschichten müssen erzählt und erinnert werden, weil so viel aus ihnen zu lernen ist.

Daran sollten sich besonders die Medien erinnern, die viel zu oft die Werbetrommel für Gewalt rühren und den Krieg als einzige Lösung propagieren. Die Antwort auf die Ereignisse des 11. Septembers mit den Kriegsfolgen in Afghanistan und dem Irak sind ein typisches Beispiel dafür. Mögliche Verhandlungslösungen wurden in den Medien kaum erwähnt, die Bombenangriffe hingegen live übertragen. Die Medien vertreten damit primär den Status quo, statt nach Alternativen Ausschau zu halten.

Die entscheidende Frage lautet: Wie kann Gewaltlosigkeit in der Gesellschaft und auf der globalen Ebene umgesetzt werden? Uri und Rachel Avnerys israelische Friedensinitiative Gush Shalom, die 2001 mit dem Alternativen Nobelpreis ausgezeichnet wurde, macht deutlich, wie vielfältig Friedensarbeit sein kann. Zu ihrer Arbeit gehört es:

- die vom israelischen Militär zerstörten Häuser palästinensischer Bürger wieder mit aufzubauen,
- Gräben wieder aufzufüllen, die das Militär anlegte, um Dörfer zu isolieren,
- stellvertretend die Oliven jener Bauern zu ernten, die von Soldaten und Siedlern am Betreten ihrer Felder gehindert werden,
- die von Siedlern auf palästinensischem Land produzierten Waren zu boykottieren,
- in der Landschaft die einstmals vereinbarte »Grüne Linie« mit Farbe in Erinnerung zu rufen.

All diese Aktionen haben nicht unmittelbaren Erfolg – Gush Shalom-Aktivisten landen immer wieder im Gefängnis und konnten die Entwürdigung des palästinensischen Volkes nicht beenden. Aber sie zeigen eine langfristige Perspektive auf. »Als wir vor 50 Jahren mit unseren Aktionen begannen, sprach niemand vom Existenzrecht des palästinensischen Volkes«, sagt Uri Avnery deshalb voller Zuversicht: »Heute gibt es kaum noch einen Israeli, der das so sieht.«

Ein anderes mutiges Beispiel sind die Internationalen Friedensbrigaden (PBI) und ihre Arbeit in Guatemala, Sri Lanka, der indonesischen Provinz Aceh und vielen weiteren Konfliktregionen. Ihr Ansatz der Friedensarbeit hat viel zu wenig Aufmerksamkeit bei den Medien und Regierungen erhalten – was gar nichts über die Qualität ihrer Arbeit aussagt. Zu ihren Aktivitäten gehört zum Beispiel die ständige Begleitung von Personen, die von Attentaten bedroht sind – sehr erfolgreich praktiziert in Guatemala, El Salvador und Sri Lanka. Dazu gehört aber auch die ganz physische Intervention, sich als dritte Partei zwischen die Fronten zu stellen, um Gewalt zu verhindern. Eine weitere Aufgabe ist die Rolle von internationalen Beobachtern, welche die Konfliktparteien daran erinnern, dass die Welt zuschaut. Unschätzbaren Wert haben auch die Friedensseminare, in denen gewaltfreie Kommunikation und aktives Zuhören als Mittel der Konfliktlösung gelehrt werden. All diese Ansätze zeigen, dass die Zivilgesellschaft zahlreiche Möglichkeiten hat, in bewaffnete Konflikte einzugreifen, die Gewalt zu reduzieren und Frieden vorzubereiten.

Wir dürfen diese Arbeit nicht allein den Regierungen überlassen, die in so zahlreiche Interessengegensätze verwickelt sind. Gewaltlose Aktion, von der ich hier nur einen kleinen Ausschnitt präsentiert habe, ist eine Aufgabe der Zivilgesellschaft. Auch wenn das Ausmaß an globalen Konflikten uns oft überwältigend erscheint, kann hier mit relativ wenigen Ressourcen enorm viel erreicht werden. Wie lautet einer der Leitsätze der Friedensbewegung? »Es gibt keinen Weg zum Frieden, Frieden ist der Weg!«

Nicanor Perlas

Nicanor Perlas ist Soziologe, Philosoph, Buchautor, Aktivist gegen Atomenergie und für organische Landwirtschaft, Direktor des »Center for Alternative Development Initiatives« (CADI), Vorreiter der Globalisierungskritiker und Theoretiker der globalen Zivilbewegung – ein Mann mit vielen Gesichtern und Rollen. In der Presse seines Landes, den Philippinen, nennt man ihn mit einer Mischung aus Respekt und Verwunderung »den Bauern«, weil er als studierter Landwirt und Berater im Präsidialamt der Philippinen durchsetzte, dass die 32 gefährlichsten Pestizide vom Markt genommen wurden. Als Dissident ist er gefürchtet und muss, nachdem er den Sturz von Ferdinand Marcos unterstützte und den Rücktritt des korrupten Präsidenten Estrada mit erzwang, ständig um sein Leben fürchten.

Nicanor Perlas, der den Alternativen Nobelpreis 2003 erhielt, baut für die Entwicklung einer globalen Kultur der Nachhaltigkeit auf einen »dreigliedrigen Ansatz«. Statt im Engagement für die Zukunft Kraft durch ständige Konflikte zwischen Staat, Ökonomie und Kultur zu verschwenden, setzt er auf kritische Kooperation zwischen den tragenden Säulen einer Gesellschaft. Dabei kommt aus seiner Sicht der weltweit wachsenden Zivilgesellschaft eine zentrale kulturelle Rolle zu: Sie muss den Herrschaftsanspruch der globalisierten Ökonomie mit Protesten und kreativen Gegenentwürfen infrage stellen und zugleich mit allen potenziellen Partnern in Staat und Wirtschaft kooperieren.

Zugleich geht es Perlas darum, die alte Spaltung zwischen Philosophen und Politikern, zwischen innerem Wachstum und sozialer Aktion zu überwinden. Gesellschaftliche Veränderung und der Aufbau alternativer Modelle sind aus seiner Sicht nur möglich, wenn Menschen auch in ihren privaten Werten und spirituellen Orientierungen zu einem Weltbild finden, das über den mechanistischen Ansatz hinausweist.

Internet
www.cadi.ph

Weltmacht Zivilgesellschaft

Herausforderungen und Grenzen der neuen sozialen Bewegungen

Welche Weltbilder ringen in der heutigen Welt miteinander?
Zurzeit ringen drei verschiedene Weltbilder miteinander. Da ist zunächst das beherrschende und vertraute Modell der Globalisierung, deren Eliten das Leben von Millionen und Milliarden von Menschen immer mehr kontrollieren. Das provoziert unterschiedliche Reaktionen. Einmal jene der Fundamentalisten – egal ob es sich um fundamentalistische Hindus, Christen oder Moslems handelt. Die Globalisierung entwickelt sich so schnell, dass sie die Basis ihrer kulturellen Traditionen untergräbt. Den Fundamentalisten geht es um die Frage der kulturellen Identität, die sie nicht zugunsten einer machtvollen westlichen Kultur mit einer hoch entwickelten Technologie aufgeben wollen. Also setzen sie sich zur Wehr. Das sind die zwei Weltbilder, die vordergründig miteinander ringen. Aber an dritter Stelle gibt es das Weltbild, das sich in den letzten 15 Jahren innerhalb der globalen Zivilgesellschaft entwickelt hat. Und dieses Weltbild unterscheidet sich grundsätzlich von den zwei genannten. Das Weltbild der Globalisierungseliten ist machthungrig, geldgierig und hat nur wenig Interesse am Wohlergehen des Ganzen. Die Fundamentalisten sind an der Vergangenheit orientiert. Die globale Zivilgesellschaft aber sagt: Lasst uns beide Herausforderungen annehmen und herausfinden, welche traditionellen Werte zukunftsfähig sind. Deshalb respektiert dieses dritte Weltbild beispielsweise die indigenen Kulturen der Welt und engagiert sich für Vielfalt und Pluralismus. Und darin unterscheidet es sich deutlich vom Weltbild der Globalisierung. Es sind also drei konkurrierende Weltbilder, die um die Gestaltung des 21. Jahrhunderts ringen.

Sind die Werte, auf deren Grundlage sich eine »friedliche Revolution« vollziehen kann, denn schon da?
Das Fundament für diese neuen Werte ist bereits vorhanden. Deshalb wird diese sehr aktive globale Zivilgesellschaft auch nicht so schnell wieder verschwinden – denn hinter diesem Phänomen stehen Millionen von Men-

schen. Paul Ray, ein guter Freund von mir, hat in den USA den Wertewandel in einer groß angelegten statistischen Arbeit untersucht. Nach rund 100.000 Interviews kam er zu dem Ergebnis, dass in Amerika rund 50 Millionen Menschen bereits völlig andere Werte haben – er nennt diese Bevölkerungsgruppe die »kulturell Kreativen«. Auch in Europa ist man zurzeit dabei, eine ähnliche Untersuchung des Wertewandels durchzuführen. Man geht davon aus, dass hier in Europa 70 bis 80 Millionen Menschen sich ganz anderen Werten verpflichtet fühlen, als sie die Globalisierung und ihre Protagonisten vertreten. Die meisten kulturell Kreativen sind in mehreren Bewegungen aktiv. Sie engagieren sich zum Beispiel nicht nur für die Gleichberechtigung und die Umwelt, sondern auch für eine spirituelle Neuorientierung. Ihre Werte sind stark ökologisch ausgerichtet, viele sind beispielsweise davon überzeugt, dass die Erde kein toter Gesteinsbrocken, sondern eher ein lebender Organismus ist. Auch herrscht bei ihnen eine große Offenheit für andere Kulturen vor. Es sind also eine ganze Reihe von unterschiedlichen Werten. Aber alle treffen sich im Engagement für soziale Gerechtigkeit, Demokratie, Gleichheit und Fairness wie auch in der eher inneren Ausrichtung an Werten wie Gemeinschaft, Mitgefühl und Liebe.

Diese engagierte Zivilgesellschaft organisiert sich weltweit in unterschiedlichen NGOs, Bürger- und Nachbarschaftsinitiativen. Sie haben diese Bewegung einmal als »zweite Supermacht« bezeichnet. Wie kommen sie dazu?

Das war nicht meine Idee, sondern die der New York Times, als am 15. Februar 2003 fünfzehn Millionen Menschen in über 600 Städten der Welt gegen den drohenden Irakkrieg auf die Straße gingen, während die Regierungen und die Konzerne wie gelähmt auf die Krise reagierten. In dieser Situation konnte man klar die drei miteinander konkurrierenden Kräfte erkennen. Einerseits den terroristischen Fundamentalismus, zweitens die gewaltfreie Friedensbewegung der globalen Zivilgesellschaft und drittens das US-Imperium als extremer Ausdruck einer Moderne, die voller Zerstörungskraft ist.

Aber die Zivilgesellschaft ist doch auch nur ein Teil der gesamten Gesellschaft. Welche Rolle spielt sie da?

Sie ist der Motor für den Wertewandel. Ob sie die Globalisierung kritisiert, die Menschenrechtsverletzungen, die Umweltzerstörung oder die mangelnde Gleichberechtigung – es beginnt immer mit einer Kritik an den herrschenden Werten. Und aus dieser kritischen Haltung formt sich bei ihren Protagonisten eine neue politische Identität. In ihrer Essenz muss die Zivilgesellschaft deshalb als kulturelle Bewegung verstanden werden. Sie beginnt in der kulturellen Sphäre und entwickelt dort kreativ neue Werte, stellt die Sinnfragen, entwickelt neue Identitäten. Aus dieser Quelle entstehen dann kollektive Identitäten, Koalitionen und Netzwerke. Und auf dieser Basis kann die Zivilgesellschaft dann die Kraft entwickeln, gestaltend auf Politik und Wirtschaft einzuwirken.

Wir müssen erkennen, dass eine Gesellschaft immer aus drei Subsystemen besteht – der Wirtschaft, der Politik und der Kultur. Die Zivilgesellschaft entsteht aus der Kultur und wirkt mit ihren vielfältigen Interessen, Initiativen und Verbindungen sowohl auf die Politik, als auch auf die Ökonomie ein. Aber sie muss sich zunehmend auch um sich selber kümmern. Das betone ich immer wieder: Wir brauchen eine ganz eigene Infrastruktur innerhalb der internationalen Zivilgesellschaft. Der Staat hat die seine seit knapp zwei Jahrhunderten, der Markt ebenso. Deshalb ist es von enormer Wichtigkeit, dass die Zivilgesellschaft sich einerseits eine stabile internationale Struktur gibt, während sie andererseits ihre innere Vielfalt und die unterschiedlichen Taktiken würdigt, um eine andere Welt zu erschaffen.

Ist der Kampf dieser drei Subsysteme unvermeidlich oder geht es eher um die Kooperation beim Aufbau einer anderen Welt?

Beides! Am Anfang sind Konflikte unvermeidbar. Denn wir sind Teil eines historischen Prozesses, in dem der Markt immer stärker das Schicksal von Gesellschaften und Nationen prägt. Deshalb muss es zunächst darum gehen, die Freiheit der Kultur zu sichern, damit sie die neuen Visionen für eine andere Welt gebären kann. Genau da liegt die Aufgabe der Zivilgesellschaft. Zwangsläufig drückt sich das im Verhältnis zur Gesamtgesellschaft erst einmal im Widerstand gegen totalitäre Strukturen in Staat und Wirtschaft aus. Aber – und das ist ganz wichtig – Widerstand allein reicht nicht aus, um eine neue Welt zu schaffen. Deshalb darf die Zivilgesellschaft nicht nur dabei bleiben, Staat und Wirtschaft kritisch zu kontrollieren. Sie muss vielmehr auch eine starke kreative Rolle dabei einnehmen, neue Institutionen, neue politische Ansätze und neue Programme vorzuschlagen und zu entwickeln, die dem Mangel an Menschenrechten und Nachhaltigkeit eine wirkliche Alternative entgegensetzen. Sie steht also für beides: Widerstand und Kreativität. Diese kreative Rolle wurzelt im kulturellen Leben. Und von dieser Basis aus müssen strategische Allianzen mit der politischen und wirtschaftlichen Ebene der Gesellschaft geknüpft werden. Um ganz konkret zu werden: mit Menschen und Individuen, die auch dort dem System eine neue Richtung geben können. Deshalb nenne ich das einen »dreigliedrigen Prozess« – es geht um das Zusammenspiel von drei Strukturen, die miteinander in Beziehung stehen.

Dabei scheinen Sie aber die Bedeutung dieser drei Ebenen ganz neu zu gewichten. Bislang hat man ja die Kultur meist nur als das Sahnehäubchen auf dem Kuchen gesehen. Bei Ihnen ist das andersrum: Da wird die Kultur zum Tortenboden.

Völlig richtig. Wir waren lange Zeuge einer zunehmenden Marginalisierung der Kultur. Die geht nun zu Ende – mit guten und schlechten Konsequenzen. Zu den schlechteren gehört die Überbetonung der Kultur im so genannten Zusammenprall der Zivilisationen mitsamt ihren politischen und militärischen Konsequenzen. Da wird die Kraft der Kultur negativ genutzt, indem man sagt: Wir werden uns nie verstehen können, weil wir aus unterschiedlichen Welten kommen. Zu den guten Folgen dieses kulturellen Erstarkens gehören die sozialen Bewegungen. In ihnen wächst weltweit ein tieferes Verständnis, das über die rein politische und wirtschaftliche Analyse hinausgeht und sich für eine Begegnung der Kulturen öffnet.

Sie benutzen den Begriff der »Globalisierungseliten«, der in sich schon deutlich macht, von wem der Globalisierungsprozess gelenkt wird. Dabei stellen Sie den Begriff des Wachstums in Frage, der in westlichen Gesellschaften ja fast die Form eine religiösen Mythos angenommen hat, und sprechen von »Wachstum ohne Zukunft«. Was meinen Sie damit?

Wachstum ohne Zukunft heißt, dass wir schlicht keine Zukunft haben werden, wenn wir darin fortfahren, die Umwelt zu zerstören, welche die Grundlage für alles Leben auf der Erde ist. Die Menschheit ist mittlerweile zu einem geologischen Faktor geworden – es ist ebenso tragisch wie faszinierend, sich das vorzustellen: Wir können Berge versetzen, Flüsse umleiten und die chemische Zusammensetzung der Erdatmosphäre verändern. Wir haben diese Macht und das damit verbundene Zerstörungspotenzial. In diesem Zusammenhang bedeutet die Warnung vor »Wachstum ohne Zukunft«, dass wir ohne eine Weiterentwicklung der menschlichen Zivilisation und einen entsprechend sanfteren Umgang mit der Natur nicht die Zukunft erschaffen werden können, die wir uns wünschen.

Ist es überhaupt möglich, den Globalisierungsprozess zu stoppen, ohne seine tiefsten Werte infrage zu stellen?

Nein! Und das ist wohl die wichtigste Erkenntnis dieser Zeit. Wir sind da wirklich an einem Wendepunkt: Einerseits entpuppt sich die globale Zivilgesellschaft heute als eine Art Weltmacht. Andererseits zeigt sie auf dem vorläufigen Höhepunkt ihrer Kraftentfaltung ihre größte Schwäche: nämlich dann, wenn sie versucht, Staat und Wirtschaft mit den gleichen ausschließlich materiellen Werten entgegenzutreten. Wenn die Zivilgesellschaft nicht realisiert, dass diese Werte das eigentliche Fundament für die Zerstörung der

Welt sind, kann sie auch nichts Neues erschaffen und die Zügel herumreißen. Das ist genau der Grund, warum ich überall, wo ich kann, nicht nur vor der Globalisierung warne, sondern auch vor der bevorstehenden Mechanisierung des Menschen. Denn die gleichen Werte, die den globalen Markt erschaffen, stehen auch hinter den Bestrebungen, den Menschen mit irgendwelchen Chips zu einem Maschinenwesen zu optimieren. Ohne eine Werterevolution und neue spirituelle Maßstäbe können wir die Struktur der Gesellschaft nicht grundsätzlich verändern. Im Gegenteil: Dann verschlingt uns das System.

Mir ist es enorm wichtig, diese ganze Globalisierungsfrage in einen weiteren Zusammenhang zu stellen. Wir dürfen bei der Auseinandersetzung mit den politischen und ökonomischen Aspekten nie vergessen, dass dieser Prozess eine spirituelle Herausforderung für die gesamte Menschheit beinhaltet: Denn wenn man sich anschaut, was zurzeit passiert, wird deutlich, dass die Globalisierung uns mit den tiefsten Fragen konfrontiert: Was ist die Natur unserer Gesellschaft, die Natur des Menschen, die Natur der Natur? Wenn wir auf diese Fragen keine neuen Antworten haben, können wir auch keine Visionen einer anderen Welt entwickeln! Dann greifen auch unsere Alternativen nicht weit genug. Deshalb betone ich immer öfter die spirituelle Dimension dieser ganzen Diskussion um eine globalisierte Welt. Denn das ist die eigentliche Frage, um die es in diesem Konflikt geht! Wir müssen eigene Werte entwickeln, die aus unmittelbarer Erfahrung, Liebe zum Leben und tiefer Selbsterkenntnis resultieren. Deshalb sage ich: Das Herz jeder Revolution ist die Revolution der Herzen.

Politik ist in unserer Kultur aber meist völlig abgetrennt von tiefen spirituellen Fragen. Lässt sich diese Trennung überwinden?

Das eigentliche Problem ist, dass es keine Politik des Herzens gibt. Politiker wurschteln vor sich hin, aber sie treffen ihre Entscheidungen nicht auf der Basis dessen, was ihnen ihr Herz sagt. Denn man hat ihnen das ganze Leben beigebracht und drängt sie tagtäglich dazu, mit eingeschränktem Horizont, orientiert am Machterhalt und auf der Basis nackter Zahlen zu handeln. Deshalb ist der gegenwärtige Prozess der Globalisierung auch so wenig mit den wirklich tiefsten Werten der Menschheit verbunden und hat ein solch enormes Zerstörungspotenzial entwickeln können. Wenn das Herz mitentscheidet, entsteht eine andere Politik. Das ist auch auf den Philippinen so: Warum wollen wir denn Gleichheit und Gerechtigkeit? Doch nicht wegen irgendwelcher abstrakter Menschenrechte, sondern wegen einer ganz konkreten Erfahrung des Mitgefühls mit leidenden Menschen. Und aus so einem Gefühl entsteht einfach eine andere Politik.

Das klingt, als befänden wir uns mitten in einem fundamentalen Wandlungsprozess, indem wir gleichzeitig Sterbebegleiter eines alten Systems und Geburtshelfer einer neuen Welt sind.
Genau! Das ist eine sehr schöne Metapher für diesen Umbruch, denn es ist wirklich so, dass ein lange gewachsenes Weltbild stirbt. Andererseits ist es wichtig, zu erkennen, dass die materialistische Weltsicht, auf der das gegenwärtige zerstörerische System aufbaut, im historischen Maßstab nur eine Minute lang von der vollen Stunde der Menschheitsgeschichte Bedeutung hatte. Das sind gerade mal die letzten 400 Jahre, alle Kulturen davor hatten ein ganzheitlicheres und spirituelles Weltverständnis. Und fraglos hat uns der Materialismus viel gegeben: nicht nur die Menschenrechte, sondern auch ein enorm präzises Verständnis der Natur und ihrer Gesetze. Deshalb steht in Zukunft auch nicht eine Rückkehr in die Irrationalität an, sondern eine Synthese dieser Rationalität mit einer neuen Form von Spiritualität. Auf dieser Basis entsteht die Welt der Zukunft.

Glaubt man Ihren Worten, dann scheint es zahllose Wege zu geben, sich am Aufbau einer neuen Welt zu beteiligen – und wenn es nur neue persönliche Werte sind, auf die wir unser Handeln gründen. Was aber ist hier und in den Ländern des Südens ganz konkret zu tun angesichts der Dynamik der Globalisierung?
Wir müssen die unterschiedlichen Strategien der Zivilgesellschaft in einem Kontinuum begreifen. Wir auf den Philippinen haben beispielsweise eine Diktatur gestürzt und eine angehende neue Diktatur verhindert, haben aber trotzdem nicht weiter in die Zukunft gedacht. An genau diesem Punkt steht heute die globale Zivilgesellschaft. Die Frage ist: Wie kann es gelingen, die Menschen dazu zu bringen, einerseits kurzfristig Widerstand zu leisten und gleichzeitig langfristig und mit zunehmender Intensität am Aufbau neuer Strukturen zu arbeiten? Mein Appell an die globale Zivilgesellschaft ist, beides miteinander zu verbinden: Wir müssen neben dem Widerstand gegen gefährliche Entwicklungen unsere Kraft daran setzen, kreativ eine neue Welt zu erschaffen. Letzteres passiert natürlich in einem anderen Zeithorizont. Der Widerstand ist aktuell, unmittelbar und taktisch. Die Erschaffung neuer Werte, Ansätze, Projekte und Institutionen ist eher langfristig strategisch. Aber beide stehen nicht im Widerspruch zueinander, sondern sind eher Teile eines Kontinuums.

Erwarten Sie gewalttätige Konflikte zwischen konkurrierenden Weltbildern oder rechnen Sie eher mit einem evolutionären Prozess, bei dem nach und nach die alternativen Saatkörner, die längst gesät sind, aufgehen?
Es lässt sich immer öfter das Letztere beobachten. Nach und nach entsteht da so etwas wie eine neue Realität. In den 1990er-Jahren hat die globale Zivilgesellschaft noch viel Energie damit verschwendet, untereinan-

der zu streiten: Jene, die den taktischen Weg des Widerstands gingen, kritisierten alle, die versuchten, Alternativen schon in die Praxis umzusetzen. Und umgekehrt war es ähnlich. Und beide beschimpften die dritte Gruppe, die versuchte, einen sinnvollen Dialog mit der Wirtschaft und den staatlichen Institutionen aufzunehmen. Heute ist man da deutlich erwachsener geworden. Man sieht immer mehr, dass alle Ansätze sich gegenseitig ergänzen können. Wichtig ist die innere Integrität der Aktivisten. Ist die vorhanden, dann ist es relativ egal, wo man mit seiner Arbeit ansetzt, denn dann kann einen das alte System nicht schlucken. Was heute in dieser Bewegung wächst, ist ein neues Verständnis für Vielfalt: bei den Strategien, Taktiken und alternativen Ansätzen. Die Vielfalt ist der Schlüssel für die Erschaffung einer realistischen Alternative. Es macht keinen Sinn mehr, nur einer alternativen Vision oder Ideologie zu folgen. Es geht um viele mögliche Zukünfte, nicht nur um eine.

Das Gespräch führte Geseko von Lüpke.

WIE WEITER?

Jakob von Uexküll

Verantwortung für morgen: der Weltzukunftsrat

Von Robert Jungks Zukunftswerkstätten zum World Future Council

Ich nahm einmal mit Robert Jungk an einer Fernseh-Talkshow zum Thema Zukunft teil. Ein weiterer Teilnehmer war ein großer Computer, der nach der festen Meinung des ihn begleitenden Betreuers nicht nur »die«, sondern auch unsere Zukunft schon wusste, beziehungsweise ausrechnen konnte. Wurde die Zukunft vor kurzem noch als berechenbar gesehen, so ist sie heute eher unheimlich. Vor einigen Jahren stellte das US-Magazin FUTURES fest, dass renommierte Zukunftsforscher kaum je auf die ökologischen Gefahren eingehen, da diese sämtliche Prognosen zunichte machen könnten. Ein Flugzeugabsturz – gewollt oder ungewollt – etwa auf das britische Atomabfalllager Sellafield oder auf ein Atomkraftwerk irgendwo in Europa würde große Teile dieses Kontinents sofort für Jahrtausende unbewohnbar machen. Millionen Flüchtlinge würden in den darauf folgenden Tagen über die Grenzen der Länder strömen, die vom Ort der Katastrophe und von der radioaktiven Wolke weiter entfernt wären – auch ohne Einreise-Visa. Nach den Attentaten vom 11. September 2001 begrenzten sich die vorsorglichen Sicherheitsvorkehrungen unserer Regierungen darauf, die Mitnahme von Nagelscheren in Flugzeugen zu unterbinden. Atomkraftwerke zu schließen, wurde trotz der neuen Gefahrenlage nicht einmal ernsthaft erwogen.

Der in Deutschland gelagerte Plutonium-Abfall ist noch in 789.000 Jahren tödlich. Zum Vergleich: Erst seit 10.000 Jahren schreiben Menschen ihre Geschichte auf! Vor einigen Jahren fragte die US-Regierung den renommierten Bio-Semiotiker Thomas Sebeok, ob er eine Zeichensprache für die Lagerstätten atomarer Abfälle entwickeln könne, mit deren Hilfe man die Menschen noch nach Zehntausenden von Jahren vor der dortigen Gefahr warnen konnte. Sebeok hielt dies nicht für möglich und empfahl stattdessen die Einrichtung einer erblichen »Priesterschaft« zur Bewachung dieser Anlagen. Man merke: Wenn Politiker und Wissenschaftler die Verantwortung für ihr Handeln übernehmen müssen, dann rufen sie nach Priestern.

Oder wie der Vater der britischen Konsumgesellschaft, Premierminister Macmillan, es ausdrückte: »Wer Moral will, soll zum Erzbischof gehen!«

Die Destabilisierung des Weltklimas schreitet in einem Tempo fort, das nur wenige Umweltschützer vorausgesehen haben. Letztes Jahr erklärte der wissenschaftliche Chefberater der britischen Regierung, die gegenwärtige Klimapolitik würde mit großer Wahrscheinlichkeit dazu führen, dass die Erde noch zu Lebzeiten unserer Enkel mit Ausnahme der Antarktis unbewohnbar wird. Auch die globalen Ölvorräte wurden jahrelang überschätzt, aus ökonomischen Gründen (von den Förderländern, um mehr verkaufen zu können) und aus politischen Gründen (um bei uns die Wähler nicht zu beunruhigen). Jetzt wird immer deutlicher, dass die Zeit zunehmender Ölknappheit und steigender Preise schon gekommen ist. Der Club of Rome hat mit seinen Warnungen vor den Grenzen des Wachstums also doch Recht gehabt.

Es gibt auch andere kaum bekannte Risiken, die Folge sind unserer Entscheidung, der Wirtschaft und Wissenschaft fast keine ethischen Grenzen aufzulegen; in der Hoffnung, die Ethik könnte danach die Folgen meistern. Aber sie würde gar keine Zeit dazu haben – nicht nur nach einem atomaren Unfall. So befürchtet der renommierte britische Astronom Martin Rees, dass die in mehreren Ländern von Steuergeldern finanzierten so genannten atomaren Teilchen-Beschleuniger eine Energie-Konzentration verursachen könnten, die eine Vakuum-Blase schafft. Diese wiederum könnte ein Schwarzes Loch verursachen, welches das Universum schluckt. Oder einen Big Bang – ohne Vorwarnung, mit Lichtgeschwindigkeit. Nach Meinung vieler Physiker sicherlich unwahrscheinlich, aber sollten wir auch ein minimales Risiko dieser Größenordnung eingehen, nur damit die Wissenschaftler ihre Theorien überprüfen können?

„Grün gewinnt« heißt ein aktuelles Buch des Schweizer Nationalrats Rudolf Rechsteiner zur Ölverknappung – aber gewinnen tut natürlich niemand. Denn statt die 30 Jahre seit dem Club-of-Rome-Bericht für einen geordneten Übergang in eine zukunftsgerechte Weltordnung zu nutzen, haben wir nach dem Motto des französischen Königshofes vor der Revolution gelebt: »Nach uns die Sintflut!« Wir wissen, was zu tun ist – es gibt genügend Studien und Prognosen, aber wir leben noch immer so, als ob das alles nur unsere Enkel angeht und wir bis dahin *business as usual* betreiben können, mit etwas Recycling und etwas »Grünem Strom« zur Beruhigung des Gewissens.

Die Kluft zwischen Wissen und Taten und das Handlungs- und Umsetzungsdefizit werden immer größer. Wir schreiben die Zukunft zunehmend ab, nicht nur materiell durch die Diskontierung zukünftiger Kosten, sondern auch institutionell. Die Zeitschrift »Das Parlament« konnte kürzlich in Deutschland nur ein renommiertes Zukunftsforschungsinstitut finden –

aber 3.000 Organisationen, die sich mit der Vergangenheit beschäftigen … Einer der Gründungsväter der USA, Thomas Jefferson, sagte, die wichtigste Aufgabe für jede Generation sei die Schaffung zeitgemäßer Institutionen. Auch nach dem 2. Weltkrieg wurde ja nicht der Völkerbund wiederbelebt, sondern die UNO aufgebaut. Aber heute glauben wir, mit den Institutionen von gestern die historisch und global einmaligen Herausforderungen von heute meistern zu können. Unsere Vorfahren waren da viel weiter. Bei den Ursprungsvölkern Nordamerikas galt das Prinzip der 7. Generation, das heißt, alle Entscheidungen mussten die Folgen für die nächsten sieben Generationen berücksichtigen. Im vorkolonialen Indien gab es den Rat der Seher, mit ähnlichen Funktionen.

Es wird uns heute eingeredet, unsere Zukunftssorgen seien ein Luxus der Reichen, während die restliche Welt nur Wachstum und Modernisierung wolle. Die Wirklichkeit sieht anders aus: Im südlichen China stirbt die Luft bereits: »The air is dying« berichtete kürzlich eine Wissenschaftlerin aus Hongkong auf dem UN-Kongress über Sicherheit und Entwicklung in Stockholm. Ausländische Manager wollen nicht mehr kommen, weil die Luft aufgrund der massenhaften Verbrennung fossiler Brennstoffe kaum noch zu atmen sei. Und im SPIEGEL warnte der Vizeminister der chinesischen Umweltbehörde, das dortige Wirtschaftswunder sei bald zu Ende, weil die Umwelt nicht mehr mithalte. In Südindien klagen arme Landarbeiter, dass sie sich immer mehr verschulden müssen, weil ihre Kinder keine Schuhe vom Dorfschuster tragen können, ohne in der Schule gemobbt zu werden – sie brauchen jetzt ein Paar Nike, wie sie in der Fernsehreklame präsentiert werden.

»Wir brauchen dringend eine glaubwürdige Stimme, die andere Normen vertritt als die der Werbung«, sagt die Alternative Nobelpreisträgerin Medha Patkar. Und in den Vereinigten Arabischen Emiraten antworteten einheimische Frauen in einer Umfrage auf die Frage: »Wie fühlen Sie sich, wenn Sie an den westlichen Einfluss in der Zukunft denken?« 15 Prozent mit »optimistisch«, aber 85 Prozent mit »ängstlich«, »wütend«, »traurig« oder »frustriert«. In einem FAZ-Bereich mit dem Titel »Der Sieger« aus dem Jahr 2004 hieß es: »Usama Bin Laden ist der zweitmächtigste Mann der Welt. Und wenn heute weltweit Wahlen abgehalten würden, schlüge er den US-Präsidenten und vermutlich auch jeden anderen westlichen Staatsmann mit Leichtigkeit.«

Die meisten Menschen hätten gern eine dritte Alternative. Aber woher nehmen? Unsere politischen und gesellschaftlichen Institutionen verlieren immer mehr an Glaubwürdigkeit. Die Schlusserklärungen großer internationaler Jugendkonferenzen der letzten zehn Jahren lehnen die Ecksteine der derzeitigen Weltpolitik völlig ab. Sie fordern ein Ende der ökonomischen Liberalisierung, besonders der Kapitalmärkte, die Anerkennung der ökologischen Schulden des Nordens, den freien Austausch statt Patentierung und Privatisierung von Wissen und Technologie, das Schaffen kommerzfreier Räume besonders im Erziehungswesen und das Verbot von gentechnologischen Manipulationen und vieles mehr. Wenn wir nicht jetzt umsteuern, ist die Frage nur, ob zukünftige Generationen uns als Verrückte oder Kriminelle betrachten werden.

Die herrschende Ordnung wirkt heute so mächtig wie die sowjetische noch wenige Jahre vor ihrem Zerfall. Wie damals glauben auch heute viele Vertreter der Macht privat nicht mehr an das, was sie tun. Aber so lange es geht, verteidigen sie ihre Privilegien; wohlwissend, dass die Wende sie hinwegfegen wird, weil ihre Glaubwürdigkeit dann völlig verloren sein wird. Der große Historiker der menschlichen Zivilisation, Arnold Toynbee, hat viele untergegangene Gesellschaften untersucht und festgestellt, dass der auslösende Moment des Untergangs der Verlust der Glaubwürdigkeit der Eliten war. Wie sollen die heutigen Herausforderungen von politischen Institutionen bewältigt werden, die in regelmäßigen Umfragen nur von wenigen Prozent der Bevölkerung als vertrauenswürdig gesehen werden? Die Frage ist daher nicht, ob, sondern wann die jetzige Ordnung zusammenbricht. Eine Projektion ihrer Wachstumsfantasien in die Zukunft zeigt ihre ökologische Absurdität, während sie ohne dieses Wachstum bald vor Arbeitslosenzahlen steht, die sozial und ökonomisch untragbar sind.

Die Lösungen sind vorhanden: Wir haben das Wissen, die Technologie und die Arbeitskraft, um unsere Probleme zu meistern. Die Frage ist nur »wie« und »von wem«? Die Römer wählten in Krisenzeiten eine Diktatur auf Zeit und auch heute kommt zunehmend der Ruf nach dem starken Mann auf. Aber in einer atomwaffenstrotzenden Welt ist diese Alternative offensichtlich nicht zeitgemäß.

Wie können wir verhindern, dass unsere Regierungen uns nur noch in unserer begrenzten Eigenschaft als Verbraucher vertreten, während sie unsere gemeinsamen Werte als Bürger dieser Erde ignorieren? Sie behaupten, die Mehrheit wolle es nicht anders, aber wie der Begründer der Transpersonalen Psychologie, Abraham Maslow, schrieb: »Es ist schwierig, Werte wie Großzügigkeit, Mitmenschlichkeit und Liebe in einer Gesellschaft zu praktizieren, deren Institutionen, Regeln und Informationsströme auf geringere menschliche Qualitäten ausgerichtet sind.« Heute wird nach einer neuen Ethik gerufen, aber wo soll diese plötzlich herkommen? Viele Untersuchungen, unter anderem des »Institute of Global Ethics«, zeigen, dass es weltweit quer durch Kulturen, Religionen und soziale Schichten einen breiten Konsens über menschliche Werte und Werteprioritäten gibt: Wir wollen alle unseren Kindern eine bessere und keine schlechtere Welt überlassen. Wir wollen respektiert werden und vertrauen können. Das Gebot der Reziprozität findet sich in allen Religionen.

Wir sind potenziell sowohl Teufel als auch Engel. Die entscheidende Frage ist aber, welche Eigenschaften von der Gesellschaft honoriert und bestätigt werden. Nur unsere moderne Konsumgesellschaft huldigt individueller Gier und erwartet, dass wir unsere Bedürfnisse durch Konsum befriedigen. Nur hier ist es möglich, dass uns der Regierungschef in seiner Neujahrsansprache auffordert, etwas für unser Land zu tun, indem wir noch mehr konsumieren! Die Stimme unserer Werte als Bürger und Menschen wird heute immer mehr vom Lärm der Konsumpropaganda übertönt und eingeschüchtert, und dies schon bei Vorschulkindern. Das Ergebnis ist eine Kultur der permanenten Unzufriedenheit, Unreife und Verantwortungslosigkeit. Hätten unsere Vorfahren so gelebt, so wären wir nicht hier, sondern längst ausgestorben.

Gustavo Esteva, ein hoher UN-Beamter, der seit seiner Pensionierung unter den Armen in Mexico City lebt, berichtet, wie Menschen, die dort wirtschaftlich erfolgreich waren, in die Villen-Vorstädte der Reichen umzogen, um ihren Reichtum zu genießen, weil unter den Armen erwartet wurde, dass sie diesen teilten. Aber viele kamen wieder zurück, weil ihnen der menschliche und soziale Reichtum ihrer alten Welt zu sehr fehlte oder ihnen mehr bedeutete als die Möglichkeit, mehr zu konsumieren. Für die meisten Menschen gibt es andere Prioritäten als eine möglichst große Auswahl von Konsumgütern. Aber wo ist die Stimme dieser Prioritäten? Wo ist in der derzeitigen Reformdiskussion die Stimme der Verantwortung für unsere Um- und Nachwelt? Wo ist die Stimme der Kinder und zukünftiger Generationen?

Um diese Lücke zu füllen, habe ich einen World Future Council, einen Weltzukunftsrat vorgeschlagen, aus ethisch integren, respektierten Persönlichkeiten, die national und international Vertrauen genießen – erfahrene »planetary elders«, Pioniere und Vorreiter auf verschiedenen Gebieten sowie junge »leaders of tomorrow«. Der Rat soll im Verbund mit Parlamentariern weltweit die nötigen Reformen zu einer fairen und zukunftsgerechten Weltordnung identifizieren, formulieren, begleiten und umsetzen helfen, in Zusammenarbeit mit Institutionen der Zivilgesellschaft; wo immer möglich vernetzt in lokalen, regionalen und nationalen Zukunftsräten.

Es geht nicht um die Schaffung einer neuen Konkurrenzorganisation, sondern um ein integriertes Forum und einen Prozess, um unseren derzeitigen Kollisionskurs mit der Zukunft zu bremsen und zu wenden. Der Rat soll eine dauerhafte Stimme sein, kein kurzfristiges Ereignis. Er soll für unsere gemeinsamen Werte als Bürger sprechen und wird legitimiert durch die Qualität seiner Arbeit. Er wird helfen, strukturelle Blockaden zu überwinden, indem er ethisch-moralische Autorität mit demokratischer Macht verbindet, unter anderem durch die Zusammenarbeit mit dem weltweiten elektronischen »e-Parlament«-Netzwerk[1]. Der Rat soll als Weltgewissen politische Entscheidungen ethisch überprüfen. Er wird von kleinen Expertenkommissionen zu den wichtigsten globalen Themen beraten, die von existierenden Organisationen betreut und finanziert werden. So hat die Regierung von Süd-Australien bereits angeboten, die Kommission »Sauberes Wasser für alle« in Adelaide unterzubringen.

Die Macht des Rates wäre eine moralisch-kulturelle, die nicht unterschätzt werden sollte, denn alle gesellschaftlichen Institutionen beruhen – besonders in Krisen- und Umbruch-Zeiten – auf ihrer kulturellen Akzeptanz. Der Rat wird nicht für andere sprechen, sondern gemeinsame Werte und Ziele darstellen und vertreten, als Katalysator für eine moralisch-intellektuelle Offensive gegen die Trivialisierung der öffentlichen Debatte. Er wird Zivilcourage ermuntern und ein neues Verständnis von Wohlstand und Fortschritt entwickeln. Sein Ansehen und sein Einfluss werden wachsen, wenn deutlich wird, dass er eine zentrale Lücke in der Struktur der globalen Institutionen füllt. Er wird die Schaffung lokaler, regionaler und nationaler Zukunftsräte anregen, wie sie zum Beispiel in der Schweiz zurzeit auf kantonaler Ebene entwickelt werden. Das Ziel ist, diese Räte in der jeweiligen Verfassung zu verankern, sodass ihre Empfehlungen nicht ignoriert und in Konfliktfällen vom Parlament nur mit qualifizierter Mehrheit abgelehnt werden können. Der Rat wird sicherstellen, dass die wertvolle Arbeit, die von den globalen Kommissionen der vergangenen Jahrzehnte geleistet wurde, vernetzt und weitergebaut wird, statt wie heute zu den Akten gelegt zu werden.

Schon Machiavelli hat gewarnt: »Will es aber das Schicksal, dass das Volk zu niemandem Vertrauen hat, dann stürzt es unaufhaltsam in sein Verderben.« Ohne Vertrauen können wir nichts erreichen. Auch deswegen brauchen wir eine Institution, bestehend aus Menschen, die noch Vertrauen genießen. Die häufige Frage: »Warum eine neue Institution?« kann leicht beantwortet werden: Kein vernünftiger Mensch würde ein derartiges Projekt anfangen, wenn bestehende Institutionen diese Aufgaben leisten könnten. Aber nicht umsonst gehören der ehemalige UN-Generalsekretär Boutros-Ghali sowie die Präsidenten des Club of Rome, des Club of Budapest, des State of the World Forum zusammen mit Politikern, Zukunftsforschern, Unternehmern und Aktivisten der Zivilgesellschaft in vielen Ländern zu den Unterstützern der World-Future-Council-Initiative. Das SWR-Fernsehen hat angeboten, die Sitzungen des Rates international zu übertragen.

[1] Das Projekt »e-Parlament« arbeitet daran, sämtliche demokratisch gewählten ParlamentarierInnen per E-Mail miteinander zu vernetzen, um in strittigen globalen Fragen kurzfristig per E-Mail ein demokratisches Meinungsbild abrufen und entsprechenden Druck auf die Verantwortlichen ausüben zu können.

Diese Initiative konnte ihre Arbeit aufnehmen, nachdem mit der Spende eines deutschen Ehepaares die Stiftung zur Unterstützung des Weltzukunftsrates 2003 in München gegründet wurde. Wir haben seitdem 8.000 Organisationen in 200 Ländern angeschrieben, mit der Bitte, Ratsmitglieder aus ihrer Region vorzuschlagen. Wir haben auch mehrere Tausend Parlamentarier mit derselben Bitte kontaktiert und bauen thematische Parlamentarier-Netzwerke auf. Das erste zum Thema Kinderrechte hat 250 Mitglieder.

Ist der World Future Council die Lösung unserer Probleme? Natürlich nicht. Aber ohne einen solchen Rat dürften sie kaum zu lösen sein, denn die derzeitigen Institutionen haben einen zu engen Horizont, stellen die falschen Fragen und haben die falschen Zielvorgaben. Langfristige Lebenssicherung und Lebensqualität sind nicht Nebenprodukte von Wirtschaftswachstum und Konsum. Viele Studien belegen, dass mehr Einkommen ab einem bei uns längst erreichten Niveau nicht mehr Glück und Zufriedenheit bringt. E. F. Schumacher, der Autor von »Small is beautiful«, sagte: »Weil Konsum nur ein Mittel ist zum Ziel menschlichen Wohlergehens, sollte das Ziel sein, das Maximum von Wohlergehen mit dem Minimum von Konsum zu erreichen.«

Die derzeitige Politik ist an ihre Grenzen gestoßen. Was nützen demokratische Reformen und Institutionen, wenn sie nur noch Ohnmacht demokratisieren, weil alle wichtigen Beschlüsse woanders gefasst werden? Unsere Politiker und Medien feiern die Demokratisierung in Afrika, Asien und woanders, aber die dortigen Parlamentarier klagen, sie hätten kaum noch etwas zu entscheiden. Dies ist eine sehr gefährliche Entwicklung, weil Politiker, die keine Alternativen bieten, sich nur noch mit dem Schüren von Misstrauen und Hass und der Suche nach Sündenböcken profilieren können.

Wie können wir von einer demokratischen Welt reden, solange 35.000 Menschen täglich an Hunger sterben, obwohl nach UN-Berechnungen die globale Nahrungsmittelproduktion ausreichen würde, die 1,5-fache Weltbevölkerung zu ernähren?

Es wird behauptet, das derzeitige System diene der Wirtschaft. Aber sind Unternehmer wirklich so dumm, dass sie die Basis menschlichen Wirtschaftens, das ökologische und soziale Grundkapital, zerstören wollen? Wollen sie wirklich, wie es der britische Milliardär Sir James Goldsmith ausdrückte, »auf der Titanic im Poker gewinnen?« Ich glaube es nicht, denn kein Zukunftsprogramm bietet mehr unternehmerische Chancen als der dringend erforderliche ökologische Umbau unserer Weltwirtschaftsordnung. Wir müssen beispielsweise unser gesamtes Produktionssystem umbauen zu einem System integrierter Kreisläufe. Wir brauchen eine Verkehrsreform, auch mit hoch technologischen Erneuerungen. Wir müssen mithilfe der Natur (statt mit naiven und gefährlichen Gen-Experimenten) gesunde Nahrung für alle anbieten können. Auch hier gibt es erfolgreiche Vorzeigeprojekte, wie zum Beispiel die Arbeit der Schweisfurth-Stiftung. Wir brauchen eine radikale Energiewende, die unter anderem Reformen der Steuer- und Abschreibungsordnung erfordern. Wir müssen weg von absurden Vergleichen der Extraktionskosten, hin zu einer Öko-Bilanz als Entscheidungskriterium. Denn während die schon verbrauchten nicht erneuerbaren Energien verloren sind, ist es bei den erneuerbaren genau umgekehrt: Die ungenutzte Wind- und Sonnenergie von gestern ist für immer verloren. Können wir uns das noch länger leisten?

Der Weltzukunftsrat wird diese Fragen nicht nur stellen, sondern immer wieder auf problemadäquate Antworten drängen, bis die ideologischen Denk- und Handlungsblockaden in unseren Gesellschaften überwunden sind. Die herrschende Ordnung huldigt Konkurrenz und Individualismus. Aber sie arbeitet sehr effektiv zusammen, um ihre Ziele zu erreichen. Mit Hilfe von Think Tanks, »political action committees«, ideologischen Schulungen, langfristiger Lobbyarbeit und so weiter hat sie – zuerst in den USA und Großbritannien, dann fast überall – eine große mediale und politische Dominanz erreicht. Die Franzosen sprechen von der »Pensée Unique«, der einzigen noch erlaubten Denk- und Deutungsweise, wenn man in der öffentlichen Diskussion ernst genommen werden will.

Es wird Zeit, dass wir, die eine bessere Welt wollen, von ihren Methoden lernen und aufhören, uns gegenseitig zu blockieren. Obwohl wir viel von Solidarität und Zusammenarbeit reden, haben wir große Schwierigkeiten, sie zu praktizieren. Der Zusammenschluss von NGOs zum Beispiel hat Seltenheitswert! Wir müssen effektive Strukturen der Zusammenarbeit entwickeln, um eine zukunftsgerechte Gesellschaft zu bauen. Lokale, regionale und nationale Zukunftsräte können hier helfen.

Beim Kamphausen-Verlag ist die deutsche Ausgabe des ersten Buches über den Weltzukunftsrat erschienen. Sie finden darin auch einen Beitrag von Robert Unteregger, der in der Schweiz lokale und kantonale Zukunftsräte initiiert hat, mit Anregungen, wie man vorgehen kann. Der Weltzukunftsrat verhandelt jetzt mit potenziellen Gründungsdonatoren, die die Anfangsphase der Arbeit des Rats finanzieren können und die Möglichkeit haben, mit dieser Zukunftsinvestition in die Geschichte einzugehen. Wir verhandeln auch mit mehreren Städten in Europa und Asien, die Interesse haben, Sitz des Generalsekretariats des Rates zu werden, um zu sehen, wo die besten Fazilitäten und Arbeitsbedingungen geboten werden. Wahrscheinlich werden drei Büros in verschiedenen Weltteilen errichtet. Wir hoffen, bald mit der Arbeit beginnen zu können. Die Initiative WZR wird unter den eingegangen Vorschlägen bis zu 25 Gründungsmitglieder aussuchen, die dann weitere Ratsmitglieder bestimmen werden. Ich hoffe aber, dass es möglich sein wird, in einigen Jahren die Mitglieder des Rates direkt zu wählen.

Ich fasse zusammen: Der Weltzukunftsrat ist keine Versammlung von Besserwissern, die wissen, wo es lang geht. Der Rat wird zum Nach- und Mitdenken ermuntern und auf Alternativen hinweisen. Er wird langfristigen Gegendruck erzeugen und helfen, uns von den ideologischen Scheuklappen des herrschenden Geldfetischismus zu befreien. Der Rat wird die Demokratie nicht aushöhlen, sondern ihre Glaubwürdigkeit stärken, indem er problemadäquate Lösungen in die politische Debatte einbringt. Nach meinen Erfahrungen gibt es in allen großen politischen Parteien Menschen, die verstanden haben, was getan werden muss. Der Rat wird diesen potenziellen Gorbatschows den Mut geben, neue Wege zu gehen.

Wir haben alle zu entscheiden, ob wir als Teil der Lösung oder des Problems in die Geschichte eingehen wollen. Weder die Vorkämpfer gegen die Sklaverei noch die Befreier von Kolonialismus und Diktatur, noch die Alternativen Nobelpreisträger haben gewartet, bis sie x-tausend Unterstützer hatten. Sie haben eine Möglichkeit gesehen, und sie haben diese ergriffen.

ANHANG

Literaturempfehlungen

Abouleish, Ibrahim_Die Sekem-Vision. Mayer-Verlag, 2004

Boff, Leonardo_Ethik für eine neue Welt, Patmos-Verlag, 2000

Daly, Herman et.al._The Local Politics of global sustainability, Island Press, 2000

Daly, Herman_Beyond Growth: The Economics of Sustainable Development, 1996

Dürr, Hans-Peter u. Marianne Oesterreicher_Wir erleben mehr, als wir begreifen. Quantenphysik und Lebensfragen, Freiburg 2001

Dürr, Hans-Peter_Das Netz des Physikers. Naturwissenschaftliche Erkenntnis in der Verantwortung, München 2000

Dürr, Hans-Peter_Die Zukunft ist ein unbetretener Pfad. Bedeutung und Gestaltung eines ökologischen Lebensstils, Herder Spektrum 1995

Dürr, Hans-Peter_Potsdamer Manifest. We have to learn to think in a new way, oekom Verlag 2006

Ehlert, Stefan_Wangari Maathai. Die Mutter der Bäume, Herder-Verlag 2004

Peter Erlenwein_Der Geist des Erwachens. Connection books 2004

Eskins, Paul_A New World Order. Grassroot Movements for Global Change, Routledge-Verlag, 1995

Fathi, Hassan_Architecture for the Poor, Chicago 1973

Galtung, Johan u. Hajo Schmidt_Die andere Globalisierung, Agenda-Verlag 2002

Galtung, Johan_Trancend and Transform. An Introduction to Conflict Work, Pluto Press 2004

Goldsmith, Edward_Der Weg. Ein ökologisches Manifest, München 1996

Hawken Paul und Lovins, Amory & Hunter_Öko-Kapitalismus. Die industrielle Revolution des 21. Jahrhunderts. Wohlstand im Einklang mit der Natur, München 2000

Jungk, Robert u. Norbert R. Müllert_Zukunftswerkstätten. Mit Phantasie gegen Routine und Resignation, München 1991

Lüpke, Geseko v._Die Alternative. Wege und Weltbilder des Alternativen Nobelpreises, Pragmatiker, Pfadfinder, Visionäre, Riemann-Verlag, München 2003

Lutzenberger, José & Franz-Theo Gottwald_Ernährung in der Wissensgesellschaft, Reihe: Expo 2000 Hannover, Frankfurt 2000

Lutzenberger, José_Wir können die Natur nicht verbessern, Bonn 1996

Maathai, Wangari_The Green Belt Movement, Lantern Books 2003

Maathai, Wangari_Unbowed, A Memoir, A.Konopf Verlag 2006

Max-Neef, Manfred_From the Outside looking in; Experiences in Barefoot Economics, 1981

Max-Neef, Manfred_Human Scale Development, New York 1987

Mooney, Pat und Cary Fowler_Die Saat des Hungers, Rowohlt 1991

Mooney, Pat und Cary Fowler_Shattering: Food, Politics and the Loss of Genetic Diversity, University of Arizona Press 1990

Norberg, Hodge, Helena_Leben in Ladakh, Herder-Verlag 1993

Norberg-Hodge, Helena_Faszination Ladakh, Herder-Verlag 2006

Pater, Siegfried_José Lutzenberger. Das grüne Gewissen Brasiliens, Göttingen 1994

Perlas, Nicanor_Die Globalisierung gestalten. Zivilgesellschaft, Kulturkraft und Dreigliederung, info drei Verlag 2003

Perlas, Nicanor u. Jeremy Rifkin_Genesis Zwei. Biotechnik: Schöpfung nach Maß, Rohwolt 1986

Scheer, Hermann und Carl Amery_Klimawechsel. Von der fossilen zur solaren Kultur, München 2001

Scheer, Hermann_Energieautonomie. Eine neue Politik für erneuerbare Energien, Kunstmann-Verlag 2005

Seabrook, Jeremy_Pioneers of Change. Experiments in creating a humane society, ZED Books 1993

Shiva, Vandana u. Maria Mies_Ökofeminismus, Beiträge zur Praxis und Theorie, Braunschweig 1995

Shiva, Vandana_Biodiversität. Plädoyer für eine nachhaltige Entwicklung, Bern 2001

Shiva, Vandana_Biopiraterie. Kolonialismus des 21. Jahrhunderts, Unrast 2002

Shiva, Vandana_Das Geschlecht des Lebens. Frauen, Ökologie und Dritte Welt, Berlin 1989

Shiva, Vandana_Erddemokratie. Alternativen zur neoliberalen Globalisierung, Rotpunkt-Verlag 2006

Sivaraska, Sulak_Saat des Friedens. Vision einer buddhistischen Gesellschaftsordnung, Braunschweig 1995

Streich, Jürgen_Vorbilder. Menschen und Projekte, die hoffen lassen. Der Alternative Nobelpreis, J. Kamphausen Verlag, 2005

Succow, M, L. Jeschke, H.D. Knapp__Die Krise als Chance – Naturschutz in neuer Dimension, Neuenhagen 2001

Uexküll, Jakob v. und Herbert Giradet__Die Zukunft gestalten. World Future Council. Aufgaben des Weltzukunftsrates, J. Kamphausen Verlag 2005

Woodhouse, Tom (Hrsg.)__People and Planet. Alternative Nobel Prize Speeches, Bideford 1987

Woodhouse, Tom (Hrsg.)__Repleneshing the Earth. The Right Livelihood Awards 1986–1989, Bideford 1990

Adressen

Abouleish, Ibrahim

__SEKEM
3 Cairo-Belbeis Desert Road
P.O. Box 2834 El-Horreya
11361 Cairo
EGYPT
www.sekem.com

__Verein zur Foerderung kultureller Entwicklung in Aegypten e.V.
Falkenstraße 7 – Dr. Hans Werner
75223 Niefern
GERMANY
E-Mail: info@sekem-freunde.de

__Foerderverein SEKEM
Hofmattstraße 20
CH–4415 Lausen
SCHWEIZ
Fon: 0041/7 97 74 94 24 (Daniel Baumgartner)
E-Mail: sekemverein@gmx.ch

Dürr, Hans-Peter

___Global Challenges Network e.V.
Frohschammerstraße 14
80807 München
GERMANY
Fon: 089/3 59 82 46, Fax: 089/3 59 04 56
E-Mail: info@gcn.de

Erlenwein, Peter

___Baaderfeld 18
86911 Diessen
GERMANY
Fon: 08807/92 48 16
E-Mail: erlenwein@yahoo.de

Galtung, Johan

___Transcend: A Peace and Development Network
52 Bois Chatton
F 01210 Versonnex,
FRANKKREICH
Fon: +40/7 42 07 97 16, Fax +40/2 64 42 02 98
E-Mail: transcend@transcend.org

Lüpke, Geseko v.

___Fritzstraße 20
82140 Olching
GERMANY
Fon: 08142/27 82
Fax: 08142/41 84 84
E-Mail: v.luepke@geseko.de

Norberg-Hodge, Helena

___International Forum on Globalisation
1009 General Kennedy Avenue 2
San Francisco, CA 94129
USA
www.ifg.org

___International Society for Ecology and Culture
Foxhole
Dartington
Devon TQ9 6EB
UK
Fon: 01803/86 86 50, Fax: 01803/86 86 51
E-Mail: info@isec.org.uk

___ISEC Deutschland e.V.
Christian + Renate Storm
Postfach 111316
D–64228 Darmstadt
GERMANY
E-Mail: isec.de@gmx.de

Maathai, Wangari

___Green Belt Movement
PO Box 67545
Nairobi
KENYA
Fax: 2542/50 42 64, Fon: 2542/0 57 30 57/57 15 23
www.greenbeltmovement.org

Mattlar, Tapio

___Finnish Village Action Network
Vuorenkyläntie 2249,
19600 Hartola
FINLAND
Fon: 358/37 16 08 08
www.villiage-action.fi

Max-Neef, Manfred

—Universidad Austral de Chile
Casilla 567
Valdivia
CHILE
Fax: +5663/21 29 53
E-Mail: ecoson@uach.cl

Mooney, Pat

—ETC Headquaters
1 Nicholas Street
Suite 200 B
Ottawa/Ontario
CANADA K1N 7B7
Fon: 1-613-211-22 67, Fax: +1-613-241-2506
www.etcgroup.org

Perlas, Nicanor

—Center for Alternative Development Initiatives
Unit 718, CityLand Mega Plaza, Ortigas
Pasig City
PHILLIPINEN
E-Mail: cadi@info.com.ph
Internet: www.cadi.ph

Sivaraska, Sulak

—Santi Pracha Dhamma Institute
117, Fuangnakhon Road
Bangkog 10200
THAILAND
Internet: www.sulak-sivaraska.org

Shiva, Vandana

—Research Foundation for Science, Technology and Ecology
A–60 Hauz Khas
New Delhi 110 016
INDIA
Fax: +91 11/6 85 67 95
www.vshiva.net

Succow, Michael

___Michael Succow Stiftung zum Schutz der Natur
Grimmer Straße 88
17489 Greifswald
GERMANY
Fon: 03834/7 75 46 23, Fax: 03834/53 57 43
E-Mail: info@succow-stiftung.de
Internet: www.succow-stiftung.de

Uexküll, Jacob v.

___7 Park Crescent
London W1N 3HE
UK

___The Right Livelihood Award
PO Box 15072
S–104 65 Stockholm
SWEDEN
Fon: +46 87 02 03 40, Fax +46 87 02 03 38
E-Mail: info@rightlivelihood.org

___World Future Council
Trafalgar House,
11 Waterloo Place
London SW1Y 4AU
UK
Fon: +44 20 78 63 88 33
Fax: +44 20 78 39 51 62
Internet: www.worldfuturecouncil.org
E-Mail: info.uk@worldfuturecouncil.org

___Haus der Zukunft
Osterstrasse 58
20259 Hamburg
GERMANY
Fon: +49 40 23 51 81 48, Fax +49 40 43 18 22 69
E-Mail: info.germany@worldfuturecouncil.org

Danksagung

Die Grundlage dieses Buches bildete die Tagung des Goethe-Forums »Die Alternative. Ausblicke auf eine andere Globalisierung«, die im März 2005 im Goethe-Forum in der Zentrale des Goethe-Instituts stattfand. Diese Tagung war nur durch die mutige inhaltliche und großzügige finanzielle Unterstützung des ***Goethe-Forums*** möglich, das auf zahlreiche andere Veranstaltungen verzichtete, um dieses Ereignis zu ermöglichen. Dafür möchten wir dem Goethe-Forum unseren intensiven Dank aussprechen.

Die vorbereitende logistische Arbeit wurde zudem mit hohem personellen und finanziellen Aufwand von der ***Stadt München***, vertreten durch den Bürgermeister ***Hep Monatzeder*** und insbesondere dem ***Agenda 21-Büro*** im ***Referat für Umwelt und Gesundheit*** unterstützt. Hier möchten wir besonders dem Referenten ***Joachim Lorenz*** und seinen Mitarbeiter(innen) ***Angelika Lintzmeyer*** und ***Ralph Bumann*** danken.

Zudem haben sich an der Tagung verschiedene Münchner Stiftungen beteiligt, so die ***Schweisfurth-Stiftung***, die ***Ertomis-Stiftung***, die ***Stiftung Zukunftsfähiges München*** und die ***Stiftung Interkultur***. Auch ihnen gilt unser aufrichtiger Dank!

Schließlich wäre die Durchführung der Tagung unmöglich gewesen, ohne den hohen persönlichen Einsatz der Kollegen im ***Goethe-Forum***, insbesondere ***Andrea Engl***, ***Thomas Bauer*** und ***Doris Mikschy***, die eine unzählbare Menge an Überstunden investiert haben. Zu ebenso viel Dank sind wir dem Team aus freiwilligen MitarbeiterInnen verpflichtet, die als Helfer die Durchführung der Konferenz getragen haben. Hier seien stellvertretend besonders ***Xenia Richard*** und ***Walburga Kopp*** genannt, die sich zudem für das Sponsoring des großen gemeinsamen Abschlussfestes im Alten Saal des Münchner Rathauses engagierten. Besonders aber möchten wir noch einmal der dritten dauernden Mitstreiterin in unserem Planungsteam danken, nämlich ***Frauke Liesenborghs*** von ***Global Challenges Network***, der Münchner NGO, die auch als Mitveranstalter der Konferenz auftrat.

Und natürlich geht unser Dank an die Preisträgerinnen und Preisträger des Alternativen Nobelpreises, die ihre wertvolle Zeit investierten, um in Wort und Schrift ihre Erfahrungen an die engagierten Menschen hier weiterzugeben.

Die zeitaufwendige Erarbeitung der Manuskripte für dieses Buch wurde mit einer großzügigen Spende der ***BMW-Group*** ermöglicht. Die fotografischen Portraits der Preisträgerinnen und Preisträger von ***Orla Conolly*** wurden durch die Unterstützung der ***GLS-Bank*** finanziert. Dem ***Goethe-Institut*** und der ***Stadt München*** danken wir zudem von Herzen für die Abnahme von Büchern und ihrer Verteilung in der ganzen Welt.

Geseko von Lüpke & Peter Erlenwein
Olching und Diessen, August 2006

DIESES BUCH entstand aus der Konferenz »Die Alternative. Ausblicke auf eine andere Globalisierung«, die vom 8. bis zum 12. März 2005 – ausgerichtet vom Goethe-Forum und mit tatkräftiger Unterstützung der Stadt München und verschiedener lokaler Stiftungen – in der Münchner Zentrale des Goethe-Instituts stattfand. An ihr nahmen dreizehn Alternative Nobelpreisträger aus zwölf Ländern und zahlreiche Vertreter der deutschsprachigen Zivilbewegung teil. Diese Veranstaltung war auch der Beginn einer Kooperation zwischen Alternativen Nobelpreisträgern und den Goethe-Instituten in aller Welt und führte bislang zu Kooperationen und gemeinsamen Veranstaltungen in Namibia, Südafrika und auf den Philippinen.

Geseko von Lüpke und Peter Erlenwein

Peter Erlenwein,
Sozialwissenschaftler/Sozialpsychologe wirkt als Buchautor, Journalist und Lehrbeauftragter am C.G. Jung Institut, Zürich. Internationale Seminartätigkeit (u. a. Goetheinstitute). Im Mittelpunkt seiner Arbeit stehen Grundfragen interkultureller Kommunikation, ganzheitlicher Friedensarbeit und eines nachhaltigen, tiefenökologischen Weltethos. Er ist Mitbegründer des Integralen Forums und des Instituts für Integrale Entwicklung (IiE).

Geseko von Lüpke,
Politikwissenschaftler, arbeitet als freier Journalist, Buchautor und selbständiger Redakteur für verschiedene Rundfunkanstalten, Tageszeitungen und Zeitschriften. Er beschäftigt sich mit dem nachhaltigen modernen Weltbild, ganzheitlichen Ansätzen in der Wissenschaft, alternativen Lebensformen, interkulturellem Dialog, Religion und ökologischer Ethik. Daneben engagiert er sich in der initiatorischen Naturarbeit.